Marcher

à **Montréal**
et ses environs

4ᵉ édition
Yves Séguin

Je marche dans l'aise du plaisir immédiat, aussi bien que dans l'insouciance de l'épreuve toujours possible, et fais porter tout autour un regard loin d'être neutre, le regard voyeur de la pensée errante.

André Carpentier, *Ruelles, jours ouvrables*

ULYSSE

Le plaisir de mieux voyager

Auteur: Yves Séguin
Éditeur: Pierre Ledoux
Adjointe à l'édition: Annie Gilbert
Correcteurs: Pierre Daveluy, Marie-Josée Guy
Mise en page et cartographie: Philippe Thomas
Infographiste: Marie-France Denis
Photographies: Page couverture et quatrième de couverture — Le centre-ville de Montréal vu du mont Royal © Stéphan Poulin; pages 12-13 © iStockPhoto.com/Tony Tremblay; pages 22-23 © iStockPhoto.com/Olivier Blondeau; page 91 © Tourisme Laval; page 107 © Tourisme Laurentides, www.laurentides.com; pages 124-125 © Suzie Laliberté-SOGEP; page 167 © Abdallahh; page 177 © Dreamstime.com/Britishbeef; page 186 © istockphoto.com/Gaetane Harvey

Cet ouvrage a été réalisé sous la direction d'Olivier Gougeon.

Remerciements:

Guides de voyage Ulysse reconnaît l'aide financière du gouvernement du Canada par l'entremise du Programme d'aide au développement de l'industrie de l'édition (PADIÉ) pour ses activités d'édition.

Guides de voyage Ulysse tient également à remercier le gouvernement du Québec – Programme de crédit d'impôt pour l'édition de livres – Gestion SODEC.

Guides de voyage Ulysse est membre de l'Association nationale des éditeurs de livres.

Catalogage avant publication de Bibliothèque et Archives nationales du Québec et Bibliothèque et Archives Canada
Séguin, Yves, 1961-

    Marcher à Montréal et ses environs
    4e éd.
    (Espaces verts)
    Publ. antérieurement sous le titre: Randonnée pédestre Montréal et environs. c1996.
    ISBN 978-2-89464-821-6

    1. Randonnée pédestre - Québec (Province) - Montréal, Région de - Guides. 2. Montréal, Région de (Québec) - Guides. I. Titre. II. Titre: Randonnée pédestre Montréal et environs. III. Collection: Espaces verts Ulysse.
GV199.44.C22M66 2009   796.51097114'27 C2008-942314-3

Des randonnées à la carte

Randonnées urbaines

Randonnées à caractère historique

Randonnées au fil de l'eau

Randonnées en forêt

Randonnées facilement accessibles en transport en commun

Randonnées hivernales

Randonnées où l'on peut amener son chien

Les parcs-nature de Montréal

Montréal

Les Jardins du Québec

Montréal

Laval

La Rive-Sud

À propos de l'auteur

Yves Séguin est né à Sainte-Rose de Laval en 1961. Dès son enfance, il découvre la nature, les montagnes et les lacs des Laurentides, grâce au chalet familial près de La Conception. À l'âge de 16 ans, il parcourt l'Ouest canadien et tombe sous le charme des montagnes Rocheuses. Le goût des voyages, de l'aventure, des grands espaces et des activités de plein air fera désormais partie intégrante de son mode de vie.

Il entreprend alors, tour à tour, un voyage à vélo dans les provinces atlantiques, des ascensions en escalade de rocher (dont le cap Trinité, au Saguenay, et El Capitán, en Californie), en escalade de glace (dont la Pomme d'Or, dans la région de Charlevoix), de nombreuses randonnées à skis ainsi que des centaines de randonnées pédestres.

Passionné de culture autant que d'aventure, Yves découvre ainsi plusieurs pays d'Amérique du Nord, d'Amérique centrale, d'Europe et d'Afrique du Nord.

Éducateur physique, Yves est titulaire d'un baccalauréat de l'Université du Québec à Montréal (UQAM) depuis 1991 ainsi que d'un certificat en sciences de l'éducation de la même université depuis 1994. Il œuvre dans le domaine du plein air (randonnée pédestre, escalade, vélo, ski de fond, etc.) depuis une quinzaine d'années et a été recherchiste pour l'émission de télévision *Oxygène* (1992-1993). Il a aussi été formateur en randonnée pédestre et en orientation (carte et boussole) pour le programme de formation à la Fédération québécoise de la marche.

Yves a signé la chronique hebdomadaire Oxygène durant l'année 1995 à *La Presse*. En 1997, il a remporté le deuxième prix lors du Prix Molson de journalisme en loisir, catégorie périodiques. À l'été 1998, il a été chroniqueur radio à l'émission *D'un soleil à l'autre* (Radio-Canada). Il est aussi journaliste pigiste depuis de nombreuses années.

Yves Séguin est l'auteur ou co-auteur des guides:

- *Randonnée pédestre au Québec*
- *Randonnée pédestre Nord-Est des États-Unis*
- *Marcher à Montréal et ses environs*
- *Raquette et ski de fond au Québec*
- *Le Sentier transcanadien au Québec*
- *Costa Rica* (co-auteur Francis Giguère)
- *Tunisie* (co-auteure Marie-Josée Guy)

Il a aussi collaboré à la recherche et à la rédaction des guides *Le Québec*, *Montréal*, *Arizona et Grand Canyon* et *Sud-Ouest américain*. Tous ces guides sont publiés par les Guides de voyage Ulysse.

Sommaire

Symboles utilisés dans ce guide

🐾 Animaux domestiques admis

❄ Randonnée hivernale

☎ Téléphone

tlj Tous les jours

Liste des cartes

Légende des cartes

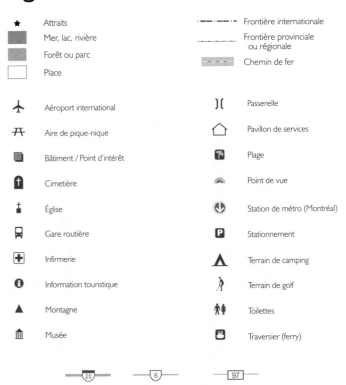

★ Attraits

Mer, lac, rivière

Forêt ou parc

Place

✈ Aéroport international

🏕 Aire de pique-nique

Bâtiment / Point d'intérêt

Cimetière

Église

Gare routière

Infirmerie

Information touristique

▲ Montagne

Musée

Frontière internationale

Frontière provinciale ou régionale

Chemin de fer

)(Passerelle

Pavillon de services

Plage

Point de vue

Station de métro (Montréal)

P Stationnement

▲ Terrain de camping

Terrain de golf

Toilettes

Traversier (ferry)

20 Autoroute

6 Route principale

97 Route secondaire

MONTRÉAL
ET LA RANDONNÉE

Ce guide a pour but de faire découvrir aux promeneurs les plus beaux lieux de marche à Montréal et ses environs. Dans cette nouvelle édition, nous avons mis l'accent sur la marche en milieu urbain et sur la découverte pas à pas de la métropole à tous ceux qui aiment prendre le temps de s'imprégner d'un lieu, d'une rue, d'un quartier, d'un parc, etc. D'ailleurs, nous y avons conçu plusieurs nouveaux parcours, dont un parmi les ruelles vertes du Plateau Mont-Royal, un dans le magnifique cimetière Notre-Dame-des-Neiges, quatre à travers les colorés marchés publics, et même un parcours souterrain inusité parmi les galeries commerciales de Montréal!

Il ne s'agit donc pas de décrire tous les endroits possibles où l'on peut marcher (tel un répertoire), mais plutôt de réunir dans un même ouvrage les sites offrant des perspectives intéressantes, des sentiers invitants, de même que des paysages, une faune, une flore ou un passé historique susceptibles de captiver les gens qui aiment la marche.

Cet ouvrage cherche aussi à démontrer que nul n'a besoin de parcourir des centaines de kilomètres en voiture pour s'évader quelques heures dans la nature et marcher au rythme des saisons.

Tout en répondant aux questions qu'un débutant peut se poser (distances, adresses, alimentation, habillement, etc.), ce guide informe aussi les habitués de la randonnée pédestre grâce à un choix d'itinéraires moins connus mais très intéressants.

Ce guide cherche également à répondre aux attentes de ceux qui désirent effectuer de courtes et belles promenades, là où il est facile de se rendre avec le transport en commun ou à vélo.

Pour vous aider à choisir, nous avons regroupé chacun des parcours proposés dans ce guide sous cinq grandes catégories: randonnées urbaines, randonnées à caractère historique, randonnées au fil de l'eau, randonnées en forêt et randonnées facilement accessibles en transport en commun. Vous trouverez une liste complète de ces différents types de parcours en début d'ouvrage, dans la section «Des randonnées à la carte», où nous vous indiquons également les randonnées qui peuvent être pratiquées en hiver et celles où l'on peut apporter son chien.

La grande région métropolitaine, qui comprend l'île de Montréal, Laval, la Rive-Nord et la Rive-Sud, compte plus de 3 600 000 habitants, soit près de la moitié de la population de tout le Québec. Il est vrai de constater que, depuis 1990, la marche ne cesse de faire de nouveaux amateurs. D'ailleurs, l'Enquête sur la santé dans les collectivités canadiennes (ESCC, 2005) démontre que l'activité physique de loisir la plus pratiquée par les adultes québécois demeure la marche (70%).

Ainsi, dans un rayon de moins de 60 km autour de Montréal, nous vous proposons pas moins de 94 sites où la marche constitue le meilleur moyen de découvrir, de sentir et d'explorer la grande région métropolitaine. C'est donc 769,5 km de parcours et de sentiers qui n'attendent que les marques de vos semelles!

Les transports en commun

La grande majorité des sites décrits dans ce guide sont accessibles en transports en commun. Dans l'île de Montréal, notamment, le service de transport par métro et autobus de la Société de transport de Montréal (STM) est des plus efficaces.

Par contre, dès que l'on s'aventure en dehors de l'île de Montréal, les transports publics ne sont pas toujours à la hauteur. Il est également étonnant de constater qu'aucun transport en commun ne mène à un lieu de randonnée, pourtant fort populaire, situé à seulement quelques dizaines de kilomètres de Montréal. Le randonneur devrait alors s'informer de la possibilité de prendre un taxi à partir de l'arrêt d'autobus (ou de la gare) situé le plus près du lieu convoité.

Comme les distances sont relativement courtes entre les différents sites, au départ de Montréal, il peut être avantageux d'opter pour le vélo comme moyen de locomotion.

Les **Guides de voyage Ulysse** publient d'excellents ouvrages sur le vélo, tels *Le Québec cyclable* et *Cyclotourisme au Québec*, qui sauront vous fournir de précieux renseignements.

Autobus et métro

Montréal

Société de transport de Montréal (STM)
Autobus
☎514-288-6287
Métro
☎514-786-4636
www.stm.info

Laval

Société de transport de Laval (STL)
☎450-688-6520
www.stl.laval.qc.ca

Autocars

Montréal

Station Centrale
505 boul. De Maisonneuve E.
métro Berri-UQAM
☎514-842-2281

Rive-Nord

CIT Laurentides
☎450-433-7873
www.citl.amt.qc.ca

Autocars Galland
☎514-842-2281
www.galland-bus.com

Rive-Sud

Terminus de Longueuil
métro Longueuil—Université-de-Sherbrooke
☎450-670-3422

Réseau de transport de Longueuil (RTL)
☎450-463-0131
www.rtl-longueuil.qc.ca

CIT Chambly-Richelieu-Carignan
☎514-877-6003
www.citcrc.ca

CIT Le Richelain
☎514-877-6003
www.citrichelain.com

CIT Sorel-Varennes
☎450-743-4411 ou 800-268-1436
www.citsv.qc.ca

CIT Vallée du Richelieu
☎450-464-6174 ou 450-446-8899
www.citvr.ca

Omitsju Sainte-Julie
☎514-877-6003

Transdev Limocar
☎450-670-3422
www.transdev.ca

CIT Roussillon
☎514-877-6003
www.citroussillon.com

CIT Sud-Ouest
☎450-698-3030
www.citso.org

Trains de banlieue

Montréal / Dorion-Rigaud, Montréal / Deux-Montagnes, Montréal / Blainville-Saint-Jérôme, Montréal / Mont-Saint-Hilaire et Montréal / Delson-Candiac.

**Agence métropolitaine
de transport (AMT)**
☎514-287-8726 ou 888-702-8726
www.amt.qc.ca

Traversiers

Oka/Hudson
☎450-458-4732
www.traverseoka.qc.ca

Laval-sur-le-Lac/Île Bizard
☎450-627-2526

Navettes fluviales

Entre Montréal (quai Jacques-Cartier du Vieux-Port) et l'île Sainte-Hélène ou Longueuil (port de plaisance):
☎514-281-8000
www.navettesmaritimes.com

Entre la marina de Verdun (boul. Lasalle, angle av. Desmarchais) et l'Île-des-Sœurs:
☎514-815-8735 ou 514-362-0177

Entre le parc de la Promenade Bellerive (dans l'est de Montréal) et l'île Charron, qui donne accès au parc national des Îles-de-Boucherville:
☎514-871-8356
www.navark.ca

Entre la promenade René-Lévesque de Longueuil (le quai d'embarquement se trouve à l'extrême est de la promenade, le long du fleuve Saint-Laurent) et l'île Charron, qui donne accès au parc national des Îles-de-Boucherville:
☎514-871-8356
www.navark.ca

Entre le parc René-Lévesque de Lachine et l'île Saint-Bernard (refuge Marguerite-D'Youville), à Châteauguay:
☎514-871-8356
www.navark.ca

Entre Boucherville (angle rues Marie-Victorin et Montarville) et les îles de Boucherville:
☎514-871-8356
www.navark.ca

La flore

Étant donné les différences de climat, la végétation varie sensiblement d'une région à l'autre; alors que dans le nord du territoire québécois elle est plutôt rabougrie, dans le sud elle s'avère luxuriante. En général, au Québec, on divise les types de végétation selon quatre strates, allant du nord au sud: la toundra, la forêt subarctique, la forêt boréale et la forêt mixte.

La grande région métropolitaine fait partie de la forêt mixte. Cette forêt, qui se déploie le long du fleuve Saint-Laurent et jusqu'à la frontière américaine, est constituée de conifères et de feuillus. Elle est riche de nombreuses essences telles que le pin blanc, le pin rouge, la pruche, l'épinette, le merisier, l'érable, le bouleau et le tremble.

La coloration automnale

L'automne venu, il n'y a pas plus grande joie que de marcher dans la forêt afin d'observer les riches coloris que la nature nous offre. Comme ces couleurs flamboyantes ne durent qu'un court moment, il faut en profiter pleinement et aller en forêt régulièrement afin de ne rien manquer de ce spectacle grandeur nature.

À quelques jours près, la période de coloration intense est pratiquement la même partout au Québec. Débutant à la fin du mois de septembre, cette période dure de 10 à 15 jours. Les arbres dont la croissance est difficile, ou souffrant de divers stress, peuvent avoir une période de coloration plus hâtive.

La période de coloration intense est divisée en deux étapes. La première, survenant au début, amène une coloration superficielle en milieu ouvert. Les arbres isolés, et ceux situés près des lacs, rivières, routes et flancs de montagne, seront les premiers à voir leurs feuilles changer de couleur. La seconde étape apporte les changements de couleurs dans les milieux plus denses et les sous-bois. C'est alors le moment le plus agréable pour marcher en forêt, les coloris étant partout à leur apogée.

Notez que la température ne joue pas un grand rôle dans la coloration automnale. C'est plutôt la diminution de luminosité, en raison des journées plus courtes, qui influence la coloration. Faute d'intense lumière, la chlorophylle qui donne la couleur verte à la feuille, disparaît et fait place aux autres pigments (xanthophylle, carotène).

Les feuilles d'érable, quant à elles, subissent une forte hausse de sucre, provoquant ainsi de riches variétés de coloris (phénols, anthocyanes) selon l'acidité du sol. Les nuits fraîches et les jours ensoleillés et secs amplifient également les riches coloris de l'érable.

Une fois que les minéraux essentiels se sont raréfiés, les feuilles cessent d'être alimentées et meurent. Elles tombent alors et viennent fertiliser les couches supérieures du sol de la forêt. La chute des feuilles est plutôt imprévisible, car elle peut être influencée par les conditions climatiques. De grosses pluies et de forts vents viendront accélérer ce processus.

La faune

L'immense péninsule du Québec, à la géographie diverse et aux climats variés, s'enorgueillit d'une faune d'une grande richesse. En effet, une multitude d'animaux peuplent ses vastes forêts, plaines ou régions septentrionales, alors que ses mers, lacs et rivières regorgent de poissons et d'animaux aquatiques.

La rage

La rage est une maladie très grave transmise à l'être humain par une morsure d'animal porteur, ou même par contact avec sa salive. Cette maladie infectieuse et contagieuse, causée par un virus, atteint le cerveau et peut provoquer un état d'agitation extrême (spasmes, hallucinations, etc.) ou, au contraire, une paralysie.

Lors d'une randonnée, si vous croisez un animal dont l'allure et le comportement semblent anormaux, il est important d'en aviser la personne responsable des lieux, ou de communiquer avec le **ministère des Ressources naturelles et de la Faune** (☎ *800-561-1616, www.mrnf.gouv.qc.ca*).

L'observation des oiseaux

L'observation des oiseaux et la marche vont de pair. Pour les ornithophiles expérimentés, la randonnée pédestre est le principal moyen de se rendre sur les différents sites d'observation. Pour le randonneur, l'observation des oiseaux relève davantage de la curiosité; c'est lorsqu'il en aperçoit un qu'il tente de l'identifier et de connaître sa façon d'agir. Bien que toutes les saisons soient propices à l'observation des oiseaux, il y en a une qui mérite que l'on s'y attarde: l'hiver.

Y a-t-il autre chose que des moineaux à observer en hiver? Certainement! L'hiver est même considéré comme la saison idéale pour s'initier à l'ornithologie. Le fait qu'il n'y ait pas de feuilles dans les arbres rend l'observation plus facile. De plus, il y a moins d'espèces d'oiseaux en hiver qu'en été, ce qui rend l'identification plus simple.

Animaux domestiques

Il est à noter que, dans plusieurs lieux de randonnée, la présence d'animaux domestiques est interdite. Il est donc fortement déconseillé d'amener son chien avec soi dans les sentiers. À tout le moins faut-il s'informer auprès du parc, de l'organisme ou de la municipalité qui gère le sentier que l'on projette de parcourir (à noter que la plupart des parcs municipaux et régionaux permettent la présence d'animaux domestiques à condition qu'ils soient tenus en laisse).

Les raisons qui ont amené l'interdiction d'animaux domestiques dans plusieurs lieux de randonnée pédestre sont multiples: animal non tenu en laisse ou insuffisance de contrôle direct du propriétaire; animal qui harcèle les animaux sauvages (tamia, écureuil, porc-épic, ours, etc.); animal qui s'amuse dans les poubelles; animal qui aboie sans cesse; animal qui fait ses besoins dans les sentiers, et propriétaire qui ne les ramasse pas.

Vous retrouverez le symbole 🐾 sous les coordonnées des lieux de marche où les animaux domestiques sont admis, ainsi qu'une liste de ces sites à la page 6.

La randonnée pédestre est un excellent moyen de déplacement afin d'observer les oiseaux dans leur habitat naturel. Selon les espèces qu'on veut voir, on aura à se déplacer en montagne, dans les plaines, dans les champs, le long d'une rivière, etc.

Un débutant peut très facilement faire l'observation d'une vingtaine d'espèces d'oiseaux, alors qu'un ornithophile expérimenté peut en repérer jusqu'à 80. Parmi les oiseaux les plus fréquemment observés en hiver, selon la région, on trouve le geai bleu, le cardinal, le grosbec, la mésange, la sittelle, le roselin, le bruant, le sizerin, le chardonneret et le jaseur.

Le marcheur attentif aura pris soin d'apporter quelques graines de tournesol afin d'attirer les mésanges, les sittelles, les sizerins et autres. Vous vous étonnerez de la curiosité de certains oiseaux qui, rapidement, iront jusqu'à manger dans votre main. Outre quelques graines de tournesol, le randonneur emportera des jumelles et un petit guide d'observation afin de mieux s'y retrouver.

Pour tout connaître sur le sujet ou acheter du matériel (jumelles, mangeoires, guides, affiches, etc.), l'apprenti ornithophile peut se rendre chez:

Nature Expert
7950 rue de Marseille, Montréal, métro Honoré-Beaugrand
☎ 514-351-5496
www.ccfa-montreal.com

Ceux qui désirent adhérer à un club d'ornithologie dans leur région doivent communiquer avec:

Regroupement QuébecOiseaux
☎ 514-252-3190 ou 866-583-4846
www.quebecoiseaux.org

Les parcs-nature de Montréal

Le territoire de la ville de Montréal abrite huit parcs-nature *(www.ville.montreal.qc.ca/parcs-nature)*, tous situés dans la portion nord de l'île de Montréal. De l'est de l'île en allant vers l'ouest, nous retrouvons les parcs-nature de la Pointe-aux-Prairies, du Bois-d'Anjou, de l'Île-de-la-Visitation, du Bois-de-Saraguay, du Bois-de-Liesse, du Bois-de-l'Île-Bizard, du Cap-Saint-Jacques et de l'Anse-à-l'Orme.

De ces huit parcs, six sont actuellement ouverts au public tout au long de l'année. Dans ce guide, nous en présentons cinq (Pointe-aux-Prairies, l'Île-de-la-Visitation, le Bois-de-Liesse, le Bois-de-l'Île-Bizard et Cap-Saint-Jacques), car le sixième, celui de l'Anse-à-l'Orme, n'est, pour l'instant, aménagé qu'à l'intention des amateurs de planche à voile et de dériveur. Les deux autres parcs-nature, le Bois-d'Anjou (40 ha) et le Bois-de-Saraguay (96 ha), seront aménagés au cours des prochaines années.

Après avoir fait l'acquisition puis l'aménagement des deux premiers parcs-nature (Bois-de-Liesse et Île-de-la-Visitation) en 1979, la Communauté urbaine de Montréal continua d'acquérir de grands espaces verts dans les années 1980, pour les convertir en parcs-nature. Les huit parcs-nature couvrent désormais une superficie de 1 167 ha.

Les parcs-nature de Montréal sont de véritables oasis de verdure en milieu urbain où l'on peut marcher à souhait. Les cinq parcs présentés dans ce guide offrent près de 60 km de sentiers pour la marche. Marais, champs, plaines, buttes, bords de l'eau, ruisseaux, plages, forêts matures, sous-bois, flore et faune riches et diversifiées, sites historiques, belvédères, etc., font de ces parcs des haltes obligatoires pour tout amoureux de randonnée pédestre, d'activités de plein air quatre-saisons ou d'observation de la nature.

Afin d'assurer la conservation et le respect du milieu naturel de ces espaces urbains, l'approche privilégiée dans les différents parcs-nature est l'éducation en environnement. Ainsi, plusieurs activités éducatives sont proposées afin de sensibiliser les différents groupes de visiteurs (grand public, groupes scolaires, aînés). Selon la saison et le parc, des ateliers, des stages d'observation, des randonnées guidées, des causeries et des expositions sont présentés aux visiteurs.

Parmi les activités de plein air que le visiteur peut pratiquer dans l'un ou l'autre de ces parcs, on trouve l'observation de la nature, l'ornithologie, le vélo, la baignade, la planche à voile, le dériveur, le canot, le kayak, la pêche, le ski de fond, la raquette et la glissade. Plusieurs parcs offrent également un service de location (vélos, embarcations, skis de fond, luges et chambres à air pour la glissade, etc.).

Voici les principaux règlements en vigueur dans les parcs-nature:

- les chiens sont admis uniquement dans les stationnements, les sentiers pédestres et les aires gazonnées accessibles au public (sauf s'il s'agit d'un chien-guide);
- les chiens doivent être tenus en laisse (2 m maximum) et leurs excréments doivent être immédiatement ramassés;
- il est interdit de nourrir les animaux;
- il est interdit de chasser ou de piéger;
- il est interdit de cueillir des plantes, des fleurs ou des champignons;
- il est interdit de marcher hors des sentiers aménagés;

- les vélos de montagne doivent demeurer sur la piste cyclable;
- il est interdit de jeter des déchets ailleurs qu'aux endroits réservés à cet effet.

Les parcs-nature sont ouverts du lever au coucher du soleil. Les heures et les périodes d'ouverture des différents chalets d'accueil varient selon la saison. Certains chalets peuvent même être fermés pendant quelques semaines (surtout vers la fin de l'automne).

Mis à part le parc-nature du Bois-de-l'Île-Bizard, les parcs-nature sont accessibles par le transport en commun (STM).

Les stationnements des parcs-nature sont tous payants. Le tarif est de 7$ par jour. Les horodateurs acceptent la monnaie ainsi que les cartes de crédit Visa et MasterCard. Un permis annuel (40$), permettant de stationner dans tous les parcs-nature, est en vente dans les différents chalets d'accueil.

Les Jardins du Québec

Le Québec possède de merveilleux jardins où il fait bon se promener tout en découvrant des aménagements paysagers aux beautés sans pareilles. De même que les bâtiments historiques, les œuvres d'art et les traditions ancestrales, les Jardins sont reconnus comme faisant partie intégrante du patrimoine québécois. Leur conservation et leur mise en valeur ne font que rendre justice à tous ceux qui ont su, au fil des décennies, faire partager leur amour de la «nature en beauté».

À vous de découvrir ces «circuits fleuris» lors de votre passage dans l'une des régions touristiques qui comptent un ou plusieurs jardins. Dans le présent guide, cinq de ces jardins vous sont présentés, soit trois dans la région de Montréal (Jardin du Gouverneur, parc Jean-Drapeau et Jardin de la Métairie), un à Laval (Centre de la nature de Laval) et un en Montérégie (Jardin Daniel A. Séguin).

Association des jardins du Québec

C'est en 1989 que l'on décida de regrouper les grands jardins du Québec en association (**Association des jardins du Québec**, *82 Grande Allée O., Québec*, ☎ *418-692-0886, www. associationdesjardinsduquebec.com*) afin de promouvoir l'horticulture ornementale et de les faire connaître à tous les amoureux de la nature. Le Québec compte 20 jardins, tous ouverts au public.

MONTRÉAL

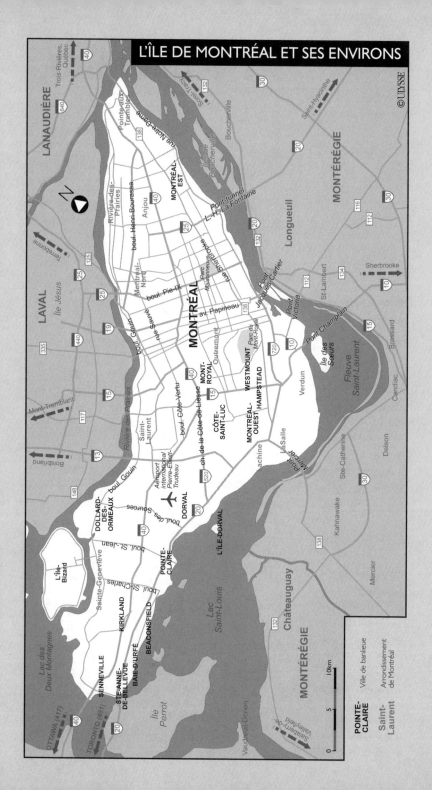

L'ÎLE DE MONTRÉAL ET SES ENVIRONS

© ULYSSE

POINTE-
CLAIRE   Ville de banlieue

Saint-
Laurent   Arrondissement
            de Montréal

Montréal offre un paysage urbain qui présente en une riche diversité les étapes de l'évolution de la ville. Depuis les plus anciennes constructions du Vieux-Montréal jusqu'à l'érection des gratte-ciel de verre du centre-ville, se sont écoulés plus de trois siècles et demi marqués par l'incessante croissance de la ville. La splendeur des innombrables églises, les façades néoclassiques des banques de la rue Saint-Jacques, les petites maisons à toit plat des anciens quartiers ouvriers, tout comme les somptueuses résidences de ce que l'on nommait le «Golden Square Mile», ne sont que quelques témoignages de l'histoire récente ou plus ancienne de Montréal.

L'importance que Montréal occupe toujours en tant que principal centre artistique et intellectuel du Québec, et grande ville portuaire, industrielle, financière et commerciale, se reflète avec éloquence dans son riche patrimoine architectural. Mais, malgré les airs de grande métropole nord-américaine qu'évoque sa haute silhouette de verre et de béton, Montréal est avant tout une ville de quartiers où il fait bon se balader au rythme des saisons.

Montréal est également une île du fleuve Saint-Laurent, la principale voie de pénétration du Nord-Est américain. L'île de Montréal, d'une longueur de 32 km et d'une largeur maximale de 16 km, regroupe 19 arrondissements. Montréal compte désormais 1 871 900 habitants.

L'île de Montréal regorge d'endroits facilement accessibles en métro et en autobus où il est possible de faire de superbes randonnées dans des décors qui, souvent, font oublier la ville. La nature, la tranquillité et les oiseaux se trouvent souvent à quelques minutes de chez soi, pourvu qu'on se donne la peine de sortir. De plus, nous avons aussi conçu plusieurs balades urbaines qui permettent de découvrir certaines des plus intéressantes artères de la ville, mais aussi des marchés publics, des ruelles vertes, un cimetière et même les galeries intérieures de Montréal!

Dans cette section présentant l'île de Montréal, nous proposons 35 sites, soit 285,4 km à parcourir!

INFORMATION

Ville de Montréal
☎ 311
www.ville.montreal.qc.ca

Montréal au fil des siècles

Lors de sa deuxième expédition en Amérique du Nord, en 1535, Jacques Cartier remonta le fleuve Saint-Laurent jusqu'aux abords de l'île de Montréal, en explora les rives et gravit le mont Royal. Si Cartier n'a peut-être pas été le premier Européen à la visiter, il a néanmoins été le premier à en rapporter l'existence. Située au confluent de ce que l'on nomme aujourd'hui le fleuve Saint-Laurent et la rivière des Outaouais, l'île était alors connue des Amérindiens sous le nom d'Hochelaga.

Au moment de la visite de Cartier, une grande ville fortifiée, peuplée d'environ 1 500 Amérindiens de langue iroquoise, occupait alors les flancs du mont Royal. Cette ville fut vraisemblablement détruite ou abandonnée quelques années plus tard, puisque Samuel de Champlain, fondateur de la ville de Québec et grand explorateur, n'en trouva aucune trace lors de sa visite en 1611. Il nota toutefois au passage que cette île ferait un très bon emplacement pour l'érection d'un poste de traite.

La traite des fourrures n'a cependant pas été à l'origine de la fondation de Montréal. Baptisé d'abord Ville-Marie, son établissement a plutôt été l'œuvre d'un groupe de dévots français, venus dans l'espoir d'y évangéliser les Amérindiens. Sous la direction de Paul de Chomedey, sieur de Maisonneuve, 50 hommes et 4 femmes, dont Jeanne Mance, fondèrent Ville-Marie le 18 mai 1642. Leur idéal se heurta cependant très tôt à l'hostilité des Iroquois, si bien que, jusqu'à la signature du traité de la Grande Paix de Montréal en 1701, Français et Iroquois se livrèrent un conflit permanent, qui menaça même à plusieurs reprises l'existence de la ville.

Si Montréal a été fondée initialement pour la gloire de la chrétienté, les commerçants se sont néanmoins rapidement substitués aux religieux et autres porteurs de la «bonne nouvelle». Pénétrant profondément dans l'arrière-pays, les nombreux cours d'eau à proximité donnaient un accès facile à de riches territoires de chasse. Montréal devint ainsi rapidement un important centre de négoce et même, durant près d'un siècle et demi, le principal pôle de la traite des fourrures en Amérique. C'est aussi de Montréal que les explorateurs et coureurs des bois partirent à la découverte de l'immense territoire s'étendant de la baie d'Hudson à la Louisiane.

Montréal fut conquise par l'armée britannique en 1760, et les marchands français furent alors remplacés par des Écossais dans le commerce des fourrures. Elle devint la métropole du pays dans les années 1820, lorsque sa population dépassa celle de la ville de Québec. Montréal changeait alors très rapidement de visage: des milliers d'immigrants provenant des îles Britanniques s'y installaient ou simplement y transitaient avant d'aller peupler d'autres contrées de l'Amérique du Nord. Elle devint même, pendant un temps, à majorité anglo-saxonne, avant que son industrialisation, à partir du milieu du XIXe siècle, n'attire un flux incessant de paysans de la campagne québécoise.

Déjà, au tournant du XXe siècle, Montréal était devenue une importante ville industrielle et commerciale, dont la haute bourgeoisie contrôlait 70% des richesses de l'ensemble canadien. La révolution industrielle avait tout aussi naturellement donné naissance à un important prolétariat, surtout composé de Canadiens français et d'Irlandais, aux conditions de vie misérables. Parallèlement, des immigrants autres que Britanniques commençaient à y affluer, surtout des Juifs d'Europe de l'Est, des Allemands et des Italiens, initiant ainsi le caractère cosmopolite de la métropole.

Au cours du XXe siècle, Montréal ne cessa de croître et d'engloutir les villes et villages avoisinants, grâce à l'arrivée toujours constante d'immigrants et de Québécois des zones rurales.

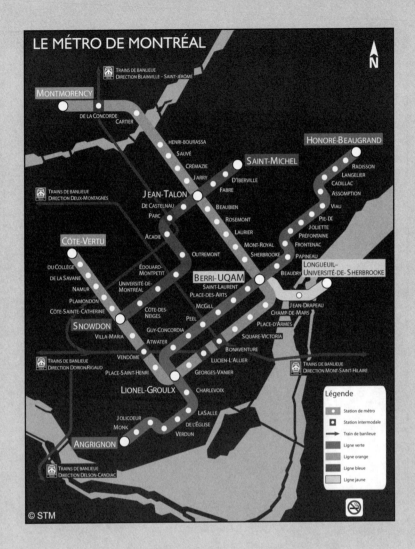

Elle commença même, à partir des années 1950, à étendre ses tentacules sur la campagne extérieure de l'île et à y créer une banlieue. Son centre économique quitta graduellement le Vieux-Montréal pour le quartier aux abords de la rue Dorchester (aujourd'hui le boulevard René-Lévesque), où poussent depuis de nombreux gratte-ciel.

Dans les années 1960 et 1970, le maire Jean Drapeau, que l'on a souvent qualifié de mégalomane, affermit la réputation internationale de «sa» ville, en y faisant construire le métro, en 1966, et en y organisant des événements d'envergure. Montréal fut ainsi l'hôte de l'Exposition universelle de 1967, des Jeux olympiques d'été de 1976 et des Floralies internationales de 1980. À l'été 1992, de grandes fêtes vinrent célébrer le 350e anniversaire de la fondation de Montréal.

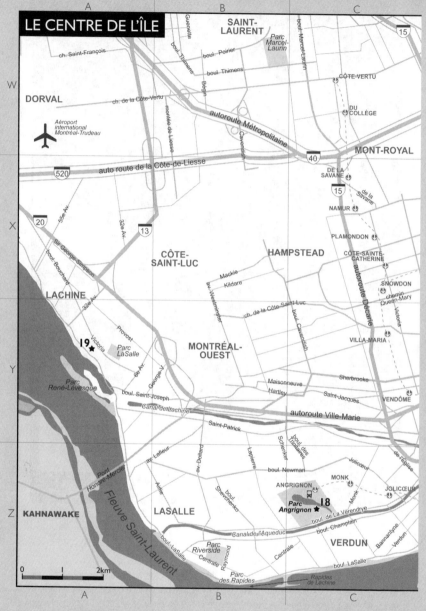

LE CENTRE DE L'ÎLE

SAINT-LAURENT

Parc Marcel-Laurin

DORVAL

Aéroport international Montréal-Trudeau

MONT-ROYAL

CÔTE-VERTU

DU COLLÈGE

DE LA SAVANE

NAMUR

autoroute Métropolitaine

auto route de la Côte-de-Liesse

CÔTE-SAINT-LUC

HAMPSTEAD

PLAMONDON

CÔTE-SAINTE-CATHERINE

SNOWDON

chemin Queen-Mary

LACHINE

MONTRÉAL-OUEST

VILLA-MARIA

19 ★

Parc LaSalle

Parc René-Lévesque

VENDÔME

autoroute Ville-Marie

Canal de Lachine

Parc des Rapides

Rapides de Lachine

KAHNAWAKE

LASALLE

ANGRIGNON

MONK

JOLICOEUR

Parc Angrignon ★ 18

VERDUN

Parc Riverside

0   1   2km

Fleuve Saint-Laurent

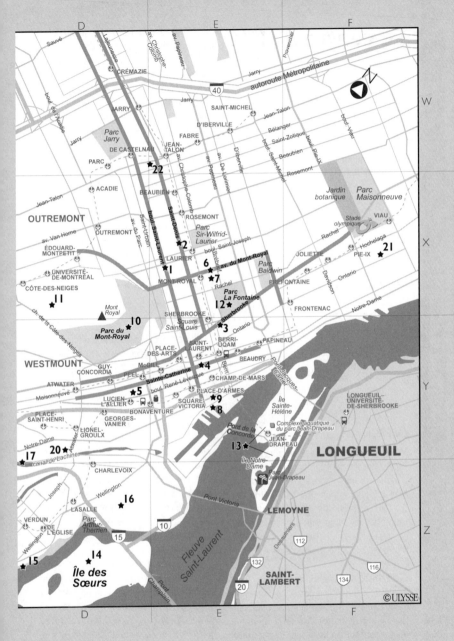

©ULYSSE

Le centre de l'île

Le boulevard Saint-Laurent

⏱ 11 km, 4h
››› randonnée urbaine

ACCÈS

Le boulevard Saint-Laurent est décrit dans le sens nord-sud. Le point de départ est le parc Nicolas-Viel (angle boul. Saint-Laurent et boul. Gouin).

🚌 Transports en commun:

métro Henri-Bourassa et autobus 69 Ouest. Arrêt à l'angle des boulevards Saint-Laurent et Gouin.

🚗 Voitures:

un stationnement est situé dans le parc Nicolas-Viel, sur le boulevard Saint-Laurent, au nord du boulevard Gouin (rue Somerville).

APERÇU

Marcher à Montréal est de plus en plus facile, notamment grâce aux nombreux parcs et grands espaces verts de la ville. Mais marcher à Montréal, le Montréal des trottoirs, de la rue, des boutiques, des restaurants, des cafés, des bars, le Montréal des quartiers, le Montréal pluriethnique, le Montréal culturel, est-ce possible?

Oui! En plus, tout cela est possible en n'empruntant qu'une seule artère, le boulevard Saint-Laurent. Long de 11 km, le boulevard Saint-Laurent représente un beau défi à relever pour le marcheur avide de connaître, mais surtout de sentir et de vivre cette grande métropole qu'est Montréal.

À la fin du XVIIIe siècle, le faubourg Saint-Laurent se développe en bordure du chemin du même nom, qui conduit à l'intérieur des terres. En 1792, on en fait la division officielle de la ville, en deux quartiers est et ouest, de part et d'autre de l'artère. Puis, au début du XXe siècle, les adresses des rues est-ouest sont réparties de façon à débuter au boulevard Saint-Laurent. Entre-temps, vers 1880, la haute société canadienne-française conçoit même le projet de faire de ce boulevard les «Champs-Élysées» montréalais. Mais l'histoire en décidera autrement.

Le boulevard Saint-Laurent peut être décrit comme le berceau de l'immigration à Montréal. En effet, depuis 1880, les nouveaux arrivants s'installent le long d'un segment précis du boulevard, selon leur appartenance culturelle. Si, au bout d'un certain temps, ils vont s'installer dans un autre quartier de la ville ou en banlieue, plusieurs habitent dans un quartier commerçant bien distinct (italien, portugais, chinois, etc.).

PARCOURS

De la rivière des Prairies au fleuve Saint-Laurent, le boulevard Saint-Laurent fait un peu plus de 11 km. Il peut être parcouru dans un sens comme dans l'autre, mais l'axe nord-sud semble plus intéressant, en raison des nombreux attraits que l'on découvre dans la seconde moitié du parcours.

Le départ de la randonnée se fait au **parc Nicolas-Viel** (0,0 km), situé au bord de la rivière des Prairies, dans le quartier Ahuntsic. Nicolas Viel était un missionnaire récollet qui fut jeté (ou qui s'est noyé), en compagnie du Huron Ahuntsic, dans les rapides de la rivière des Prairies en 1625, d'où le nom de «Sault-au-Récollet».

Traversant le quartier Ahuntsic, le boulevard Saint-Laurent mène à l'autoroute métropolitaine (3 km), puis dans le quartier Villeray, où il longe le parc Jarry. Le **parc Jarry** (4 km) a constitué la première demeure de la défunte équipe de baseball Les Expos et a accueilli le pape Jean-Paul II en 1984. Les Internationaux de tennis du Canada y ont lieu chaque été, au Stade Uniprix.

Arrivé à la rue Jean-Talon (5 km), le marcheur pénètre dans la **Petite Italie**, où les cafés, trattorias et magasins d'alimentation spécialisés animent la rue. Le célèbre **marché Jean-Talon**, grouillant d'activités, n'est situé qu'à deux rues à l'est (par la rue Shamrock).

Après un petit café espresso, celui du **Caffè Italia** *(6840 boul. St-Laurent)* étant particulièrement savoureux, vous pourrez descendre le boulevard jusqu'à la rue Saint-Zotique (5,7 km), où se trouve le parc Piccola Italia Montreal avec son joli kiosque. Ce parc de la Petite Italie rend hommage à la communauté italienne venue habiter le quartier au début du XXe siècle. Réaménagé, il fut inauguré lors de la visite du président de l'Italie, Oscar Luigi Scalfaro, le 27 juin 1997. En face du parc se dresse l'église Saint-Jean-de-la-Croix, désormais convertie en copropriétés.

Plus loin, le boulevard Saint-Laurent croise la rue Saint-Viateur (6,9 km), royaume du *bagel* encore tout chaud et des petites épiceries. À la hauteur de l'avenue Fairmount, les arômes de la fine cuisine indienne volent la vedette.

Entre l'avenue du Mont-Royal (8 km) et la rue Sherbrooke (9,7 km), une multitude de restaurants et de bars n'attendent que l'arrivée de la nuit pour faire vibrer la ville. Il n'est pas rare d'y voir plus de gens et de circulation automobile à minuit qu'à midi! C'est dans ce secteur que, depuis 1930, la charcuterie hébraïque de Montréal **Schwartz** *(3895 boul. St-Laurent)* sert ses réputés sandwichs à la viande fumée (*smoked meat*) dans un décor plutôt modeste.

Au sud de Sherbrooke, le boulevard Saint-Laurent descend littéralement jusqu'à la rue Sainte-Catherine (10,2 km), où il est communément appelé la *Main*. Dès le début du XXe siècle, ce secteur deviendra le noyau de la vie nocturne mont-réalaise. À l'époque de la Prohibition (1919-1930) aux États-Unis, le secteur attire, chaque semaine, des milliers d'Américains venus y étancher leur soif et se divertir dans les nombreux cabarets.

Avant d'arriver au boulevard René-Lévesque, le célèbre restaurant **Montréal Pool**

Room *(1200 boul. St-Laurent)*, qui a pignon sur rue depuis 1912, propose, de l'avis de plusieurs, «les meilleurs hot-dogs en ville». Au sud du boulevard René-Lévesque, on pénètre dans le **Quartier chinois** par une porte d'arche très évocatrice de l'Empire du Milieu. La rue De La Gauchetière a été transformée en artère piétonne, bordée de restaurants et encadrée également par de belles portes d'arche d'inspiration chinoise.

À l'angle du boulevard Saint-Laurent et de la rue Saint-Antoine, l'édifice de *La Presse*, journal fondé en 1884, se dresse du côté droit. Du côté gauche (est) du boulevard Saint-Laurent se dresse l'imposant palais de justice de Montréal.

Au bout du boulevard Saint-Laurent (11,2 km), juste passé la rue de la Commune, on pénètre dans le **Vieux-Port** (voir p 40) à la hauteur du quai King-Edward.

La rue Saint-Denis

⏱ 11 km, 4h
⋯ randonnée urbaine

ACCÈS

🚌 Transports en commun:

métros Henri-Bourassa et Champ-de-Mars. Du métro Henri-Bourassa, la rue Saint-Denis se trouve une rue à l'ouest de la rue Berri.

🚗 Voitures:

le départ de la randonnée a lieu à l'angle des rues Saint-Denis et Somerville, au nord du boulevard Gouin.

APERÇU

Assurément l'une des artères les plus agréables à parcourir à pied à Montréal, la rue Saint-Denis est bordée de boutiques, de cafés, de restaurants, de bars et de librairies.

Débutant dans le quartier Ahuntsic, au nord de la ville, elle traverse toute l'île pour aller se terminer dans le Vieux-Montréal. Longue, sans jamais être ennuyeuse, belle et animée, la rue Saint-Denis se dévale presque sans effort, bien qu'elle offre une randonnée de 11 km.

Le nom de la rue proviendrait du nom du premier président de la Société Saint-Jean-Baptiste, Denis-Benjamin Viger. Dès la seconde moitié du XIXe siècle, la rue Saint-Denis constitue l'une des principales artères de la ville. À noter que la très grande majorité des maisons, qui font générale-ment trois étages, disposent d'un escalier extérieur menant à l'étage.

PARCOURS

Cette randonnée, qui débute à l'angle de la rue Somerville pour se terminer dans la rue Saint-Antoine (Vieux-Montréal), fait 11 km. Elle est décrite dans l'axe nord-sud. Si vous désirez effectuer une plus courte ran-donnée, partez du métro Crémazie (7,7 km au total) ou du métro Jean-Talon (5,7 km au total).

De la rue Somerville (0,0 km), la rue Saint-Denis est à sens unique jusqu'au boulevard Crémazie. Tout au long de cette section, la rue Saint-Denis ressemble à une petite artère de quartier paisible, où les maisons ont au plus deux étages.

Arrivé à la rue Sauvé, prenez à gauche afin d'aller emprunter la rue Berri (à droite) de manière à passer sous la voie ferrée. Tout de suite après cette dernière, empruntez le petit passage (à droite) qui vous ramènera dans la rue Saint-Denis.

Le boulevard Crémazie (3,3 km) annonce l'**autoroute Métropolitaine**, cette voie rapide surélevée qui semble avoir été conçue dans le but d'assourdir les passants. Si bien que l'on s'y sent davantage dans une boîte de nuit que dans la rue!

À partir du boulevard Crémazie, les maisons gagnent un étage et s'alignent les unes

contre les autres. La rue Jean-Talon (5,3 km) annonce le très dynamique **marché Jean-Talon**, qui se pointe deux rues à l'ouest.

Le boulevard Rosemont (6,7 km) semble effectuer une division naturelle dans l'île: à l'est, le quartier Rosemont; à l'ouest, au-delà du boulevard qui semble s'envoler, Outre-mont; au sud, le Plateau Mont-Royal.

Entre les avenues Laurier (7,7 km) et du Mont-Royal (8,4 km), la culture est à l'honneur grâce à l'**École nationale de théâtre** *(5030 rue St-Denis)*, **Les Grands Ballets Canadiens** *(4816 rue St-Denis)* et le **Théâtre du Rideau Vert** *(4664 rue St-Denis)*. Située près de la rue Rachel (8,8 km), la **Librairie Ulysse** *(4176 rue St-Denis)* se spécialise dans les guides et les livres portant sur le voyage.

Le **square Saint-Louis**, aménagé en 1879 entre les rues Laval et Saint-Denis, était, jus-qu'en 1852, un réservoir d'eau à ciel ouvert. Il demeure toujours un joli parc urbain entouré de belles demeures victoriennes.

À l'angle de la rue Sherbrooke (9,8 km) se dresse la statue du *Malheureux Magni-fique*. Réalisée en 1972 par Pierryves Angers, la statue occupa d'abord la place Pasteur, avant d'être déplacée ici en 1981. Cette structure d'acier recouverte de treillis métalliques galvanisés et de ciment blanc Medusa peint mesure 3,4 m de hauteur.

À partir de la rue Ontario (10 km), le Quartier latin foisonne de restaurants, bistros, bars et autres lieux nocturnes. On y remarque, entre autres, l'édifice Saint-Sulpice de la **Bibliothèque nationale** *(1700 rue St-Denis)*, le **Théâtre Saint-Denis** *(1594 rue St-Denis)*, l'**Office national du film du Canada** *(1564 rue St-Denis)* ainsi que l'**Université du Québec à Montréal** (UQAM), à l'angle de la rue Sainte-Cathe-rine.

La rue Saint-Denis vient s'éteindre à l'angle de la rue Saint-Antoine (11 km). Au-delà, elle prend le nom de rue «Bonsecours» et conduit, en moins de 300 m, à la jolie **chapelle Notre-Dame-de-Bon-Secours** (angle rue St-Paul) et au **Vieux-Port de Montréal** (voir p 40).

La rue Sherbrooke

⏱ 7,8 km, 3h
››› randonnée urbaine

Accès

🚈 Transports en commun:

métro Atwater ou métro Pie-IX.

🚗 Voitures:

plusieurs stationnements (intérieurs ou extérieurs) tout au long du parcours.

Aperçu

Belle, distinguée, remplie d'attraits et parsemée d'édifices aux façades altières, la rue Sherbrooke ne laisse personne indifférent. Tout près de la rue Sainte-Catherine, qu'elle longe en parallèle, on s'y sent cependant très loin, tant l'architecture, les boutiques, les hôtels et les restaurants rivalisent d'élégance avec ceux de la «Sainte-Cat».

Très agréable à parcourir, la rue Sherbrooke se découvre lentement, laissant libre cours aux nombreuses visites dans les divers musées et galeries qu'elle abrite.

L'une des plus longues artères de l'île de Montréal, la rue Sherbrooke traverse aussi plusieurs quartiers, aussi différents les uns que les autres. Il a donc fallu en choisir un segment afin de proposer une randonnée pas trop exigeante, mais présentant le plus grand nombre d'attraits possible. Ce parcours s'étire, de l'ouest vers l'est, de l'avenue Atwater au boulevard Pie-IX.

Parcours

Le parcours suggéré mène du métro Atwater au métro Pie-IX, sur une distance de 7,8 km. Il peut être effectué dans un sens comme dans l'autre, mais l'axe ouest-est semble plus intéressant. Si vous désirez faire une plus courte randonnée, arrêtez-vous à la hauteur du parc La Fontaine (4 km).

Près de l'avenue Atwater (0,0 km), on remarque, du côté nord de la rue Sherbrooke, les terrains du **Grand Séminaire**, construits au milieu du XIXe siècle. Les jardins abritent cependant deux tours datant du XVIIe siècle.

Près de la rue Saint-Mathieu, le **Temple Maçonnique** *(1850 rue Sherbrooke O.)*, un bel immeuble de calcaire de Queenston, comporte quatre colonnes octogonales autoportantes. Il fut érigé en 1929 par John Smith Archibald, et sa façade arbore les mots *fides*, *caritas*, *veritas*, *libertas* et *spees*, c'est-à-dire foi, charité, vérité, liberté et espérance.

La rue Guy (0,8 km) devient, au nord de la rue Sherbrooke, le chemin de la Côte-des-Neiges. À l'angle de la rue Redpath se distingue l'**église St. Andrew and St.Paul** (1932), qui possède de jolis vitraux. De chaque côté de la rue Sherbrooke, le **Musée des beaux-arts de Montréal** *(1380 rue Sherbrooke O.)* rappelle dans toute sa splendeur qu'il demeure le plus ancien et le plus important musée du Québec. Tout juste à l'est du musée fut élevée, en 1892, l'**église Erskine & American**.

Le très chic **hôtel Ritz-Carlton** (1,3 km), inauguré en 1911, se dresse fièrement à l'angle de la rue Drummond. L'avenue McGill College (1,8 km) vient se terminer à l'entrée de l'université McGill. À l'angle de l'avenue, on remarque la belle façade de la **maison William Alexander Molson** *(888 rue Sherbrooke O.)*, construite en 1906.

Non loin, le **musée McCord d'histoire canadienne** *(690 rue Sherbrooke O.)* ravira ceux qui s'intéressent aux nations autochtones ainsi qu'à la vie quotidienne au Canada à partir du XVIIIe siècle.

C'est à partir du **boulevard Saint-Laurent** (2,8 km) que les adresses des rues est-ouest sont réparties. Ainsi la **chapelle historique du Bon-Pasteur** est-elle située au 100 de la rue Sherbrooke Est.

Plus à l'est encore, la **rue Saint-Denis** (3,3 km), au cœur du Quartier latin, se révèle toujours grouillante d'activités. Quelques centaines de mètres plus loin, la rue Sherbrooke conduit à la hauteur du **parc La Fontaine** (4 km, voir p 48), en face duquel on découvre l'ancienne **Bibliothèque centrale de Montréal** *(angle rue Montcalm)*, dont les collections ont été intégrées à celles de la Grande Bibliothèque, qui a ouvert ses portes en 2005 dans le Quartier latin.

À l'est du parc La Fontaine, la rue Sherbrooke devient essentiellement résidentielle, large et agréable. Il est facile de poursuivre la randonnée jusqu'à l'angle du boulevard Pie-IX (7,8 km), où se pointent le **Château Dufresne**, le **Jardin botanique** et le **Stade olympique**, situés dans le **pôle Maisonneuve** (voir p 63). La station de métro Pie-IX se trouve tout juste en bas de la côte.

La rue Sainte-Catherine

⏱ 4,6 km, 2h
›› randonnée urbaine

INFORMATION

Centre Infotouriste de Montréal
1255 rue Peel, angle rue Ste-Catherine O.
☎877-266-5687
www.bonjourquebec.com

ACCÈS

🚍 Transports en commun:

outre les stations de métro Atwater et Papineau, sept autres stations desservent la rue Sainte-Catherine.

🚗 Voitures:

la rue Sainte-Catherine est à sens unique, de l'ouest vers l'est. Plusieurs stationnements (intérieurs ou extérieurs) tout au long du parcours.

APERÇU

Qui, un jour ou l'autre, n'a pas marché le long de la rue Sainte-Catherine presque d'un bout à l'autre, voire aller-retour, en cherchant désespérément des cadeaux un 23 décembre? Marche rapide ou marche athlétique, le constat est le même à la fin de la journée: on se retrouve aussi crevé que son budget!

Mais l'une des énigmes non résolues demeure toujours: «Combien de kilomètres ai-je donc parcouru?» Eh bien, sachez que la distance séparant les métros Atwater et Berri-UQAM est de 3,5 km (aller seulement). Cela, bien sûr, ne tient pas compte du nombre de kilomètres parcourus dans les allées des grands magasins et dans les galeries souterraines!

Principale artère commerciale de Montréal, la rue Sainte-Catherine s'étend, en fait, sur 15 km. Très animée à toute heure du jour ou de la nuit, la «Sainte-Cat», demeure depuis plus d'un siècle un espace où l'on vient faire des affaires, des emplettes, se divertir ou simplement se balader.

PARCOURS

Le parcours suggéré mène du métro Atwater au métro Papineau, une distance de 4,6 km. Il peut être effectué dans un sens comme dans l'autre, mais l'axe ouest-est demeure plus intéressant.

Le départ de la randonnée se fait à l'angle de la rue Sainte-Catherine et de l'avenue Atwater (0,0 km). Du côté nord de la rue, l'ancien **Forum de Montréal** a été reconverti en un vaste centre de divertissements (jeux, boutiques, restaurants, cinémas, etc.).

À l'angle de la rue Saint-Mathieu se trouve le **Faubourg Sainte-Catherine** (0,7 km), comprenant un marché international (fromagerie, pâtisserie, etc.), plusieurs boutiques, une vingtaine de restaurants ainsi que des salles de cinéma. Un peu plus loin se dresse l'**église anglicane Saint-James the Apostle** (1 km), du côté nord de la rue.

La rue Peel (1,5 km) annonce les grands magasins et centres commerciaux du centre-ville, qui s'alignent presque côte à côte: Simons, Place Montréal Trust, Les Ailes de la Mode, Les Promenades de la Cathédrale, La Baie, etc. Malgré la fermeture du célèbre magasin Eaton (devenu le Centre Eaton), on a su préserver la splendide salle à manger Art déco aménagée au 9e étage. Elle demeure cependant fermée au public.

À l'angle de la rue University, l'élégante **cathédrale Christ Church** présente un unique clocher. Quant à elle, l'**église St. James United** (463 rue Ste-Catherine) a fait l'objet d'heureux travaux de mise en valeur. Ainsi, son impressionnante façade, avec rosace et verrières, et ses tours de style néogothique ont été restaurées.

Plus loin, la musique semble voler la vedette dans ce secteur de la rue Sainte-Catherine. On y trouvent les studios de **Musique Plus** et la salle de spectacle de l'église du **Gesù** (1202 rue De Bleury), ainsi que la **Place des Arts** (2,5 km), établie entre les rues Jeanne-Mance et Saint-Urbain. C'est également dans ce secteur que se tiennent annuellement le réputé **Festival international de Jazz de Montréal** et **Les FrancoFolies**.

Ce secteur abrite aussi le **Musée d'art contemporain de Montréal** (angle rue Jeanne-Mance), le **complexe Desjardins** ainsi que le **Théâtre du Nouveau Monde** (angle rue St-Urbain).

Quelques enjambées plus loin, on croise le **boulevard Saint-Laurent** (voir p 30), l'une des artères les plus achalandées de la ville. Malheureusement, ce célèbre «coin Saint-Laurent et Sainte-Catherine», connu de tous les Montréalais, a perdu de son lustre et ne présente que des établissements de restauration rapide et autres boutiques erratiques.

Plus à l'est, les rues Saint-Denis et Berri (3,5 km) encadrent plusieurs pavillons de l'**Université du Québec à Montréal** (UQAM) ainsi que la station de métro Berri-UQAM. Les grands bâtiments de l'université font presque oublier d'admirer la petite **chapelle Notre-Dame-de-Lourdes** (430 rue Ste-Catherine E.), érigée en 1876.

À partir de la rue Saint-Hubert, le **Village Gay** s'étend jusqu'à la rue Papineau, dans le quartier Centre-Sud. Le Village Gay compte un grand nombre d'établissements (boutiques, restaurants, bars, etc.). La station de métro Beaudry (4 km) est située dans ce secteur.

De son côté, la station de **métro Papineau** (4,6 km), à l'est de l'avenue du même nom, est construite presque en bordure du tablier du pont Jacques-Cartier, facilement observable.

Les galeries intérieures de Montréal

⏱ 5 km, 2h
⋯ randonnée urbaine

INFORMATION

Centre Infotouriste de Montréal
tlj
1255 rue Peel, angle rue Ste-Catherine O.
☎ 877-266-5687
www.bonjourquebec.com

ACCÈS

🚌 Transports en commun:

métro Peel, direction les Cours Mont-Royal.

🚗 Voitures:

angle rues Peel et Sainte-Catherine.

SERVICES ET INSTALLATIONS:

plusieurs boutiques, cafés et restaurants tout au long du parcours.

APERÇU

L'inauguration de la Place Ville Marie, en 1962, avec sa galerie marchande au sous-sol, marque le point de départ de ce que l'on appelle aujourd'hui les galeries intérieures ou le Montréal souterrain. Le développement de cette «cité sous la cité» est accéléré par la construction du métro, qui débute le 23 mai 1962.

Les galeries intérieures de Montréal sont les plus étendues au monde avec leur réseau piétonnier de plus de 30 km! Très appréciées par mauvais temps, elles donnent accès grâce à un réseau de tunnels, d'atriums et de places intérieures à plus de 2 000 boutiques et restaurants, à des cinémas, des immeubles résidentiels, des bureaux, des hôtels, des gares, à la Place des Arts et même au Centre Bell.

PARCOURS

Cette randonnée, qui débute à la station de métro Peel, forme une boucle d'environ 5 km. Sauf vers la toute fin, la randonnée se fait exclusivement à l'intérieur. La signalisation étant quelque peu déficiente, demeurez vigilant afin de bien suivre les directions. Notez également qu'il peut y faire passablement chaud.

De la station de **métro Peel** (les Cours Mont-Royal), dirigez-vous vers le **Centre Eaton**, en traversant le Carrefour Industrielle Alliance et la Place Montreal Trust. Du Centre Eaton, descendez au sous-sol et allez en direction de la **Place Ville Marie** et de la Gare centrale. Il est impressionnant de constater le nombre de boutiques et de cafés que ces lieux souterrains abritent! Après avoir traversé la Galerie Place Ville Marie (boutiques, info...) et passé sous l'hôtel Fairmont Le Reine Elizabeth, vous arrivez dans les Halles de la gare puis dans la **Gare centrale**. À la Place Bonaventure, tournez à droite en direction du **1000 De La Gauchetière** (www.le1000.com), qui abrite l'Atrium, une patinoire intérieure ouverte toute l'année.

Descendez vers la station de métro, puis dirigez-vous en direction de la gare Lucien-L'Allier et du Centre Bell. Traversez l'édifice de l'ancienne gare Windsor et longez le corridor menant au **Centre Bell** (www.centrebell.ca). À l'entrée, on remarque une partie de l'ancien vestiaire des Canadiens de Montréal datant de l'époque du Forum. Les chandails sont ceux des joueurs choisis par le public en 1985, à l'occasion du 75e anniversaire du club de hockey. Inauguré en mars 1996, le Centre Bell compte 21 273 sièges, ainsi que 138 loges.

Du Centre Bell, revenez sur vos pas jusqu'à la **Place Bonaventure**, puis dirigez-vous vers le hall d'exposition. Du sous-sol de la place Bonaventure (guichets), montez à l'étage et suivez la direction «**Portail Sud-Est**». Puis dirigez-vous vers la Place de la Cité Internationale et le Palais des congrès de Montréal. Un point de vue vers l'extérieur permet d'apercevoir la rue Saint-Antoine, puis la Côte Beaver Hall et un petit parc.

Le long de cette section, on remarquera que les corridors sont de facture plus moderne. Arrivé au **Palais des congrès de Montréal**, un autre point de vue vers l'extérieur (rue de Bleury) donne sur la jolie **place Jean-Paul-Riopelle**, où est installée une immense sculpture-fontaine en bronze signée par l'artiste, intitulée La Joute, avec jets d'eau et flammes. Longez le long corridor bordé de boutiques et, à l'intersection principale, dirigez-vous vers la station de métro Place D'Armes et, rapidement, empruntez l'escalier menant au **complexe Guy-Favreau**. De là, traversez la grande salle et dirigez-vous vers le **complexe Desjardins**, qui abrite une vaste place centrale ainsi que de nombreux commerces et un ascenseur panoramique.

Du complexe Desjardins, le corridor passe sous la rue Sainte-Catherine et mène au **Musée d'art contemporain de Montréal**, qui a ouvert ses portes en 1992, ainsi qu'à la **Place des Arts**, un complexe de cinq salles consacré aux arts de la scène.

Suivez le corridor qui conduit à la station de métro Place-des-Arts et, de là, longez le corridor menant à la sortie de la rue De Bleury. Une fois à l'extérieur, empruntez le **boulevard De Maisonneuve** vers l'ouest sur environ 200 m. À l'angle de la rue Aylmer, entrez dans le magasin **La Baie**. De là, vous pourrez retourner à la station de métro Peel en passant par les Promenades de la Cathédrale, le Complexe les Ailes, le Centre Eaton, la Place Montréal Trust, le Carrefour Industrielle Alliance et les Cours Mont-Royal!

L'avenue du Mont-Royal

⏱ 5,3 km, 2h
⋯ randonnée urbaine

Accès

🚌 Transports en commun:

métro Mont-Royal pour l'accès au quartier, métro Édouard-Montpetit pour le début de la randonnée.

🚗 Voitures:

le début de la randonnée a lieu à l'angle du boulevard Édouard-Montpetit et de l'avenue Vincent-D'Indy.

Aperçu

Principale artère du Plateau Mont-Royal, l'avenue du Mont-Royal traverse, de l'ouest vers l'est, ce célèbre quartier appelé simplement «le Plateau». Il fait bon y flâner librement, s'arrêtant ici pour bouquiner ou acheter un disque d'occasion, là pour siroter un café en bavardant de tout et de rien ou simplement en regardant défiler la «faune» d'habitués qui aiment à le fréquenter.

L'avenue du Mont-Royal ne se limite pas aux quelques artères bordant le métro du même nom. En fait, elle débute à Outremont, portant le nom de boulevard du Mont-Royal, pour descendre et traverser le Plateau Mont-Royal.

Vaste plateau s'étendant au pied de la montagne, le quartier du Plateau Mont-Royal reçut cette appellation officielle en 1909. Sa superficie n'est que de 7,74 km^2, mais on y trouve plus de 100 000 habitants.

Parcours

Cette randonnée, qui débute au métro Édouard-Montpetit pour se terminer dans la rue Frontenac, fait 5,3 km.

Du métro Édouard-Montpetit (0,0 km), tournez à droite dans l'avenue Vincent-D'Indy et, après seulement quelques mètres, tournez à gauche sur le boulevard du Mont-Royal. L'avenue Vincent-D'Indy borde le **Centre d'éducation physique et de sport de l'Université de Montréal** (CEPSUM).

Le boulevard du Mont-Royal, qui parcourt une partie d'Outremont, est parsemé de très jolies demeures bourgeoises. Après être passé devant le **Mont-Jésus-Marie**, il faut prendre à droite, à l'angle de l'avenue Springgrove, afin d'aller rejoindre, près de l'entrée du cimetière Mont-Royal, le boulevard du Mont-Royal, qui, ici, est bordé par la magnifique forêt du mont Royal.

...rtir d'une courbe, on croise l'entrée de ...e Camillien-Houde (2,1 km), qui grimpe ...s le **parc du Mont-Royal** (voir p 41). ...n face se dresse le **couvent de Marie-Réparatrice**. Tout près, on atteint le chemin de la Côte-Sainte-Catherine, à partir duquel le boulevard devient une avenue, puis l'avenue du Parc, où, du côté sud-est, on distingue le **parc Jeanne-Mance**.

À partir des environs du boulevard Saint-Laurent (2,7 km), l'avenue du Mont-Royal, qui descend, offre une superbe vue sur le quartier ainsi que sur le **mât du Stade olympique** qui s'élève au loin. L'endroit est particulièrement joli au lever du soleil, alors que le quartier dort encore et que la circulation automobile n'a pas encore envahi les rues.

Jusqu'à la rue Saint-Denis (3,3 km), l'avenue du Mont-Royal comporte un grand nombre de friperies. Le sympathique petit restaurant **La Binerie Mont-Royal** *(367 av. du Mont-Royal E.)* propose, depuis 1940, ses savoureuses «bines» (fèves au lard). Le roman d'Yves Beauchemin, *Le Matou*, contribua grandement à rendre l'établissement encore plus populaire.

À l'est de la rue Saint-Denis et du métro Mont-Royal, ce sont les nombreuses boutiques de livres et disques d'occasion qui volent la vedette. Le **monastère des pères du Très-Saint-Sacrement** *(500 av. du Mont-Royal E.)* fut érigé à la fin du XIXe siècle. Après avoir bouquiné, il est agréable de s'arrêter quelques instants afin de prendre un café ou un repas dans un des restaurants des environs.

À l'est de l'avenue Papineau (4,5 km) et à l'angle de la rue Cartier, le petit **parc des Compagnons de Saint-Laurent** constitue l'un des seuls coins de verdure le long de l'avenue. Plus loin, l'avenue du Mont-Royal vient s'échouer, à l'angle de la rue Frontenac (5,3 km), devant l'édifice moderne abritant les bureaux du *Journal de Montréal*.

Les ruelles du Plateau

⏱ 6 km, 2h
''' randonnée urbaine

INFORMATION

Arrondissement du Plateau-Mont-Royal
☎ 514-872-2644

ACCÈS

🚌 Transports en commun:

métro Sherbrooke

🚗 Voitures:

stationnement dans les rues autour du square Saint-Louis (rue Saint-Denis, au nord de la rue Sherbrooke).

APERÇU

Montréal compte environ 450 km de ruelles! Si plusieurs d'entre elles sont peu invitantes pour le marcheur, il s'en trouve tout de même une grande quantité, dans tous les quartiers de la ville, qui sauront étonner ceux qui s'y aventurent. Car tel est le mot d'ordre: aventure! Lorsqu'il est question des ruelles montréalaises, il n'y a point d'itinéraires précis et de directions à suivre. Donc, il suffit d'explorer, de se perdre un peu, d'oser, bref, de laisser libre cours à son intuition.

Parmi les différents arrondissements de la ville, celui du Plateau-Mont-Royal se révèle fort intéressant, car il renferme plusieurs ruelles fort bien aménagées, entretenues et propres. Or, il est relativement facile pour le promeneur d'en parcourir plusieurs afin d'élaborer un parcours agréable.

PARCOURS

Le parcours que nous vous suggérons débute au square Saint-Louis et se termine au parc La Fontaine (6 km).

Ruelles en vedette!

Un livre

Ruelles, jours ouvrables d'André Carpentier, aux Éditions du Boréal, 2005, 360 p.: chronique d'errances de l'auteur dans les ruelles de Montréal.

Un film

De mémoire de chats – Les ruelles de Manon Barbeau, InformAction Films, 2004, 52 min.

Du **square Saint-Louis** (0,0 km), empruntez presque toujours la rue Drolet afin de revenir dans la ruelle située entre la rue Drolet et l'avenue Henri-Julien (**ruelle Drolet/Henri-Julien**). Cette première section de ruelle se révèle fort jolie et très bien aménagée. Il s'agit d'une ruelle champêtre dont on a retiré l'asphalte pour le remplacer par de la pelouse et du gravier.

Passé la rue Rachel, la ruelle s'aventure derrière l'imposante église Saint-Jean-Baptiste, érigée en 1874 et pouvant accueillir 3 000 personnes. Après avoir bifurqué dans un passage et traversé un petit parc, vous arrivez sur l'avenue Henri-Julien, à l'angle de la rue Villeneuve où, tout juste au nord, se trouve la charmante et originale **rue Demers** (1,8 km), qu'il vaut la peine d'admirer quelques instants. Fermée à la circulation automobile, cette toute petite rue, qui ressemble davantage à une ruelle, a des airs d'Italie et de Portugal.

Rebroussez chemin jusqu'à la rue Villeneuve, tournez à gauche, traversez la rue Saint-Denis et empruntez la rue Gilford jusqu'à la rue Saint-André. De là, empruntez la **ruelle Saint-André/Mentana** vers le sud, jusqu'à l'avenue du Mont-Royal (2,8 km).

Tournez à gauche sur l'avenue du Mont-Royal, jusqu'à la rue Brébeuf. Empruntez la **ruelle Brébeuf/Chambord** vers le nord, jusqu'à l'avenue Laurier. Passé la rue Gilford, la ruelle porte le nom de **ruelle Modigliani**, et présente plusieurs jolies murales. Tournez à droite sur l'avenue Laurier et continuez jusqu'à l'avenue Papineau. Tournez à droite sur l'avenue Papineau et, immédiatement, à gauche sur l'avenue Laurier. Tournez tout de suite à gauche dans la première entrée qui mène à la **ruelle Papineau/Cartier**. Empruntez cette ruelle jusqu'à la rue Masson et, de là, empruntez la **ruelle Cartier/Chabot** pour revenir avenue Laurier. À l'angle de l'avenue Laurier et de la rue Chabot (5 km) se trouve le mignon petit parc De Lorimier.

Continuez rue Chabot, traversez le boulevard Saint-Joseph, puis la rue Gilford, et empruntez la **ruelle Chabot/Cartier** jusqu'à l'avenue du Mont-Royal. Tournez à droite sur cette dernière et poursuivez jusqu'à la rue Marquette. Empruntez la **ruelle Marquette/Fabre** (vers le sud), traversez la rue Marie-Anne et reprenez la ruelle jusqu'à la rue Rachel et le **parc La Fontaine** (6 km).

Le Vieux-Port de Montréal

⏱ 2,5 km, 1h
··· randonnée à caractère historique, randonnée au fil de l'eau

INFORMATION

Société du Vieux-Port de Montréal
tlj
❅
☎ 514-496-7678 ou 800-971-7678
www.vieuxportdemontreal.com
www.quaisduvieuxport.com

ACCÈS

🚌 Transports en commun:

métro Champ-de-Mars ou Place-d'Armes.

🚗 Voitures:

la rue de la Commune longe le Vieux-Port. Le site dispose de trois stationnements payants: quai de L'Horloge, quai King-Edward et quai Alexandra.

SERVICES ET INSTALLATIONS:

accueil, stationnements, toilettes, alimentation, aires de pique-nique, aires de jeux, navettes fluviales vers l'île Sainte-Hélène ou Longueuil (☎514-281-8000), cartes, brochures.

AUTRES ACTIVITÉS:

vélo, patin à roues alignées, patin à glace, croisières, visite guidée.

APERÇU

Si cela fait plusieurs années, voire plus d'une décennie, que vous n'êtes pas allé vous balader dans le Vieux-Port de Montréal, vous subirez assurément un «choc» lorsque vous constaterez que le site est devenu aussi fabuleux qu'impressionnant.

Considéré comme le plus important port intérieur du continent, le port de Montréal s'étale sur 25 km le long du fleuve Saint-Laurent, soit de la Cité du Havre jusqu'à Montréal-Est. Délaissée durant plusieurs années, la section appelée le Vieux-Port, qui longe le Vieux-Montréal, a complètement été réaménagée dans les années 1980 afin de redonner cet espace maritime aux Montréalais ainsi qu'à tous les visiteurs. C'est à l'occasion du 350e anniversaire de fondation de la ville de Montréal, en 1992, qu'a eu lieu l'inauguration du Vieux-Port de Montréal.

Dans le Vieux-Port, un agréable parc linéaire est aménagé sur les remblais, doublé d'une promenade le long des quais, offrant une «fenêtre» sur le fleuve, de même que sur les quelques activités maritimes qui ont été préservées.

PARCOURS

La **promenade du Vieux-Port** fait 2,5 km de long, mais, en effectuant un tour complet du site, il est facile de faire entre 6 km et 8 km à pied dans la journée.

Du quai Jacques-Cartier, dirigez-vous d'abord vers l'est et empruntez la promenade qui mène au bout du **quai de l'Horloge**. La jolie **tour de l'Horloge** fut érigée en 1922 à la mémoire des marins disparus lors de la Première Guerre mondiale. De nos jours, elle renferme un centre d'interprétation et un observatoire. N'hésitez pas à grimper les 192 marches de la tour, car la vue spectaculaire récompensera largement ce petit effort.

Revenez sur vos pas en empruntant le sentier qui longe le fleuve. En regardant de l'autre côté, il est aisé de distinguer l'**île Sainte-Hélène**, dans laquelle se dressent la tour De Lévis ainsi que la **Biosphère**, ce dôme géodésique (structure tubulaire en aluminium) de 80 m de diamètre qui fut, à l'origine, le pavillon des États-Unis de l'Expo 67. Aujourd'hui, elle abrite un musée de l'environnement qui traite des grands enjeux liés à l'eau, aux changements climatiques, à l'écosystème Grands Lacs-Saint-Laurent, etc.

Le **bassin Bonsecours**, blotti entre les quais de l'Horloge et Jacques-Cartier s'avère particulièrement agréable. S'y trouvent un petit parc ainsi qu'un pavillon où il fait bon se reposer quelques instants. Le long du **quai Jacques-Cartier**, vous pourrez observer différents bateaux (navettes fluviales, paquebots, bateau-mouche) accostés.

Le quai suivant, dénommé **quai King-Edward**, abrite dans ses anciens hangars, le **Centre des sciences de Montréal**.

Plus à l'ouest, à la hauteur du **quai Alexandra** et du bassin du même nom, ce sont les bateaux commerciaux qu'il est fréquent d'observer. La promenade du Vieux-Port se poursuit jusqu'à la **maison des Éclusiers**, là où commence le **canal de Lachine** (voir p 56).

Le retour vers le quai Jacques-Cartier peut s'effectuer en parcourant les espaces verts aménagés en bordure de la promenade, ou en empruntant la rue de la Commune. Ne manquez pas de visiter **Pointe-à-Callière, musée d'archéologie et d'histoire de Montréal** qui s'élève en face du quai Alexandra, ainsi que le **Marché Bonsecours** et la **chapelle Notre-Dame-de-Bonsecours**, non loin du quai Jacques-Cartier.

Le Jardin du Gouverneur

⏱ 1h
〃 randonnée à caractère historique

INFORMATION

Château Ramezay
l'accès au jardin est gratuit (droit d'entrée pour le musée)
été tlj 10h à 18h, hiver mar-dim 10h à 16h30
280 rue Notre-Dame E.
☎ 514-861-3708
www.chateauramezay.qc.ca

ACCÈS

🚌 Transports en commun:
métro Champ-de-Mars.

🚗 Voitures:
rue Notre-Dame Est, tout juste à l'est de la Place Jacques-Cartier.

SERVICES ET INSTALLATIONS:

accueil, restauration, boutique, documentation.

AUTRES ACTIVITÉS:

visites guidées, animation, expositions.

APERÇU

En 2005, le Château Ramezay célébrait son 300e anniversaire. Cette splendide résidence du gouverneur de Montréal, Claude de Ramezay, abrite désormais un musée, une boutique, un café-terrasse et avoisine un magnifique jardin dénommé le Jardin du Gouverneur, composé de fleurs, de fruits, de légumes et de plantes médicinales.

Le parc du Mont-Royal

⏱ jusqu'à 20 km, 1h à une journée
〃 randonnée en forêt

INFORMATION

Parc du Mont-Royal
Centre de la montagne
tlj 6h à 24h. Le chalet du mont Royal est ouvert de 8h à 20h. Les bureaux du Centre de la montagne sont aménagés dans la maison Smith (tlj 10h à 17h).
🚌 ❄
Maison Smith
1260 ch. Remembrance
☎ 514-843-8240, poste 0
www.lemontroyal.qc.ca

ACCÈS

À pied, les principaux accès sont situés au nord de la rue Peel (métro Peel) et au monument à George-Étienne-Cartier, sur l'avenue du Parc, à l'extrémité ouest de la rue Rachel.

🚌 **Transports en commun:**

métro Peel, puis marchez vers le nord, ou métro Mont-Royal et autobus 11.

🚗 **Voitures:**

accès du côté est par l'avenue Mont-Royal et la voie Camillien-Houde, et du côté ouest par le chemin de la Côte-des-Neiges et le chemin Remembrance. Trois stationnements payants sont accessibles: au lac aux Castors, à la maison Smith (le plus près du chalet du mont Royal) et au belvédère Camillien-Houde.

SERVICES ET INSTALLATIONS:

stationnements (**$**), chalet du mont Royal, pavillon du lac aux Castors, casse-croûte, Café Smith, boutique, toilettes, fontaines à boire, aires de pique-nique, cartes du parc et brochures d'interprétation.

AUTRES ACTIVITÉS:

randonnées autoguidées, causeries, vélo, observation des oiseaux, glissade, ski de fond, ski alpin, raquette, patinage, montée aux flambeaux, grande corvée.

APERÇU

Le mont Royal est un point de repère important dans le paysage montréalais, autour duquel gravitent les quartiers centraux de la ville. Appelée simplement «la montagne» par les citadins, cette masse trapue de 233 m de haut, à son point culminant, est en fait une des huit collines montérégiennes (les monts Saint-Bruno, Saint-Hilaire, Yamaska, Rougemont, Saint-Grégoire, Shefford, Brome et Royal), qui sont autant d'intrusions de roche volcanique dans la plaine du Saint-Laurent.

En fait, le mont Royal provient d'une montée de roche (gabbro) en fusion, formée dans les profondeurs de la Terre, qui s'est par la suite refroidie et solidifiée. Ce n'est donc pas un ancien volcan, contrairement à la croyance populaire.

Ce «poumon vert» couvert d'arbres apparaît à l'extrémité des rues du centre-ville, exerçant un effet bénéfique sur les Montréalais, qui ainsi ne perdent jamais contact avec la nature. La montagne comporte en réalité trois sommets: le premier (233 m) abrite le parc du Mont-Royal (l'endroit où se trouvent les tours de communication est le plus élevé de la montagne), le deuxième (211 m), le cimetière Mont-Royal, et le troisième (201 m), Westmount, aux belles demeures de style anglais. Les cimetières qu'on y trouve forment ensemble la plus vaste nécropole du continent.

En 1535, puis en 1541, Jacques Cartier est le premier Européen à brièvement parcourir l'île. Il en profite pour gravir la montagne occupant son centre, qu'il baptise mont Royal. Dans son journal de bord, Cartier fait également mention d'une courte visite dans un grand village amérindien situé, semble-t-il, sur les flancs de la montagne. Regroupant environ 1 500 Iroquois, ce village est alors constitué d'une cinquantaine de grandes habitations que protège une haute palissade de bois. Tout autour, on cultive maïs, courges et haricots, qui assurent l'essentiel de l'alimentation de cette population sédentaire. Malheureusement, Cartier ne laisse qu'un témoignage partiel et parfois contradictoire sur cette communauté amérindienne. On ignore donc encore actuellement l'endroit exact où s'élevait le village, de même que le nom que lui avaient donné les Amérindiens: Hochelaga ou Tutonaguy?

Le parc du Mont-Royal fut superbement aménagé par l'architecte paysagiste américain Frederick Law Olmsted (1822-1903), à qui l'on doit également le Central Park de New York. La création du parc du Mont-Royal fait suite aux pressions des résidants du Golden Square Mile qui voyaient leur ter-

rain de jeu favori déboisé par divers exploitants de bois de chauffage.

Frederick Law Olmsted prit le parti de conserver au site son caractère naturel, se limitant à aménager quelques points d'observation reliés par des sentiers en tire-bouchon, afin que les visiteurs puissent prendre le temps de s'imprégner de la beauté d'un tel parc boisé. On a dit de Frederick Law Olmsted *«qu'en urbanisant la nature, il a aussi rendu la ville plus naturelle»*. Malheureusement, la Ville de Montréal ne respecta pas la philosophie d'Olmsted, modifiant ses plans et privilégiant des accès rapides à la montagne.

Inauguré en 1876, le parc du Mont-Royal (190 ha), concentré dans la portion sud de la montagne, n'a cessé d'être un lieu de promenade apprécié des Montréalais. Halte obligatoire des touristes, le parc du Mont-Royal accueille annuellement près de trois millions de visiteurs. Depuis 2003, le mont Royal, avec ses trois sommets, est dorénavant protégé par le gouvernement du Québec en tant qu'arrondissement historique et naturel.

PARCOURS

Le réseau de sentiers de randonnée pédestre du parc du Mont-Royal n'est pas tout à fait défini. Plusieurs sentiers sont en réaménagement. Cependant, il est possible d'affirmer que le parc offre au moins 20 km de sentiers, incluant les nombreux petits sentiers secondaires ainsi que le magnifique chemin Olmsted (7 km), la boucle du sommet (2 km) et le Sentier de l'escarpement (1 km). De quoi marcher une journée complète, ou effectuer plusieurs visites, en découvrant une flore, une faune, une histoire et des points de vue tout à fait exceptionnels.

Au gré de ses balades, le randonneur découvrira le **monument à George-Étienne-Cartier**, nommé en l'honneur de celui qui fut copremier ministre du Bas-Canada (1857-1862), et le magnifique **Quartier général du Service des incendies de la Ville de Montréal** (1931), de style néoclassique, tous deux situés près de l'avenue du Parc. C'est du côté est de la montagne que commence le chemin Olmsted. Ce chemin mène au chalet du mont Royal, en passant par la côte Placide, le Piedmont, la Pente rocheuse, l'Escarpement, le Serpentin, la Fougeraie et la Clairière. Ces zones du parc ont été baptisées par Olmsted.

La **maison Smith**, construite en 1858 pour Hosea Bonen Smith, reflète parfaitement la vie bourgeoise de cette époque, où le mont Royal appartenait à 16 propriétaires fonciers. C'est dans cette maison qu'a été aménagé les bureaux du Centre de la montagne, où les randonneurs et autres visiteurs peuvent obtenir toutes les informations concernant le mont Royal.

Le **Centre de la montagne** est un organisme d'éducation relative à l'environnement œuvrant depuis 1981 sur le mont Royal. Son objectif est d'amener les petits et les grands à développer un mode de vie permettant de préserver et d'améliorer la qualité de l'environnement. Il a aussi pour mission de promouvoir la conservation du mont Royal. Depuis sa création, le Centre a rejoint plus d'un million de personnes à travers une vaste gamme de services (corvée du mont Royal, montée aux flambeaux, randonnée des trois sommets, randonnées guidées, causeries, expositions, équipes d'intervention environnementale, etc.).

Le Centre produit également des publications, dont le bulletin d'information *Sur la montagne* (gratuit), la carte du parc du Mont-Royal et la superbe brochure d'interprétation *Le mont Royal revisité - Le chemin Olmsted*, indispensable au randonneur avide de renseignements historiques sur le patrimoine culturel et naturel de la montagne.

À l'intérieur de la maison Smith, une exposition *(entrée libre)*, agréable et éducative, permet d'en apprendre davantage sur la présence amérindienne sur le mont Royal, l'histoire du parc et de la maison Smith, ainsi que sur la géologie et l'écologie de la montagne.

Le circuit du mont Royal

Le circuit cycliste du mont Royal, qui emprunte, entre autres, la voie Camillien-Houde, le chemin Remembrance, le chemin de la Côte-des-Neiges et le boulevard Édouard-Montpetit, s'avère particulièrement épuisant pour les coureurs et coureuses qui ont dû l'affronter à maintes reprises lors d'événements prestigieux.

Ce fut le cas, notamment, lors du Championnat du monde de cyclisme de 1974. Ce 25 août 1974, c'est devant plus de 200 000 spectateurs que le Belge Eddy Merckx fit (encore une fois) la démonstration de tout son talent en remportant l'épreuve sur route.

Deux années plus tard, le circuit du mont Royal est aussi retenu pour la course sur route de cyclisme lors des Jeux olympiques. Au fil des ans, d'autres compétitions, tels le Grand Prix des Amériques, la Classique cycliste de Montréal et une manche de la Coupe du monde féminine, s'y tinrent également.

Un quart de siècle après l'exploit d'Eddy Merckx, on a voulu marquer de façon distinctive ce circuit cycliste du mont Royal. C'est lors de la Féria du vélo (juin 1999) qu'en la présence de M. Merckx 25 ans d'exploits cyclistes furent célébrés. Une plaque commémorative, installée devant le CEPSUM *(à l'angle du boulevard Édouard-Montpetit et de l'avenue Vincent-d'Indy)*, souligne cet événement.

À l'ouest de la maison Smith se trouve le joli **lac aux Castors**. Entourée de verdure, cette partie du parc est la plus fréquentée par les visiteurs venus s'y détendre entre amis ou en famille. Situé dans une clairière vallonnée, le lac aux Castors fut creusé, en 1938, par 160 hommes. Ayant excavé le sol jusqu'à une profondeur de 2 m, on fit la découverte de vestiges de barrages de castors, d'où le nom du lac. En forme de trèfle à quatre feuilles, le lac aux Castors offre fraîcheur et détente par les chaudes journées d'été et devient une magnifique patinoire réfrigérée en hiver.

Le chemin Olmsted mène au chalet du mont Royal ainsi qu'au sommet de la montagne. Le **chalet du Mont-Royal** fut conçu par Aristide Beaugrand-Champagne en 1932, en remplacement de l'ancien pavillon d'été qui menaçait ruine. Se prévalant de programmes d'aide mis sur pied par les deux paliers de gouvernement afin de lutter contre la crise économique (1930), la Ville de Montréal fit

construire cet immense «chalet» aux larges baies vitrées.

La grande salle est tout simplement magnifique, avec sa décoration de bon goût. Le haut des murs est orné de 17 tableaux et cartes. Parmi les artistes ayant réalisé ces tableaux, on retrouve les peintres Paul-Émile Borduas (1905-1960) et Marc-Aurèle Fortin (1888-1970). Le tableau de M.-A. Fortin, intitulé *Champlain explore le site de Montréal en 1603*, avec ses nuages envoûtants, vaut à lui seul la visite.

Mais si l'on se rend au chalet du Mont-Royal, c'est d'abord pour la traditionnelle vue sur le centre-ville, depuis le **belvédère Kondiaronk** (du nom du chef huron-wendat ayant initié le traité de la Grande Paix de 1701), admirable en fin d'après-midi et en soirée, alors que les gratte-ciel s'illuminent. Mais, en plus des gratte-ciel, on distingue le fleuve Saint-Laurent, les ponts Jacques-Cartier, Champlain et Victoria, les îles Notre-Dame, Sainte-Hélène, des Sœurs et aux Hérons, les rapides de Lachine, ainsi que les monts Saint-Bruno, Saint-Hilaire et Rougemont, tout au loin.

Près du chalet du Mont-Royal, où les escaliers qui descendent vers la rue Peel, commence le «Sentier de l'escarpement», qui suit sur 1 km le côté nord-est de la montagne et offre plusieurs superbes points de vue sur la ville et ses environs. Il est parallèle au sentier de la boucle du sommet et mène aux escaliers du belvédère de la voie Camillien-Houde.

Au sommet du mont Royal (233 m) se trouve une **croix** gigantesque de 40 m de hauteur qui s'illumine la nuit venue. Cette croix, construite en 1924 pour la Société Saint-Jean-Baptiste, devait, à l'origine, surmonter un bâtiment avec platesformes d'observation. Plus loin se trouvent des tours de communication, telle une tour construite en 1950, et la tour de diffusion de la Société Radio-Canada, construite en 1963, qui fait 108 m de hauteur.

De l'autre côté de la voie Camillien-Houde s'étendent les cimetières Mont-Royal et Notre-Dame-des-Neiges (voir p 47). Le **cimetière Mont-Royal** *(www. mountroyalcem.com)* fait partie des plus beaux sites de la ville. Conçu comme un éden pour ceux qui rendent visitent à leurs défunts, il est aménagé tel un jardin anglais dans une vallée isolée. On y trouve une grande variété d'arbres fruitiers et de feuillus, ainsi que plusieurs espèces d'oiseaux absentes des autres régions du Québec. Ce cimetière, qui a ouvert ses portes en 1852, abrite de superbes monuments, dont l'imposant mausolée des brasseurs Molson.

Le sommet de Westmount, avec ses 201 m, se trouve au bien nommé parc Summit. Il ne faut d'ailleurs pas hésiter à vous rendre au **parc Summit**, car il se révèle fort agréable. Pour y accéder, en partant du parc du Mont-Royal, descendez le chemin Remembrance, puis empruntez le chemin de la Côte-des-

Neiges en direction sud. Presque immédiatement, prenez le chemin Belvédère, puis suivez le chemin Summit (petit stationnement).

Superbe sanctuaire d'oiseaux, le mont Royal étant fréquenté par plus de 150 espèces, le parc Summit constitue une jolie forêt urbaine où il fait bon se balader en toute quiétude. Un large sentier recouvert de poussière de roche permet d'effectuer le tour du parc en moins de 30 min. D'autres sentiers secondaires ont également été tracés par les visiteurs et les Westmountais qui adorent venir y promener leur animal de compagnie.

Comme le parc Summit n'offre aucun point de vue sur la région, il faut absolument effectuer la boucle du sommet qui emprunte le **Summit Circle** afin d'apprécier, à sa juste valeur, la richesse de cette ville «format de poche» qu'est Westmount (4 km²), l'une des plus petites au Québec.

Du stationnement, suivez le Summit Circle dans le sens contraire des aiguilles d'une montre. Presque au départ, un petit sentier longe la rue en parallèle. Cette randonnée de 1,5 km vous offre de superbes points de vue sur le sommet principal du mont Royal (où se trouvent les tours de communication), le cimetière Notre-Dame-des-Neiges, l'Université de Montréal et le dôme de l'oratoire Saint-Joseph ainsi que sur une grande partie de la région métropolitaine. Sans compter les maisons qui, ici, prennent des allures de grandes demeures bourgeoises ou de manoirs. Le **belvédère Westmount** (1,2 km), aménagé au sud de la montagne, est une halte panoramique à découvrir.

Le cimetière Notre-Dame-des-Neiges

⏱ 3,5 km, 2h
››› randonnée à caractère historique

INFORMATION

Cimetière Notre-Dame-des-Neiges
été tlj 8h à 19h, hiver tlj 8h à 17h
❄
4601 ch. de la Côte-des-Neiges
☎ 514-735-1361
www.cimetierenddn.org

ACCÈS

Pour vous rendre au pavillon administratif (information, toilettes, brochures, cartes) de l'entrée Côte-des-Neiges, suivez les points blancs peints sur le chemin.

🚌 Transports en commun:

métro Guy-Concordia, autobus 165 ou 166.

🚗 Voitures:

chemin de la Côte-des-Neiges, tout juste au nord du chemin Remembrance (parc du Mont-Royal).

SERVICES ET INSTALLATIONS:

toilettes, brochures, cartes.

AUTRES ACTIVITÉS:

vélo, patin à roues alignées.

APERÇU

Le cimetière Notre-Dame-des-Neiges, le plus vaste des cimetières montréalais (55 km de routes et de sentiers sillonnent les lieux), est une véritable «cité des morts», puisque près d'un million de personnes y ont été inhumées depuis 1855, date de son inauguration. Contrairement au cimetière Mont-Royal, qui reçoit différentes confessions religieuses, il présente des attributs qui identifient clairement son appartenance au catholicisme.

Une liste des personnages célèbres inhumés ici est disponible sur demande. Partez à la recherche des pierres tombales de Louis Fréchette, d'Alfred Laliberté, de Louis-Hippolye La Fontaine, de Camillien Houde, d'Honoré Mercier, de Robert Bourrassa, d'Olivier Guimond, de Jean-Louis Millette, de Guy Hoffmann, d'Yves Thériault, de Guy Sanche (Bobino), de Jean Rougeau, etc., ou de l'obélisque à la mémoire des Patriotes de la rébellion de 1837-1838.

PARCOURS

Le parcours suggéré forme une boucle de 3,5 km qui permet d'effectuer une agréable visite du cimetière. Il suit en grande partie le chemin principal, puis les chemins de traverse. Le départ de la randonnée se fait du **pavillon administratif** (0,0 km), situé à côté de la chapelle de la Résurrection. Du pavillon administratif (n'oubliez pas de vous munir de la carte du cimetière, car la signalisation y est quasi inexistante), allez rejoindre le **chemin principal**, dépassez l'intersection avec le chemin conduisant vers le parc du Mont-Royal et partez à la recherche de la pierre tombale du poète montréalais **Émile Nelligan** (0,8 km; section N, n° 588) sur laquelle il est écrit: *Ses mâts touchaient l'azur, sur des mers inconnues.*

Après la pierre tombale de Nelligan, tournez à gauche, puis gardez la droite jusqu'à une intersection en *Y*. Tournez à gauche à cette intersection afin de passer devant les chapelles Notre-Dame et Saint-Antoine, le caveau de la Famiglia Alphonso Rizzuto et le mausolée Jean-Paul II. Passé ce dernier, le **chemin de traverse** (axe nord-sud) grimpe assez abruptement et mène à une intersection majeure (1,75 km; devant la section O 1-89). Prenez à gauche et, plus loin, gardez la droite pour aller rejoindre le **chemin de traverse** (axe est-ouest) qui longe l'Université de Montréal. Beaux points de vue sur la tour du pavillon central (réalisation de style Art déco de l'architecte Ernest

L'oratoire Saint-Joseph

Du cimetière Notre-Dame-des-Neiges et des chemins qui y conduisent, on jouit de plusieurs points de vue sur l'oratoire Saint-Joseph *(3800 ch. Queen-Mary, ☎514-733-8211, www.saint-joseph.org)*. L'énorme édifice, coiffé d'un dôme de cuivre, le deuxième en importance au monde après celui de Saint-Pierre-de-Rome, est érigé à flanc de colline, accentuant davantage son caractère mystique. De la grille d'entrée, il faut gravir plus de 300 marches pour atteindre la basilique.

L'oratoire a été construit entre 1924 et 1967, à l'instigation du bienheureux frère André (1845-1937), portier du collège Notre-Dame (situé en face), à qui l'on attribue de nombreux miracles et qui fut béatifié par le pape Jean-Paul II, le 23 mai 1982. Ce véritable complexe religieux est donc à la fois dédié à saint Joseph et à son humble créateur. Il comprend la basilique inférieure, la crypte du frère André et la basilique supérieure, ainsi qu'un musée. L'oratoire Saint-Joseph est un des principaux lieux de dévotion et de pèlerinage en Amérique. Il accueille quelque deux millions de visiteurs chaque année.

Cormier) de l'université, mais également sur l'oratoire Saint-Joseph.

Demeurez vigilant afin de trouver la pierre tombale de **Jean Paul Riopelle** (B-2431), située derrière celle de Kenehan. Cosignataire du manifeste *Refus global* (1948), Jean Paul Riopelle fut sans doute l'un des peintres les plus importants du Québec et celui jouissant de la plus grande renommée internationale parmi ses contemporains.

De là, continuez jusqu'à la première intersection à quatre chemins. Tournez à droite, traversez un premier chemin et arrêtez-vous au second où se dresse, sur le coin, la pierre tombale de **Maurice Richard** (ML-09), sur laquelle est inscrit: *Ne jamais abandonner.* S'y trouve également l'empreinte de sa main. Véritable héros national, Maurice «The Rocket» Richard joua pour les Canadiens de Montréal de 1942 à 1960.

Devant la pierre tombale de Maurice Richard, tournez à gauche et rendez-vous à l'intersection suivante, où repose **Jean Drapeau** (ML-01), maire de Montréal de 1954 à 1957 et de 1960 à 1986.

De là, tournez à droite où, quatre emplacements plus loin, est érigée la pierre tombale de **Pierre Bourgault** (ML-23), un célèbre communicateur, chroniqueur et indépendantiste. Revenez quelque peu sur vos pas et empruntez la voie cérémonielle qui vous ramènera rapidement (environ 100 m) au pavillon administratif (3,5 km).

Le parc La Fontaine

⏱ jusqu'à 10 km, 2h à 3h
⋯ randonnée en forêt

INFORMATION

Parc La Fontaine
tlj 6h à 23h
🐕 ❄

Délimité par l'av. du Parc-La Fontaine, la rue Sherbrooke E., la rue Rachel et l'av. Papineau
☎ 311

ACCÈS

🚍 Transports en commun:

du métro Sherbrooke, empruntez la rue Cherrier, qui mène directement au parc.

➤ **Voitures:**

le parc est bordé des rues Sherbrooke (au sud) et Rachel (au nord) ainsi que des avenues du Parc-La Fontaine (à l'ouest) et Papineau (à l'est).

SERVICES ET INSTALLATIONS:

stationnement, accueil, toilettes, casse-croûte, aires de pique-nique.

AUTRES ACTIVITÉS:

vélo, patin à roues alignées, pétanque, tennis, patin à glace.

APERÇU

Blotti au cœur du Plateau Mont-Royal, le parc La Fontaine fait office de véritable poumon vert urbain. Champ de tir militaire jusqu'au début du XXe siècle, l'emplacement faisait partie auparavant de l'ancienne ferme Logan.

D'une superficie de 36 ha, le parc compte de nombreux habitués qui viennent s'y balader et se détendre, principalement par les belles journées estivales. Littéralement envahi les fins de semaine, il semble qu'on y trouve toujours un petit espace paisible où fuir la ville durant quelques heures.

PARCOURS

Le parc La Fontaine ne dispose pas d'un réseau de sentiers de randonnée bien défini. Par contre, en empruntant les différents sentiers, il est facile de parcourir entre 5 km et 10 km. Sachez néanmoins que le tour complet du parc par les trottoirs de la rue Sherbrooke, de l'avenue du Parc-La Fontaine, de la rue Rachel et de l'avenue Papineau fait 2,6 km.

On en profitera pour aller observer les différents monuments érigés à la mémoire de **Louis-Hippolyte La Fontaine** (1807-1864), **Dollard des Ormeaux** (1635-1660) et **Félix Leclerc** (1914-1988). Le parc abrite aussi de magnifiques arbres matures, dont certains possèdent un tronc impressionnant, ainsi que deux jolis petits étangs.

Durant la saison estivale, il est agréable d'assister à l'un des concerts d'été présentés au **Théâtre de Verdure**, établi près de l'avenue du Parc-La Fontaine.

Le parc Jean-Drapeau

⏱ jusqu'à 12 km, 2h à 4h
⋯ randonnée au fil de l'eau

INFORMATION

Société du parc Jean-Drapeau
droits d'accès pour certaines activités et certaines visites
tlj 6h à 24h
🚍 ❄
☎ 514-872-6120
www.parcjeandrapeau.com

ACCÈS

🚌 **Transports en commun:**

métro Jean-Drapeau. En été, une navette fluviale relie le quai Jacques-Cartier (Vieux-Port) au quai de l'île Sainte-Hélène (☎ 514-281-8000).

➤ **Voitures:**

accès à l'île Sainte-Hélène par le pont Jacques-Cartier, et accès à l'île Notre-Dame par le pont de la Concorde. Plusieurs stationnements payants dans les îles.

SERVICES ET INSTALLATIONS:

stationnements (**$**), restauration, toilettes, location (patins à roues alignées, activités nautiques), aires de jeux, aires de pique-nique.

AUTRES ACTIVITÉS:

baignade (piscines et plage), patin à roues alignées (location), vélo, cours d'aviron, parc d'attractions (La Ronde), musée (Stewart), casino, compétition internationale de feux d'artifice, concerts, ski de fond, patin à glace, glissade, luge finlandaise, raquette, Fête des neiges, etc.

APERÇU

Le parc Jean-Drapeau, qui comprend l'île Sainte-Hélène et l'île Notre-Dame, est situé au milieu du fleuve Saint-Laurent et fait face au centre-ville de Montréal. D'une superficie de 268 ha, ce parc est désormais considéré comme le plus grand de Montréal. Il offre une quantité incroyable d'activités, de découvertes, de visites et d'espaces naturels, où il fait bon se promener et se détendre, dans un cadre enchanteur.

C'est une chance que le parc soit situé si près de la ville et qu'il soit si facilement accessible, car il y a tant de petits coins à explorer, de points de vue à contempler, d'activités à pratiquer et d'événements spéciaux auxquels assister qu'il faut bien plus qu'une visite pour avoir la sensation d'en avoir fait le tour.

PARCOURS

Le réseau de sentiers de randonnée pédestre n'est pas tout à fait défini dans le parc Jean-Drapeau. On y trouve une multitude de petits sentiers ainsi que d'autres mieux aménagés. La marche est tolérée presque partout dans les îles, si bien qu'il est facile de faire une douzaine de kilomètres dans la journée, même plus si l'on emprunte les petites routes. Comme il y a tant à voir et à faire au parc Jean-Drapeau, la marche devient le meilleur moyen de locomotion. Il ne reste plus qu'à se dresser une liste de ce que l'on veut voir, visiter et faire, et partir d'un pas décidé pour une autre journée sous le signe de la balade... sans oublier son maillot de bain!

L'île Sainte-Hélène

Lorsque Samuel de Champlain aborde l'île de Montréal en 1611, il trouve, en face, un petit archipel rocailleux. Il baptise la plus grande de ces îles du nom de son épouse, Hélène Boulé. L'île Sainte-Hélène est par la suite rattachée à la seigneurie de Longueuil. La baronne de Longueuil y fait ériger une maison de campagne entourée d'un jardin vers 1720.

En 1760, l'île sera le dernier retranchement des troupes françaises en Nouvelle-France, sous le commandement du chevalier François de Lévis, qui aurait brûlé les drapeaux des régiments français plutôt que de les rendre aux Anglais.

L'importance stratégique des lieux est reconnue par l'armée britannique, qui aménage un fort dans la partie est de l'île au début du XIXe siècle. La menace d'un conflit armé avec les Américains s'étant amenuisée, l'île Sainte-Hélène est louée à la Ville de Montréal par le gouvernement canadien en 1874. Elle devient alors un parc de détente relié au Vieux-Montréal par un service de transport par traversier et, à partir de 1930, par le pont Jacques-Cartier.

Au début des années 1960, Montréal obtient l'Exposition universelle de 1967. On désire l'aménager sur un vaste emplacement attrayant et situé à proximité du centre-ville. Un tel site n'existe pas. Il faut donc l'inventer de toutes pièces, en doublant la superficie de l'île Sainte-Hélène et en créant l'île Notre-Dame, à l'aide de la terre excavée des tunnels du métro. D'avril à novembre 1967, 45 millions de visiteurs fouleront le sol des deux îles et de la Cité du Havre pour visiter «l'Expo», comme l'appellent encore familièrement les Montréalais.

L'île Sainte-Hélène ayant une superficie de 50 ha à l'origine, les travaux d'Expo 67 l'étendront à plus de 120 ha. La portion originale de l'île correspond donc au territoire surélevé et ponctué de rochers, composés d'une pierre d'un type particulier à

LE PARC JEAN-DRAPEAU

l'île appelée «brèche», une pierre très dure et ferreuse qui prend une teinte orangée avec le temps lorsqu'elle est exposée à l'air.

En 1992, la portion ouest de l'île a été réaménagée en un vaste amphithéâtre en plein air, où sont présentés des spectacles à grand déploiement. Sur une belle place en bordure de la rive, faisant face à Montréal, on aperçoit *L'Homme*, une superbe sculpture d'Alexander Calder inaugurée pour l'Expo 67.

De petits sentiers conduisent vers l'intérieur de l'île. À l'orée du parc original, on peut voir le chalet des baigneurs, avec son revêtement en pierre de brèche, et ses piscines extérieures, aménagées pendant la crise américaine qui a suivi le krash de la bourse de New York en 1929. L'île, au relief complexe, est dominée

par la **tour De Lévis**, simple château d'eau aux allures de donjon érigé en 1936.

Dans le nord de l'île, près du pont Jacques-Cartier, se trouve le **fort de l'île Sainte-Hélène**. C'est à la suite de la guerre de 1812, entre les États-Unis et la Grande-Bretagne, que le fort est construit afin de défendre adéquatement Montréal, si jamais un nouveau conflit devait éclater. Les travaux effectués sous la supervision de l'ingénieur Elias Walker Durnford sont achevés en 1825. L'ensemble en pierre de brèche se présente tel un *U* échancré entourant une place d'armes, qui sert, de nos jours, de terrain de parade à la Compagnie Franche de la Marine et au 78ᵉ régiment des Fraser Highlanders. Ces deux régiments factices en costumes d'époque font revivre les traditions militaires françaises et écossaises du Canada, pour le grand plaisir des visiteurs.

À l'intérieur de l'arsenal se trouve le **Musée Stewart** (☎ 514-861-6701, *www.stewart-museum.org*), aussi appelé «Musée des découvertes». On y présente un ensemble d'objets des XVIIᵉ et XVIIIᵉ siècles, parmi lesquels figurent d'intéressantes collections de cartes, d'armes à feu, d'instruments scientifiques et de navigation, rassemblées par l'industriel montréalais David Stewart et son épouse Liliane.

Au bout de l'île, de l'autre côté du pont Jacques-Cartier, le plus important parc d'attractions du Québec, **La Ronde** (☎ 514-397-2000, *www.laronde.com*), occupe l'ancienne île Ronde. Inaugurée lors d'Expo 67, La Ronde accueille les amateurs de sensations fortes. Durant les mois de juin et de juillet s'y déroule une des plus importantes compétitions d'art pyrotechnique du monde, **L'International des Feux Loto-Québec**.

En empruntant le petit sentier qui longe le littoral sud de l'île, en face de l'île Notre-Dame, on parvient au **restaurant Hélène de Champlain**. Construit comme pavillon des sports en 1938, il rappelle, par son style inspiré de l'architecture de la Nouvelle-France, la maison d'été de la baronne de Longueuil, autrefois située dans les environs.

Tout à côté du restaurant se dresse fièrement la **Biosphère** (☎ 514-283-5000, *www.biosphere.ec.gc.ca*), l'ancien pavillon des États-Unis d'Expo 67. Il s'agit du premier dôme géodésique complet à avoir dépassé le stade de la maquette. Son concepteur est le célèbre ingénieur Richard Buckminster Fuller (1895-1983). La Biosphère, de 80 m de diamètre et à structure tubulaire en aluminium, a malheureusement perdu son revêtement translucide en acrylique lors d'un incendie en 1978. Depuis 1995, elle abrite un musée de l'environnement qui traite des grands enjeux liés à l'eau, aux changements climatiques, à l'écosystème Grands-Lacs/Saint-Laurent, au développement durable et à la

consommation responsable. On y trouve des salles d'exposition interactives, fascinantes à parcourir.

L'île Notre-Dame

L'île Notre-Dame est sortie des eaux du fleuve Saint-Laurent en l'espace de 10 mois, grâce aux 15 millions de tonnes de roc et de terre transportés sur le site depuis le chantier du métro (1967). Comme il s'agit d'une île artificielle, on a pu lui donner une configuration fantaisiste, en jouant tant avec la terre qu'avec l'eau. Ainsi, l'île offre d'agréables canaux et jardins, aménagés à l'occasion des Floralies internationales de 1980. Ce superbe parc floral a conservé son cachet exotique et abrite les jardins d'une quinzaine de pays.

Au centre de l'île, le **Casino de Montréal** (☎ 514-392-2746 ou 800-665-2274, *www.casinosduquebec.com*) attire l'attention. Il est aménagé principalement dans l'ancien pavillon de la France d'Expo 67, un bâtiment en aluminium, conçu par l'architecte Jean Faugeron. Des galeries supérieures, on a de beaux points de vue sur le centre-ville et sur la Voie maritime du Saint-Laurent. L'étrange structure trouée, au sud, a été érigée pour reloger les innombrables hirondelles qui faisaient autrefois leur nid dans les recoins de l'ancien pavillon français.

Au bout de l'île, vers le pont Victoria, une superbe **plage** sablonneuse accueille les amants de la baignade et des sports nautiques, par les chaudes journées d'été. Le système de filtration naturel permet de garder l'eau du petit lac intérieur propre, sans devoir employer d'additifs chimiques. Près de la plage, le pavillon des activités nautiques offre en location des canots, des planches à voile ainsi que des dériveurs. Dans le jardin des Floralies, on peut également louer des pédalos pour se promener dans les petits canaux.

D'autres installations de sports et de loisirs s'ajoutent à ceux déjà mentionnés, soit le **Bassin olympique**, aménagé à l'occasion des Jeux olympiques de 1976, où il est possible de s'initier à l'aviron *(Club d'aviron de Montréal,* ☎ *514-861-8959, www.aviron-montreal.com),* et le **circuit Gilles-Villeneuve**, qui accueillait autrefois le Grand Prix de Formule 1 du Canada. En 1995, une piste pour le patin à roues alignées, d'une longueur de 5 km, a été aménagée tout autour de l'île Notre-Dame (service de location).

L'île des Sœurs

🕐 jusqu'à 10 km, 2h à 3h
••• randonnée en forêt, randonnée au fil de l'eau

INFORMATION

Arrondissement de Verdun
☎ 514-765-7150

Parc du Domaine Saint-Paul
tlj du lever au coucher du soleil
🚻 ❄
260 rue Elgar
Île des Sœurs
☎ 514-765-7270

ACCÈS

🚌 Transports en commun:

métro LaSalle et autobus 12, ou métro Bonaventure et autobus 168. De plus, une navette fluviale relie Verdun à l'île des Sœurs (voir p 16).

🚗 Voitures:

autoroute Bonaventure Ouest, ou autoroutes 15 et 20 menant au pont Champlain, sortie Île-des-Sœurs. Un stationnement est situé au début du boulevard de la Forêt (par le boulevard Marguerite-Bourgeoys et le boulevard de l'Île-des-Sœurs), et un autre est situé au parc Elgar (rue Elgar, par le boulevard de l'Île-des-Sœurs).

SERVICES ET INSTALLATIONS:

stationnement, toilettes au parc Elgar, plans du site.

AUTRES ACTIVITÉS:

ski de fond.

APERÇU

L'île des Sœurs a été acquise par les Dames de la Congrégation de Notre-Dame en 1676. Ces dernières la baptisèrent «île Saint-Paul». Vers 1720, un vaste manoir en pierre et divers bâtiments de ferme sont érigés dans la partie nord de l'île. À la suite du départ des religieuses en 1956, les bâtiments sont victimes d'un incendie criminel.

Puis l'île passe entre les mains d'un important promoteur qui trace les premières rues et fait construire trois immeubles d'habitation (sur le boulevard de l'île des Sœurs, au sud-ouest de la rue Corot), dessinés en 1967 par le célèbre architecte d'origine allemande Ludwig Mies van der Rohe. Celui-ci est également l'auteur de «l'élégante» station-service située près de la rue Berlioz (1968).

L'île des Sœurs a vu éclore différents projets d'intérêt inégal. Mais, heureusement, le boisé a pu être conservé. Ce boisé abrite le Domaine Saint-Paul et le lac des Battures. Ainsi, un réseau de sentiers de randonnée pédestre a été aménagé, permettant de parcourir ce riche bois, d'explorer les rives d'un lac et de se familiariser avec la faune et la flore de ce secteur, réputé être une véritable réserve ornithologique.

PARCOURS

Le réseau de sentiers compte deux secteurs distincts: le **Domaine Saint-Paul** et la **Pointe sud de l'île**.

Le **Domaine Saint-Paul** (26 ha), qui est aussi appelé le «Boisé de l'île des Sœurs», fut acquis par l'ancienne Ville de Verdun en 1992. Il compte quatre sentiers pour un total d'un peu plus de 3 km. Une piste cyclable traverse également le site.

Les sentiers (L'Érablière à caryer, Le Marécage, La Frênaie rouge et Le Lac) sont courts et bien entretenus. Il est facile d'y entrer et d'en sortir, car on dénombre pas moins de sept accès. Plusieurs panneaux d'interprétation, placés çà et là, informent le marcheur sur les différents attraits du bois, ainsi que sur la richesse d'un tel milieu humide à proximité d'une grande ville. Les pics, notamment le pic flamboyant, le pic mineur et le pic chevelu, semblent particulièrement apprécier ce bois paisible.

Au gré de la balade, on contemple une érablière à caryer, une érablière argentée, des peupliers à feuilles deltoïdes, des noyers cendrés donnant des noix dont raffolent les écureuils, et les restes (troncs) d'ormes d'Amérique victimes de la maladie hollandaise de l'orme, causée par un champignon. La frênaie rouge occupe la majorité de la superficie du bois et se trouve à mi-chemin entre les sites drainés, propices à l'érablière à caryer, et les dépressions inondables, où se trouve l'érablière argentée.

Au bout du bois, le très joli petit **lac des Battures** (5 ha) se dévoile soudainement. Ce lac est en fait un immense trou creusé au début des années 1970, afin de recevoir des matériaux provenant de l'excavation du métro de Montréal. Mais il en fut décidé autrement, et l'imposant trou se remplit peu à peu d'eau et forma un petit lac et des marais. De nos jours, ces étendues d'eau accueillent, de la fin mars à la mi-mai, des dizaines de canards nageant parmi les arbres inondés. L'été durant, c'est le canard colvert et le canard siffleur qui s'y installent, en nichant sur les rives.

Près du lac, la vue sur le fleuve Saint-Laurent, le centre-ville de Montréal, avec ses nombreux gratte-ciel, et le mont Royal est particulièrement propice à la détente. À l'intersection d'un sentier et de la piste cyclable, une petite aire de repos et de pique-nique a été aménagée.

Si vous désirez faire une plus longue randonnée, n'hésitez pas à parcourir le sentier qui longe le fleuve Saint-Laurent et vous permet d'effectuer le tour de la **Pointe sud de l'île**. Cette boucle de 7 km se parcourt en partie en forêt tout en offrant des points de vue magnifiques sur le fleuve, l'île de Montréal (Verdun) et la Rive-Sud.

Du parc Elgar, empruntez la piste cyclable, qui traverse le Domaine Saint-Paul et mène au lac des Battures. Continuez par la piste cyclable, qui grimpe une butte et descend jusqu'au fleuve Saint-Laurent. Tournez à gauche dans le sentier longeant le fleuve en évitant de marcher dans la piste cyclable.

Après quelques kilomètres, le sentier redevient la piste cyclable et mène jusqu'à l'extrémité du boulevard de l'Île-des-Sœurs. Demeurez sur la piste cyclable jusqu'à la rue Elgar et empruntez cette dernière afin de revenir au parc du même nom.

Les berges de Verdun

⏱ 7,5 km, 2h30
››› randonnée au fil de l'eau

INFORMATION

Arrondissement de Verdun
tlj du lever au coucher du soleil
🐾
☎ 514-765-7150

Pôle des Rapides
☎ 514-364-4490
www.poledesrapides.com

ACCÈS

Les berges de Verdun longent, en parallèle, le boulevard LaSalle, de la rue de l'Église jusqu'à l'avenue Gérald.

🚌 Transports en commun:

métro de l'Église, descendez la rue de l'Église jusqu'au boulevard LaSalle.

🚗 Voitures:

Verdun est facilement accessible par l'autoroute 15, sortie 61 ou 59. Le départ s'effectue à l'angle de la rue de l'Église et du boulevard LaSalle.

Services et installations:

stationnements, carte, brochures, aires de pique-nique.

Autres activités:

vélo, patin à roues alignées, baignade (piscines), ski de fond.

Aperçu

Depuis l'aménagement des berges du fleuve Saint-Laurent par l'ancienne Ville de Verdun, les promeneurs en tous genres (marche, vélo, patin à roues alignées) peuvent côtoyer toute l'année ce magnifique cours d'eau.

Les berges s'étirent sur près de 5 km, du parc Arthur-Thérrien jusqu'aux limites de Verdun et de LaSalle (av. Gérald). Cette fenêtre ouverte sur le fleuve propose des heures de détente et de découverte, d'autant plus que des piscines et des sites historiques s'y retrouvent.

Parcours

Une très jolie randonnée consiste à relier les métros de l'Église et Angrignon en passant par les berges. Cette randonnée linéaire de 7,5 km offre l'avantage de ne pas avoir à revenir sur ses pas, grâce au métro. Si vous désirez marcher uniquement le long des berges, sachez qu'il y a 3,8 km entre l'Auditorium et la maison Nivard-De Saint-Dizier.

Du métro de l'Église, empruntez la rue de l'Église jusqu'au boulevard LaSalle (environ 0,5 km), où commencent les berges. Prenez à droite (direction ouest) et empruntez le sentier pédestre qui longe parallèlement la piste cyclable. Le sentier permet presque constamment de jouir d'une très belle vue sur le fleuve Saint-Laurent. La grande piscine extérieure relève du **Natatorium**, qui fut la toute première piscine extérieure du Québec.

Plus loin, le sentier mène à la **maison Nivard-De Saint-Dizier**, construite entre 1693 et 1715 pour Zacharie Dupuis, militaire et fondateur de la ville de Verdun.

Cette superbe maison en pierre des champs, avec ses épais murs (environ 40 cm), ses deux cheminées et son toit en bardeaux de cèdre très incliné, a toujours fière allure. Son nom actuel provient d'Étienne Nivard de Saint-Dizier, un important marchand de fourrures qui acquit la maison des sœurs de la Congrégation Notre-Dame.

Entre la maison et le fleuve, de jolis aménagements paysagers rehaussent la beauté des berges. Une plateforme donnant sur le fleuve permet d'admirer ce dernier, certaines collines montérégiennes ainsi que l'île aux Chèvres et l'île aux Hérons (refuge d'oiseaux migrateurs).

Afin de vous rendre au **parc Angrignon** et au métro du même nom, empruntez, en partant de la maison Nivard-De Saint-Dizier, l'avenue Crawford Bridge (presque en face) jusqu'au canal de l'aqueduc de Montréal. Une fois traversé le canal, le parc Angrignon surgit aussitôt. Traversez le boulevard de La Vérendrye et pénétrez dans le parc par le stationnement.

Afin de vous rendre au métro Angrignon, le plus simple est d'emprunter la route revêtue (interdite aux voitures), qui vous y mènera directement. Si vous disposez de plus de temps, n'hésitez pas à découvrir les charmes de ce magnifique parc urbain (voir p 58).

Le Jardin de la Métairie

 1h
••• randonnée à caractère historique

Information

Maison Saint-Gabriel
adultes 8$
mar-dim (selon la saison, vérifiez les heures d'ouverture)
2146 place Dublin, Pointe-Saint-Charles
☎514-935-8136
www.maisonsaint-gabriel.qc.ca

ACCÈS

🚌 Transports en commun:

métro Charlevoix, autobus 57 Est, ou métro Square Victoria, autobus 61.

🚗 Voitures:

autoroute 15 Sud, sortie 60 (rue Wellington). Tournez à droite dans la rue Wellington, à droite dans la rue du Parc-Marguerite-Bourgeoys, à gauche dans la rue Favard, à droite sur la place Dublin.

SERVICES ET INSTALLATIONS:

accueil, brochures.

AUTRES ACTIVITÉS:

visites guidées, animation, conférences.

APERÇU

Une superbe maison du XVIIe siècle, un musée et un site historique font de la Maison Saint-Gabriel un lieu où l'on découvre ce qu'était la vie rurale à cette époque, ainsi que l'histoire des Filles du Roy. Acheté en 1668 par Marguerite Bourgeoys, cet établissement abrite également une magnifique exposition permanente et jouxte un agréable jardin, dénommé le Jardin de la Métairie, comme on en retrouvait jadis en Nouvelle-France (potager, plantes médicinales, plantes aromatiques, etc.).

Le Lieu historique national du Canal-de-Lachine

⏱ jusqu'à 14,5 km, 1h à 5h
⋯ randonnée au fil de l'eau, randonnée à caractère historique

INFORMATION

Lieu historique national du Canal-de-Lachine
tlj du lever du soleil à 23h
🅿 ❄

entre le Vieux-Port de Montréal et le lac Saint-Louis
☎ 514-283-6054
www.parcscanada.gc.ca/canallachine

Pôle des Rapides
☎ 514-364-4490
www.poledesrapides.com

ACCÈS

Plusieurs accès possibles le long du canal.

🚌 Transports en commun:

métro Square-Victoria; descendez la rue McGill jusqu'à la rue de la Commune, où un centre d'interprétation est situé à l'intérieur de la Maison des Éclusiers. Il est également facile de se rendre au canal à partir de la station de métro Charlevoix. Pour parvenir au Centre d'interprétation de l'île Monk, à Lachine: métro Angrignon et autobus 195 Ouest.

🚗 Voitures:

plusieurs stationnements; sous l'autoroute Bonaventure, à Côte-Saint-Paul, à l'île Monk et au Lieu historique national du Commerce-de-la-Fourrure-à-Lachine.

SERVICES ET INSTALLATIONS:

plusieurs stationnements, Centre de services aux visiteurs de Lachine, casse-croûte, aires de pique-nique, cartes, dépliants, location (patins à roues alignées, vélo, bateau, kayak, canot).

AUTRES ACTIVITÉS:

vélo (piste cyclable), patin à roues alignées, navigation de plaisance, visites guidées à pied ou en bateau.

Aperçu

Les abords du canal de Lachine ont été réaménagés dans le but de mettre en valeur cette voie de communication, si importante au cours du XIXᵉ siècle et au début du XXᵉ siècle. Un sentier pédestre et une piste cyclable longent le canal, du Vieux-Port de Montréal jusqu'au parc René-Lévesque, à Lachine, cette mince bande de terre qui avance dans le lac Saint-Louis.

L'histoire du canal de Lachine remonte au XVIIᵉ siècle. Une ferme appartenant aux Messieurs de Saint-Sulpice, alors seigneurs de l'île de Montréal, occupait toute la partie nord de la pointe Saint-Charles. Les sulpiciens, soucieux de développer leur île, entreprennent en 1689 de creuser un canal à même la rivière Saint-Pierre, qui délimite leur propriété, afin de contourner les fameux rapides de Lachine, qui entravent la navigation sur le fleuve Saint-Laurent, en amont de Montréal.

Ces prêtres, peut-être trop ambitieux, entament les travaux avant même de consulter leur ordre ou d'obtenir des fonds du roi, deux autorisations qui leur seront refusées. Les travaux furent donc interrompus jusqu'en 1821, alors que commence le chantier du canal actuel.

Le canal de Lachine, long de 14,5 km, a été ouvert à la navigation en 1825. Il permettait aux bateaux de relier le port de Montréal au lac Saint-Louis, en contournant les rapides et les 14,3 m de dénivellation entre Montréal et Lachine. Le canal comportait sept écluses en pierre de taille, chacune mesurant 30 m de longueur sur 6 m de largeur. Élargi à deux reprises par la suite, il servira jusqu'à l'ouverture de la Voie maritime du Saint-Laurent, en 1959. En 1970, il fut définitivement fermé. Le Service canadien des parcs en assume la gestion depuis 1978. En 2001, il fut considérablement réaménagé afin de servir à la navigation de plaisance dès l'année suivante.

Parcours

Le sentier du canal de Lachine fait 14,5 km. Il relie le Vieux-Port au parc René-Lévesque, à Lachine. Il peut être parcouru dans les deux sens. Il est également possible de n'en traverser qu'une section et de revenir au point de départ en transports en commun.

L'embouchure du canal de Lachine est située à l'angle des rues McGill et de la Commune. Les écluses du canal, restaurées en 1991, sont adjacentes à un parc et à l'audacieuse **Maison des Écluriers**. Au sud des premières écluses se dresse le dernier des grands silos à grains du Vieux-Port, érigé en 1905.

Le sentier du canal de Lachine traverse de vieux quartiers, comme Saint-Henri, Pointe-Saint-Charles, La Petite-Bourgogne et Côte-Saint-Paul. Le long du sentier, le randonneur doit franchir des passerelles et peut contempler les cinq écluses que compte désormais le canal.

À l'extrémité ouest du canal de Lachine, le sentier conduit au **parc René-Lévesque**, d'où la vue sur le lac Saint-Louis est tout simplement sublime. Trois étroites langues de terre, aménagées de main d'homme, forment l'embouchure du canal de Lachine, à la manière d'un estuaire évasé et tentaculaire. Le parc dispose de quelques bancs et de tables de pique-nique.

À l'entrée du canal s'étend le parc Monk ainsi que l'écluse nᵒ 5, où se trouve le **Centre de services aux visiteurs de Lachine**. Dans ce bâtiment se trouvent les bureaux du Pôle des rapides, un service de restauration ainsi que des guides qui racontent l'épopée du canal et répondent aux questions des visiteurs.

Le marcheur désireux d'en connaître davantage sur le passé historique de Lachine se rendra au **Lieu historique national du Commerce-de-la-Fourrure-à-Lachine** *(droit d'entrée; 1255 boul. St-Joseph, ☎ 514-637-7433, www.pc.gc. ca/fur)*, ainsi qu'au **Musée de Lachine** *(entrée libre; 1 ch. du Musée, ☎ 514-634-3478).* La visite de ces lieux chargés d'histoire révèle toute l'importance qu'avait la traite des fourrures comme principale activité économique de la région montréalaise pendant près de deux siècles.

Le parc Angrignon

⏱ jusqu'à 10 km, 1h à 3h
››› randonnée en forêt

INFORMATION

Parc Angrignon
le chalet principal est ouvert entre 9h et 18h en été, et entre 9h et 22h en hiver
🚌 ❄

3400 boul. des Trinitaires
☎ 514-872-3066

Fort Angrignon
☎ 514-872-3816
www.fortangrignon.qc.ca

ACCÈS

🚌 Transports en commun:

l'accès principal est situé à deux pas de la station de métro Angrignon.

🚗 Voitures:

un stationnement payant se trouve juste à côté de la station de métro Angrignon (boulevard des Trinitaires) et du chalet principal. Un autre stationnement est situé sur le côté est du parc, par le boulevard de La Vérendrye.

SERVICES ET INSTALLATIONS:

stationnements, chalet principal, restauration, toilettes, location d'équipement, casiers, premiers soins.

AUTRES ACTIVITÉS:

jeux nature et animation, vélo, patin à roues alignées, ski de fond, raquette, glissade, patin à glace.

APERÇU

Le parc Angrignon, avec ses 97 ha, est demeuré un espace de verdure où il fait bon se balader au gré des découvertes. Avec son lac long et étroit et sa forêt, le parc Angrignon a de quoi faire oublier la ville pour quelques heures. C'est également un parc où il est possible de pratiquer une foule d'activités physiques, toute l'année.

On dit qu'à l'origine le parc Angrignon devait abriter un important jardin zoologique, semblable à celui que l'on trouve à Granby. Mais il en fut décidé autrement, et le parc eut plutôt une vocation récréative et familiale. On y a ouvert tout de même pendant quelque temps un petit zoo. Les animaux que l'on gardait durant l'hiver provenaient du Jardin des merveilles du parc La Fontaine.

Depuis longtemps, le parc Angrignon ne garde plus d'animaux sauvages ou exotiques. Cependant, durant la belle saison, des animaux peuvent être admirés à la ferme Angrignon, située tout près de la station de métro Angrignon. Notez qu'en raison de travaux de rénovation, la ferme Angrignon est fermée et devrait rouvrir en 2010.

Le Fort Angrignon propose un parcours d'épreuves (escalade, labyrinthe, énigmes, etc.), où la force, l'agilité, le courage et l'esprit d'équipe sont obligatoires (s'informer des modalités d'inscription).

PARCOURS

Le réseau compte entre 5 km et 10 km de sentiers de marche. Il s'agit de la petite route principale du parc ainsi que de plusieurs petits sentiers à travers bois. Les sentiers sont quelque peu anarchiques et vont en tous sens.

Au gré de sa balade, le marcheur ne manquera pas de se rendre à l'extrémité ouest du grand lac. Le point de vue sur le lac, qui mesure 1,1 km de long, est superbe. Entouré de toute cette jolie végétation, cet endroit est parfait pour rêvasser quelques instants, à moins que l'on préfère se détendre à l'ombre d'un saule pleureur, d'un érable ou d'un orme.

Marcher les marchés!

On trouve à Montréal quatre excellents marchés publics où les producteurs québécois viennent vendre les produits de leur récolte. Dans certains d'entre eux, on peut également se procurer des marchandises importées. De plus, Montréal compte quelque 14 marchés de quartiers et aux fleurs.

Comme il est si agréable de flâner dans ces lieux animés et colorés, est-il possible de faire une balade d'un marché à l'autre? Bien sûr! Ici nous vous présentons quatre parcours relativement faciles à marcher.

INFORMATION

Les marchés publics de Montréal
☎ 514-937-7754
www.marchespublics-mtl.com

Du marché Lachine au marché Atwater

⏱ 11,2 km, 4h
▸▸▸ randonnée urbaine, randonnée au fil de l'eau

INFORMATION

Marché Lachine
1865 rue Notre-Dame, angle 18ᵉ Avenue
☎ 514-937-7754
www.marchespublics-mtl.com

ACCÈS

🚌 Transports en commun:

métro Angrignon, autobus 195 O., descendez à l'angle rue Notre-Dame/ 19ᵉ Avenue.

🚗 **Voitures:**

autoroute 20 O., sortie 60. Empruntez la 32ᵉ Avenue, puis tournez à gauche dans la rue Victoria et à droite sur la 18ᵉ Avenue.

APERÇU

Considéré comme l'un des plus anciens marchés publics de la région de Montréal, le marché Lachine a d'abord occupé le site de l'actuel hôtel de ville (*1800 boul. Saint-Joseph*) avant d'être déplacé dans son emplacement actuel en 1909. Relativement petit, il n'en demeure pas moins très fréquenté par les résidants de cette partie de l'île qui viennent y acheter des fruits, des légumes et autres fromages. S'y trouve aussi un agréable café, tout simplement nommé Le Café du marché.

PARCOURS

Cette randonnée, qui débute au marché Lachine pour se terminer au marché Atwater, fait 11,2 km. Du **marché Lachine** (0,0 km), empruntez la 18ᵉ Avenue vers le sud. À l'angle du boulevard Saint-Joseph se dresse la mairie de Lachine. Traversez le boulevard et tournez à gauche sur la **promenade Père-Marquette** (0,3 km). Très joli point de vue sur la marina et le lac Saint-Louis, le canal et les bâtiments historiques de Lachine.

Un peu plus loin, vous passez à proximité du **Lieu historique national du Commerce-de-la-Fourrure-à-Lachine** (voir p 57). À l'écluse de Lachine (1,3 km), traversez le canal là où se trouve le bureau d'information touristique du Pôle des Rapides. Du bureau, rendez-vous à l'angle du chemin du Canal et du chemin du Musée (1,6 km). Tout près (environ 200 m) se trouvent le **Musée de Lachine** et le **Musée plein air** (*entrée libre; 1 ch. du Musée,* ☎ *514-634-3478*).

Le sentier longe désormais le **canal Lachine**, du côté sud, et passe sous le pont Mercier (3,1 km). À l'avenue Dollard (3,7 km), le sentier emprunte le pont Lafleur, près duquel se dressent deux wagons. Puis, il passe sous le boulevard Angrignon (5,8 km) et mène à l'écluse Côte-Saint-Paul (9 km).

Plus loin, il traverse de nouveau du côté sud du canal (10 km) et passe près du petit **parc Pitt** (10,2 km) où coulait l'ancienne rivière Saint-Pierre. S'y trouvent des panneaux d'interprétation portant sur la décontamination naturelle des sols par les plantes (phytoremédiation). Un joli point de vue se déploie sur les immeubles du centre-ville et sur la tour de l'horloge du marché Atwater. Au pont du marché (11 km), traversez le canal afin de parvenir au **marché Atwater** (11,2 km).

Du marché Atwater au marché Maisonneuve

⏱ 11 km, 4h
''' randonnée urbaine, randonnée au fil de l'eau

INFORMATION

Marché Atwater
138 av. Atwater
☎ 514-937-7754
www.marchespublics-mtl.com

ACCÈS

🚍 Transports en commun:
métro Lionel-Groulx.

🚗 Voitures:
avenue Atwater, tout juste au sud de la rue Notre-Dame.

APERÇU

Le marché Atwater fut construit en 1932 dans le cadre des programmes de création d'emplois de la Crise (1929). Il s'agit d'une élégante réalisation Art déco. La tour du marché culmine à un peu plus de 46 m de

hauteur. On y trouve, tout au long de l'année, des légumes et des fruits frais de la ferme, ainsi que des boucheries, fromageries et une poissonnerie.

PARCOURS

Le parcours suggéré mène du marché Atwater au marché Maisonneuve, sur une distance de 11 km. Du **marché Atwater** (0,0 km), enjambez le pont du canal Lachine et tournez à gauche dans le sentier qui longe le canal. Beaux points de vue sur les gratte-ciel du centre-ville de Montréal, ainsi que sur les copropriétés aménagées dans les anciennes usines bordant le canal.

À **l'écluse de Saint-Gabriel** (1,4 km), traversez de nouveau le canal. Plus loin, le sentier passe sous le pont Wellington (2,3 km), longe le bassin Peel et parvient au Vieux-Montréal. Empruntez la promenade qui longe le fleuve. À la hauteur de la rue McGill se dresse la Maison des Éclusiers (3,6 km). Longeant la **promenade du Vieux-Port**, on remarque le Centre des sciences de Montréal (4,3 km), le pavillon Jacques-Cartier et le marché Bonsecours (4,9 km).

À l'angle des rues de la Commune et Berri (5,1 km), traversez la rue et empruntez la rue Berri (sur la gauche), petite rue revêtue de pavés qui grimpe abruptement. Tournez à droite dans la rue Notre-Dame. En passant entre la tour de Radio-Canada et la brasserie Molson (6 km), vous arrivez sous le pont Jacques-Cartier (6,7 km). Moins de 100 m après le pont, aux premiers feux de circulation, tournez à gauche afin de traverser la rue Notre-Dame et longer la piste cyclable vers l'est. Cette piste est beaucoup plus agréable à suivre, car elle est en retrait de la rue.

À l'angle du boulevard Pie-IX (10 km), la piste pénètre dans le petit **parc Wolfred-Nelson** (1791-1863), médecin, patriote et maire de Montréal de 1854 à 1856. Adjacent au parc se trouve le **parc Morgan**, aménagé en 1933 sur l'emplacement de la maison de campagne de Henry Morgan, propriétaire des magasins du même nom. Grimpez jusqu'au pavillon, du haut duquel on obtient un agréable point de vue sur l'avenue Morgan, le marché Maisonneuve et le Stade olympique. À l'angle de la rue Sainte-Catherine et de l'avenue Morgan se dresse le **Théâtre Denise-Pelletier**, nommé en l'honneur d'une des grandes comédiennes de la Révolution tranquille, décédée prématurément.

Traversez la rue Sainte-Catherine et montez l'avenue Morgan. Malgré sa petite taille, le **Bain Morgan** (*1875 av. Morgan*) en impose par ses éléments Beaux-Arts et par son bronze d'Alfred Laliberté intitulé *Les petits baigneurs* (1915). Traversez la rue Ontario afin d'arriver au **marché Maisonneuve** (11 km).

Du marché Maisonneuve au marché Jean-Talon

⏱ 8,5 km, 3h

••• randonnée urbaine

INFORMATION

Marché Maisonneuve
4445 rue Ontario E.
☎ 514-937-7754
www.marchespublics-mtl.com

ACCÈS

🚌 Transports en commun:

métro Pie-IX.

🚗 Voitures:

rue Ontario Est, tout juste à l'est du boulevard Pie-IX.

APERÇU

Depuis 1995, le marché Maisonneuve loge dans un bâtiment relativement récent, si on le compare avec celui, voisin, qui l'abritait autrefois. Érigé en 1914, l'ancien marché Maisonneuve a toujours fière allure. On trouve, au centre de la place du Marché, une œuvre importante du sculpteur Alfred Laliberté intitulée *La fermière*.

PARCOURS

Cette randonnée, qui débute au marché Maisonneuve pour se terminer au marché Jean-Talon, fait 8,5 km. Du **marché Maisonneuve** (0,0 km), empruntez la rue Ontario vers l'ouest. À l'angle du boulevard Pie-IX, on remarque l'ancien hôtel de ville de Maisonneuve (*4120 rue Ontario E.*), construite en 1912, qui abrite depuis 1981 une bibliothèque municipale. Après avoir longé durant un certain temps l'animée **Promenade Ontario**, tournez à droite dans la **rue de Chambly** (1 km).

Passé la rue Sherbrooke (1,9 km), puis la rue Rachel, la différence se fait vite sentir entre les quartiers. Ici, tout est plus calme et réfère davantage à la banlieue, avec ses alignements de copropriétés. Passé la rue Masson, puis le boulevard Rosemont (3,9 km), la rue de Chambly devient la 16e Avenue. À l'angle de la rue Beaubien (4,4 km) se démarquent le **cégep de Rosemont** et, de l'autre côté de l'avenue, le **parc Étienne-Desmarteau**.

Tournez à gauche dans la **rue Bélanger** (5 km). Artère commerciale, cette rue abrite de nombreux commerces, restaurants et cafés. Si vous avez envie d'une délicieuse glace à l'italienne, arrêtez-vous chez **Roberto** (*2221 rue Bélanger*). Après avoir franchi les rues Papineau (7 km) et Saint-Denis (8,2 km), tournez à droite sur l'avenue Henri-Julien afin d'accéder au **marché Jean-Talon** (8,5 km).

Du marché Jean-Talon au marché Atwater

⏱ 8,7 km, 3h
››› randonnée urbaine

INFORMATION

Marché Jean-Talon
7070 av. Henri-Julien
☎514-937-7754
www.marchespublics-mtl.com

ACCÈS

🚌 Transports en commun:

metro Jean-Talon.

🚗 Voitures:

av. Henri-Julien, angle rue Jean-Talon E.

APERÇU

Le marché Jean-Talon a été aménagé en 1933 sur le site du terrain de crosse des Irlandais, le stade Shamrock. Ce site devait à l'origine servir de terminus d'autobus. Le centre du marché est occupé par des agriculteurs proposant leurs produits dès 8h le matin. Grâce à l'abondance et à la diversité de ses produits, et ses prix uniques en ville, le marché Jean-Talon demeure le plus fascinant des marchés publics de Montréal. Il est d'ailleurs considéré comme «le marché à ciel ouvert le plus important en Amérique du Nord»!

PARCOURS

Le parcours suggéré mène du marché Jean-Talon au marché Atwater, sur une distance de 8,7 km. Du **marché Jean-Talon** (0,0 km), empruntez la rue Casgrain à gauche et, rapidement, tournez à droite dans la rue Mozart. **Boulevard Saint-Laurent**, tournez à gauche. Établissement légendaire de l'agréable Petite Italie, le **Caffè Italia** (6840 boul. St-Laurent) ne dérougit pas du matin au soir.

Après être passé à côté du **parc Piccola Italia Montreal** (0,7 km), qui rend hommage à la communauté italienne venue habiter le quartier au début du XXᵉ siècle, tournez à droite dans la **rue Bernard** (1,6 km). Plus loin, tournez à gauche sur **l'avenue du Parc** (2 km), autre artère très animée de Montréal. Si vous désirez savourer un bon *bagel* tout chaud, rendez-vous au **St. Viateur Bagel Shop** (*263 av. St-Viateur O.*), une véritable institution dans le quartier. Passé l'avenue Laurier (2,9 km) et l'avenue du Mont-Royal (3,5 km), l'avenue du Parc longe le **parc du Mont-Royal**, passant devant le célèbre monument à Sir George-Étienne Cartier, autour duquel s'animent les célèbres Tam-Tams du dimanche (4 km), un rendez-vous unique avec la musique et la danse durant la période estivale.

Tournez à droite sur l'**avenue des Pins** où, rapidement, vous remarquerez le Percival Molson Memorial Stadium (4,8 km), stade de football canadien qui accueille les Alouettes de Montréal. Grimpant passablement, l'avenue des Pins passe devant l'imposant hôpital Royal Victoria, puis longe le mont Royal. Tout au long de cette avenue se démarquent de splendides demeures ainsi que de longs escaliers publics permettant de descendre vers le centre-ville.

À l'angle de l'avenue Cedar (5,9 km), gardez la gauche afin de demeurer sur l'avenue des Pins. Face à l'hôpital Général de Montréal (6,3 km), tournez à gauche sur le **chemin de la Côte-des-Neiges** et, immédiatement, à droite sur l'**avenue du Docteur-Penfield**. Grimpez environ 100 m et tournez à gauche sur l'**avenue Atwater**. À partir d'ici, une longue descente s'amorce, passant devant le collège Dawson, l'ancien Forum de Montréal (Forum Pepsi) et la Plaza Alexis-Nihon, situés à l'angle de la rue Sainte-Catherine (7,5 km). Après la rue Saint-Jacques et la station de métro Lionel-Groulx (8,3 km), l'avenue Atwater franchit la rue Notre-Dame pour parvenir au **marché Atwater** (8,7 km).

L'est de l'île

Le pôle Maisonneuve

⏱ jusqu'à 10 km, 1h à 4h
''' randonnée urbaine, randonnée à caractère historique

INFORMATION

Ville de Montréal
droits d'accès exigés pour la plupart des sites, sauf au parc Maisonneuve et dans les jardins extérieurs du Jardin botanique durant l'hiver
horaires variables selon la saison, il est préférable de téléphoner avant une visite
❀
☎ 311 (renseignements généraux) ou téléphonez directement au site désiré (voir plus loin).

ACCÈS

Tous les sites mentionnés se trouvent à l'intérieur (ou aux abords) du quadrilatère délimité par le boulevard Pie-IX, l'avenue Pierre-De Coubertin, le boulevard Viau et le boulevard Rosemont. À noter qu'un service gratuit de transport par navette relie le Parc olympique et le Biodôme au Jardin botanique et à l'Insectarium.

🚌 Transports en commun:

métro Pie-IX ou métro Viau.

🚗 Voitures:

par les rues mentionnées ci-dessus. Plusieurs stationnements payants près des sites.

SERVICES ET INSTALLATIONS:

stationnement, toilettes et casse-croûte dans la plupart des sites.

AUTRES ACTIVITÉS:

terrains de jeu, ski de fond.

APERÇU

Le pôle Maisonneuve est devenu l'une des destinations touristiques par excellence au Québec. C'est également l'un des terrains de jeu favoris des Montréalais. D'une superficie de 188 ha, le pôle Maisonneuve englobe le Château Dufresne, le Parc olympique, le Biodôme, le Jardin botanique, l'Insectarium ainsi que le parc Maisonneuve. Et bien sûr, la marche constitue le moyen de locomotion par excellence pour découvrir tous ces joyaux concentrés dans un même secteur.

PARCOURS

En 1883, la ville de Maisonneuve voit le jour à l'est de Montréal, à l'initiative de fermiers et de marchands canadiens-français. Dès 1889, les installations du port de Montréal la rejoignent, facilitant ainsi son développement. Au cours de son histoire, Maisonneuve a été profondément marquée par des hommes aux grandes idées, qui ont voulu faire de ce coin de pays un lieu d'épanouissement collectif.

Les frères Marius et Oscar Dufresne, à leur arrivée au pouvoir à la mairie de Maisonneuve en 1910, institueront une politique de démesure en faisant ériger de prestigieux édifices publics de style Beaux-Arts, destinés à faire de «leur» ville un modèle de développement pour le Québec français. Mais la Première Guerre mondiale allait mettre un terme à cette politique, engendrant la faillite de la municipalité.

Puis en 1918, cette ville est annexée à Montréal, devenant de la sorte un de ses principaux quartiers ouvriers, francophone à 90%.

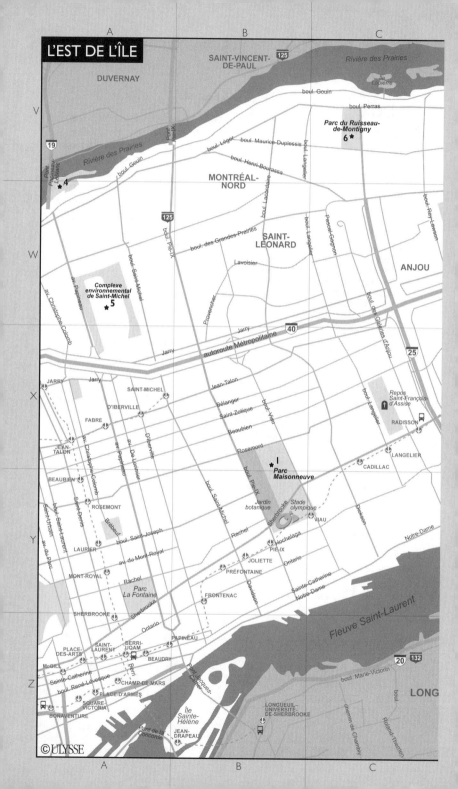

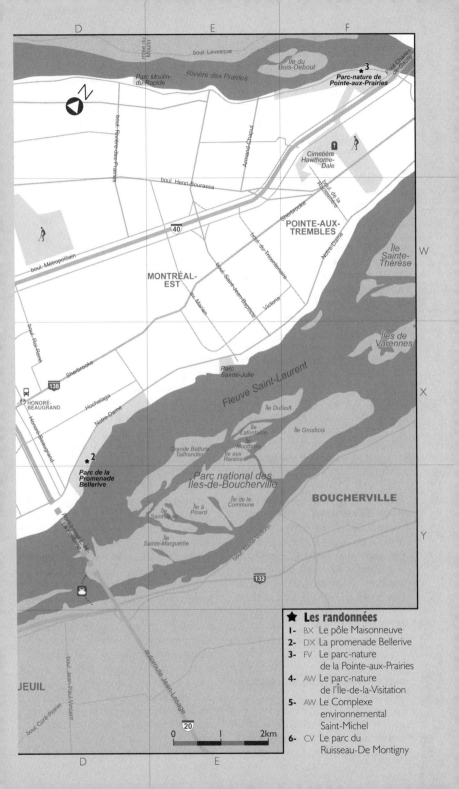

Les randonnées

Des frères Dufresne, il nous reste leur somptueuse demeure, dénommée le **Château Dufresne** *(2929 rue Jeanne-d'Arc,* ☎ *514-259-9201, www.chateaudufresne. qc.ca)*, qui abrite le Musée du Château Dufresne. Construit en 1916 et situé plus précisément à l'angle de la rue Sherbrooke et du boulevard Pie-IX, cet immeuble est constitué, en réalité, de deux résidences bourgeoises jumelées de 22 pièces chacune, érigées derrière une façade commune. Plusieurs pièces du château ont conservé l'apparence qu'elles avaient à l'époque des frères Dufresne.

À l'est du boulevard Pie-IX se trouve le **Parc olympique** *(4141 av. Pierre-De Coubertin,* ☎ *514-252-4737 ou 877-997-0919, www. rio.gouv.qc.ca)*, site des Jeux olympiques d'été de 1976. L'instigateur de ce projet fut Jean Drapeau, maire de Montréal pendant près de 30 ans, à qui l'on doit également le métro, la Place des Arts et l'Exposition universelle de 1967. Dessiné par l'architecte parisien Roger Taillibert, le Stade olympique étonne par ses formes organiques en béton. Le stade ovale de 56 000 places est surmonté d'une tour penchée, haute de 175 m. Un funiculaire monte au sommet de cette tour inclinée, la plus haute du genre au monde, d'où la vue sur la ville est des plus spectaculaires.

Tout à côté du Stade olympique, le **Biodôme de Montréal** *(4777 av. Pierre-De Coubertin,* ☎ *514-868-3000, www.biodome. qc.ca)*, inauguré en 1992 à l'intérieur de l'ancien vélodrome olympique, est un musée vivant unique au monde. Il présente, sur 10 000 m², quatre écosystèmes du continent américain fort différents les uns des autres: la forêt tropicale, avec son air chaud et humide, et sa végétation luxuriante; la forêt laurentienne, avec sa grande diversité d'habitats; le Saint-Laurent marin, avec son bassin de 2,5 millions de litres d'eau salée; le monde polaire, où l'Arctique et l'Antarctique se côtoient!

Au nord de la rue Sherbrooke, le **Jardin botanique** *(4101 rue Sherbrooke E.,* ☎ *514-872-1400, www.museumsnature.ca)*

nous dévoile tous ses charmes. Le Jardin botanique a été fondé par le frère Marie-Victorin en 1931. Il est désormais considéré comme le deuxième en importance au monde. Près de 22 000 espèces et variétés de végétaux y représentent la flore du globe. D'une superficie de 75 ha, l'aménagement du Jardin botanique a été entrepris pendant la crise américaine qui a suivi le krash de 1929 sur l'emplacement du Mont-de-La-Salle, la maison mère des frères des Écoles chrétiennes.

Derrière l'ancien pavillon Art déco de l'École de biologie de l'Université de Montréal se dressent 10 serres d'exposition reliées les unes aux autres, où l'on peut notamment admirer une précieuse collection d'orchidées ainsi que le plus important regroupement de penjings hors d'Asie.

Le Jardin botanique offre un grand réseau de sentiers de randonnée pédestre (plus de 5 km) qui sillonnent la trentaine de jardins extérieurs, dont les jardins d'exposition symétriques d'inspiration européenne, le jardin japonais (2,5 ha) et son pavillon de thé de style *sukiya*, ainsi que le superbe jardin de Chine (2,5 ha), avec ses sept pavillons réalisés par des artisans venus exprès de Chine, son Lac de rêve, sa montagne de pierres et son impressionnante collection de penjings offerte par le maître Wu Yee-Sun de Hong-Kong en 1984.

Au fond du jardin, vers le boulevard Rosemont, de petits sentiers plus tranquilles mènent au jardin Leslie-Hancock (rhododendrons, azalées, etc.), ainsi qu'à l'arboretum, où une multitude d'espèces et de variétés horticoles sont représentées.

En automne, un circuit longeant des arbres remarquables permet d'observer des scènes naturelles magnifiques aux couleurs flamboyantes (procurez-vous le petit dépliant gratuit à l'accueil). L'hiver venu, le Jardin botanique accueille les randonneurs et les skieurs de fond. Les nombreux jardins sont alors agrémentés de postes d'alimentation pour les oiseaux. Lieu privilégié de bon nombre d'ornitholphiles, il est fréquenté par

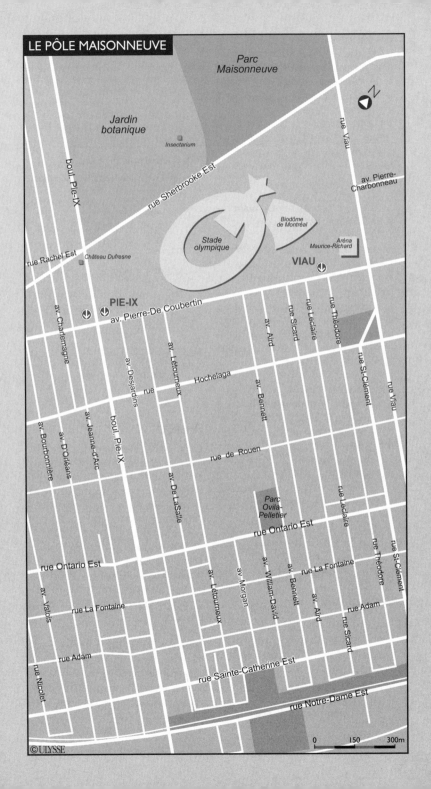

une très grande variété d'espèces (merle d'Amérique, jaseur, sizerin blanchâtre, junco ardoisé, bruant à gorge blanche, tourterelle triste, mésange à tête noire, chardonneret jaune, sittelle à poitrine rousse, cardinal, etc.). Depuis 1992, le jardin de Chine présente des sculptures de glace lumineuses (février). Ces superbes sculptures sont taillées par une équipe d'artisans originaires de la ville de Harbin, dans le nord de la Chine.

Situé juste à l'est des serres, l'**Insectarium** *(4581 rue Sherbrooke E., ☎514-872-1400, www.museumsnature.ca)* nous fait découvrir le monde fascinant des insectes à l'aide de courts films et de jeux interactifs. Inauguré en 1990, l'Insectarium de Montréal abrite une prestigieuse collection de plus de 160 000 spécimens. Ne parlez surtout pas de «bébittes» à son fondateur, Georges Brossard, qui a parcouru tous les continents à la recherche d'insectes. Il pourrait vous «piquer»... une sainte colère!

Adjacent à l'Insectarium et au Jardin botanique, le **parc Maisonneuve** *(4601 rue Sherbrooke E., ☎514-872-6555)* offre 3 km de sentiers de randonnée pédestre où il fait bon se détendre et pique-niquer. «Poumon vert» du pôle Maisonneuve, cet endroit est tout désigné pour aller se reposer entre deux visites culturelles. Le parc abrite même un terrain de golf municipal de neuf trous (☎514-872-4653).

La promenade Bellerive

⏱ 2,2 km, 1h
••• randonnée au fil de l'eau

INFORMATION

Société d'animation de la promenade Bellerive
tlj 6h à 23h
🚲 ❄
8300 rue Bellerive
☎514-493-1967

ACCÈS

La promenade Bellerive longe la rue Notre-Dame, entre la rue Liebert et l'avenue Meese. Elle est donc située à l'est de la rue Honoré-Beaugrand. L'entrée principale se trouve tout juste au sud de l'angle de la rue Notre-Dame et de l'avenue Mercier.

🚌 Transports en commun:

métro Honoré-Beaugrand et autobus 185 Est.

🚗 Voitures:

rue Notre-Dame, puis rue Lebrun à droite et rue Bellerive à droite.

SERVICES ET INSTALLATIONS:

stationnement, chalet d'accueil, casse-croûte, toilettes, navette fluviale (île Charron), aires de pique-nique.

AUTRES ACTIVITÉS:

vélo, patin à roues alignées, observation des oiseaux, croisières, pêche, raquette, patin à glace, ski de fond.

APERÇU

La promenade Bellerive (22 ha) est méconnue d'un grand nombre de Montréalais et c'est dommage, car le fleuve Saint-Laurent est ici partout présent et tout est mis en œuvre afin que les visiteurs apprécient ce site riverain.

En plus de longer la berge du fleuve, la promenade relie quatre parcs municipaux (Honoré-Mercier, Pierre-Tétreault, Clément-Jeté et L.O.-Taillon), comportant des aires de jeux pour petits et grands ainsi qu'une piscine.

De plus, la Société d'animation de la promenade Bellerive organise plusieurs activités tout au long de l'année (expositions, soupers, concerts, épluchette de blé d'Inde, etc.) ainsi que diverses croisières sur le fleuve afin d'aller admirer les feux d'artifice ou encore découvrir le port de Montréal.

Parcours

La promenade Bellerive dispose d'un sentier pédestre qui longe le fleuve sur 2,2 km. En partant du chalet d'accueil, vous êtes à proximité de la limite ouest de la promenade. Tout près se trouve le quai de la navette fluviale (voir p 16), laquelle permet aux randonneurs et aux cyclistes de se rendre à l'île Charron ainsi qu'au superbe parc national des Îles-de-Boucherville.

Le long du sentier, deux belvédères permettent de se reposer tout en profitant de la superbe vue sur le fleuve. Des mangeoires pour les oiseaux, installées çà et là, attirent à coup sûr la faune ailée.

Il ne faut pas hésiter à se rendre au **Quai est**, qui se dresse à 2 km à l'est du chalet. La vue y est formidable, et l'on distingue aisément, outre l'île Charron, les monts Saint-Hilaire et Saint-Bruno. De plus, on ne se lasse pas d'admirer les énormes paquebots qui naviguent de ce côté-ci des îles de Boucherville. Ce quai a la faveur des pêcheurs qui viennent y taquiner principalement le doré et le brochet.

Le parc-nature de la Pointe-aux-Prairies

🕐 jusqu'à 15 km, 1h à 4h
''' randonnée en forêt

Information

Parc-nature de la Pointe-aux-Prairies
tlj du lever au coucher du soleil. Vérifiez les heures et les différentes périodes d'ouverture des chalets d'accueil.
🚗 ❄
☎ 514-280-6688 ou 514-280-6691
www.ville.montreal.qc.ca/grandsparcs
(voir aussi p 20)

Accès

Chalet d'accueil Héritage
14905 rue Sherbrooke E.
☎ 514-280-6691

🚌 Transports en commun:

métro Honoré-Beaugrand, autobus 186 Est jusqu'à la rue Yves-Thériault. Empruntez cette rue, du côté nord de Sherbrooke, jusqu'à l'entrée du parc.

🚗 Voitures:

autoroute 40 Est, sortie 87. Empruntez la rue Sherbrooke Est jusqu'à l'entrée du parc, située juste après la rue Arthur-Généreux.

Pavillon des Marais
12300 boul. Gouin E.
☎ 514-280-6688

🚌 Transports en commun:

métro Henri-Bourassa, autobus 48 et 183, ou métro Honoré-Beaugrand, autobus 189 puis autobus 183, en direction ouest.

🚗 Voitures:

autoroute 40 Est, sortie 83. Empruntez le boulevard Saint-Jean-Baptiste Nord jusqu'au boulevard Gouin. Tournez à droite dans le boulevard Gouin et continuez jusqu'à l'adresse désirée.

Services et installations:

stationnements (**$**), chalets d'accueil, toilettes, casse-croûte, aires de pique-nique, premiers soins, maison de la culture, centre d'interprétation, location de skis, cartes des sentiers, dépliants, brochures.

Autres activités:

vélo (piste cyclable), ski de fond, glissade, raquette, activités animées, groupes scolaires, camps de jour, randonnées guidées, ateliers, conférences.

Aperçu

Le parc-nature de la Pointe-aux-Prairies est situé à l'extrémité est de l'île de Montréal, dans les quartiers Rivière-des-Prairies et Pointe-aux-Trembles. D'une superficie de 261 ha, ce parc s'étend de la rivière des Prairies jusqu'au fleuve Saint-Laurent.

Le parc-nature de la Pointe-aux-Prairies est un véritable havre de verdure en milieu urbain, où il est possible de prendre connaissance et d'apprécier une variété d'écosystèmes. On y trouve des bois matures, des marais ainsi que des champs.

Ce parc-nature vise à mettre en valeur des éléments représentatifs du patrimoine naturel de l'est de l'île de Montréal. Il est le deuxième parc-nature en importance de Montréal, après celui du Cap-Saint-Jacques (288 ha). Lieu propice à la détente, il offre l'initiation aux sciences de la nature, ainsi que la pratique de certaines activités de plein air compatibles avec la vocation écologique du parc.

Parcours

Le réseau compte autour de 15 km de sentiers, dont 4,1 km sont réservés à la marche uniquement.

Du côté du secteur du **Bois-de-l'Héritage**, le chalet Héritage comporte des panneaux

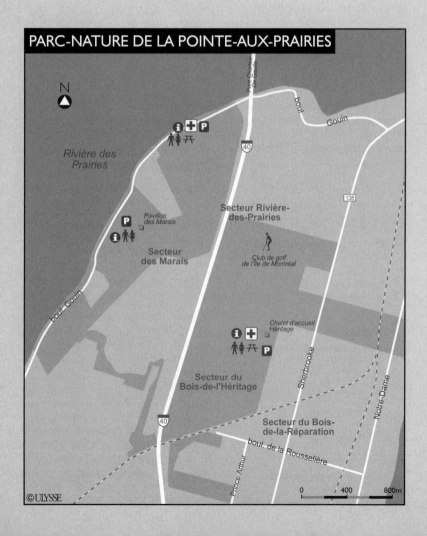

PARC-NATURE DE LA POINTE-AUX-PRAIRIES

Rivière des Prairies

Pavillon des Marais

Secteur des Marais

boul Gouin

Secteur Rivière-des-Prairies

Club de golf de l'île de Montréal

Chalet d'accueil Héritage

Secteur du Bois-de-l'Héritage

Secteur du Bois-de-la-Réparation

Sherbrooke

Notre-Dame

boul. de la Rousselière

Prince-Arthur

0   400   800m

©ULYSSE

d'interprétation ainsi que des jeux interactifs sur des thématiques saisonnières. C'est également ici que l'on accueille les groupes scolaires ainsi que les camps de jour estivaux.

Le secteur du Bois-de-l'Héritage, qui comprend également le Bois-de-la-Réparation, abrite les seuls bois matures à l'est du mont Royal. En raison de la grande diversité de ses habitats (bois, marécages, champs en friche), ce secteur possède une faune et une flore des plus riches. Il est d'ailleurs réputé être une importante réserve ornithologique. Le parc est fréquenté par plus de 184 espèces d'oiseaux. Des postes d'alimentation pour les oiseaux, installés le long des sentiers, permettent des rencontres des plus agréables. Mais le randonneur, au détour d'un sentier, peut également surprendre un joli lapin à queue blanche, un renard roux, un raton laveur ou une hermine.

Le **Bois-de-la-Réparation**, de l'autre côté du passage à niveau, abrite une magnifique érablière à caryer ainsi qu'une grande variété d'essences, dont le tilleul, le chêne et le frêne.

Pour se rendre du chalet Héritage au pavillon des Marais, il faut parcourir le sentier (6 km) qui mène de l'autre côté de l'autoroute 40, dans le secteur de Rivière-des-Prairies.

Le pavillon des Marais présente une exposition thématique portant sur la richesse et la fragilité des milieux humides. Le visiteur ne manquera pas de monter dans la tour d'observation du pavillon, d'où la vue sur la rivière des Prairies et les marais est splendide.

À côté du pavillon, une éolienne de type *Catavent 1000*, servant à contrôler l'alimentation en eau des marais pour ne pas qu'ils s'assèchent durant l'été, se dresse fièrement. L'énergie que l'éolienne génère sert au fonctionnement de la pompe qui aspire l'eau de la rivière des Prairies afin d'alimenter les marais.

Au centre d'un des marais, un magnifique kiosque invite à la détente et à l'observation. Tout près, une aire d'observation des oiseaux a été aménagée.

Le parc-nature de l'Île-de-la-Visitation

⏱ jusqu'à 8 km, 1h à 3h
⁙ randonnée à caractère historique, randonnée au fil de l'eau

INFORMATION

Parc-nature de l'Île-de-la-Visitation
tlj du lever au coucher du soleil. Vérifiez les heures et les différentes périodes d'ouverture du chalet d'accueil.
🐕 ❄
2425 boul. Gouin E.
☎ 514-280-6733
www.ville.montreal.qc.ca/grandsparcs
(voir aussi p 20)

ACCÈS

🚍 Transports en commun:

métro Henri-Bourassa, autobus 69 Est, arrêt rue De Lille. Montez la rue De Lille jusqu'au boulevard Gouin.

🚗 Voitures:

boulevard Henri-Bourassa jusqu'à la rue De Lille, puis jusqu'au boulevard Gouin.

SERVICES ET INSTALLATIONS:

stationnements (**$**), chalet d'accueil, toilettes, restauration, aires de pique-nique, premiers soins, Maison du Pressoir, Maison du Meunier, location (ski et glissade), cartes des sentiers, dépliants, brochures.

AUTRES ACTIVITÉS:

vélo (piste cyclable), ski de fond, glissade, raquette, pêche, activités animées, groupes scolaires, randonnées guidées, ateliers, conférences, excursions ornithologiques.

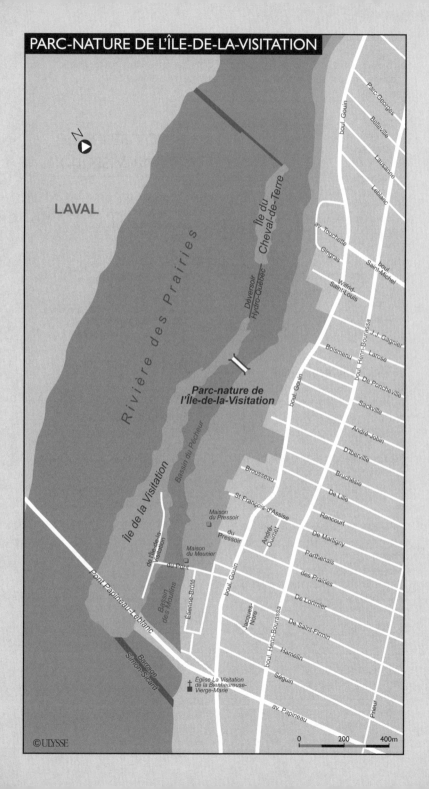

PARC-NATURE DE L'ÎLE-DE-LA-VISITATION

LAVAL

Rivière des Prairies

Île du Cheval-de-Terre

Déversoir Hydro-Québec

Parc-nature de l'Île-de-la-Visitation

Bassin du Pêcheur

Île de la Visitation

de l'Île-de-la-Visitation

Maison du Pressoir

du Pressoir

Maison du Meunier

Bassin des Moulins

le Pont

Étienne-Brûlé

Pont Papineau-Leblanc

Barrage Simon-Sicard

Église La Visitation de la Bienheureuse-Vierge-Marie

boul. Gouin

Parc-Georges

Belleville

Lausanne

Leblanc

av. Touchette

Gingras

boul. Saint-Michel

Wilfrid-Saint-Louis

boul. Henri-Bourassa

J.-J. Gagnier

Larose

De Poncheville

Boismenu

Sackville

André-Jobin

D'Iberville

Brousseau

Bruchési

St-François-d'Assise

De Lille

Rancourt

André-Ouimet

De Martigny

Parthenais

des Prairies

boul. Gouin

De Lorimier

Jacques-Nère

De Saint-Firmin

boul. Henri-Bourassa

Hamelin

Séguin

Pleur

av. Papineau

©ULYSSE

0   200   400m

Aperçu

Le parc-nature de l'Île-de-la-Visitation, situé sur le boulevard Gouin, près du pont Papineau-Leblanc, permet de jolies randonnées, surtout à caractère historique. Bien que ce parc soit le plus petit des parcs-nature (34 ha), il possède une flore et une faune remarquables, en plus d'un passé historique fort intéressant.

Jusqu'aux années 1950, le quartier du Sault-au-Récollet formait encore un village agricole le long de la rivière des Prairies, isolé de la ville. L'histoire du «Sault» est cependant très ancienne, puisque, dès 1610, Monsieur des Prairies emprunta la rivière qui porte désormais son nom en pensant qu'il s'agissait du fleuve Saint-Laurent. Puis, en 1625, le récollet Nicolas Viel et son guide amérindien Ahuntsic se noyèrent dans les rapides du cours d'eau, d'où le nom de «Sault... au-Récollet».

En 1696, les Sulpiciens y installèrent la mission amérindienne du fort de la Montagne. En 1726, le moulin à scie est construit, de même que la digue qui relie l'île de la Visitation à celle de Montréal. Dès le XIXᵉ siècle, Sault-au-Récollet devint un lieu de villégiature pour les Montréalais.

Parcours

Le réseau compte 8 km de sentiers de randonnée pédestre. On y trouve des étendues vallonnées, de petits sous-bois, les berges de la rivière des Prairies ainsi qu'une très jolie île, l'**île de la Visitation**, que l'on parcourt aisément et où la végétation abondante nous fait oublier que l'on est toujours à Montréal.

L'île de la Visitation est une longue bande de terre, fermée à chacune de ses extrémités par des digues qui contrôlent le niveau et le débit de l'eau, éliminant du coup le fameux «sault» qui a donné son nom au secteur. Il est possible de rejoindre l'île, soit par la rue du Pont, soit par la petite passerelle située en face du chalet d'accueil. De l'autre côté de cette passerelle, un belvédère permet

d'observer la centrale hydroélectrique Rivière-des-Prairies, aménagée en 1928 par la Montreal Island Power.

Presque au centre de l'île, une croix fut érigée en hommage à Nicolas Viel et à Ahuntsic. À l'extrémité ouest de l'île, le sentier passe sous le pont Papineau-Leblanc et longe le barrage Simon-Sicard jusqu'à l'**église La Visitation de la Bienheureuse-Vierge-Marie**. Cette superbe église, construite entre 1749 et 1752, est la plus ancienne église qui subsiste sur l'île de Montréal. L'intérieur de l'église forme un des ensembles les plus remarquables de la sculpture sur bois au Québec.

En revenant sur l'île de la Visitation, le randonneur y découvrira quelques belles maisons encore habitées. La petite rue du Pont permet d'observer les quelques vestiges restants des moulins que les Sulpiciens y firent ériger sous le Régime français. Les moulins du Sault-au-Récollet furent exploités pendant plus de 230 années consécutives, soit de 1726 à 1960. Tout à côté du pont se trouve la **Maison du Meunier** *(10897 rue du Pont, ☎ 514-850-4222)*, qui abrite le Centre d'interprétation de l'histoire et le Bistro Terrasse.

À l'ouest du chalet d'accueil, la **Maison du Pressoir** *(10865 rue du Pressoir, ☎ 514-850-4222)*, restaurée en 1982, abrite de nos jours un centre d'interprétation de l'histoire. Le pressoir à cidre fut érigé par Didier Joubert vers 1810. Les deux pressoirs à pommes de la maison servirent jusqu'en 1840. Il s'agit probablement de l'unique exemple de bâtiment à colombages maçonnés qui subsiste sur l'île de Montréal. À partir de 1841, la Maison du Pressoir a subi de nombreuses transformations et divisions du fait qu'elle servait principalement de résidence.

Afin d'en connaître davantage sur les quelque 160 espèces d'oiseaux qui fréquentent les lieux ainsi que sur les différents écosystèmes du parc-nature de l'Île-de-la-Visitation, le randonneur peut se procurer la brochure du «sentier autoguidé» à l'accueil. Ce parcours de 2 km s'effectue dans le secteur est du parc et comporte 11 stations numérotées.

Le Complexe environnemental Saint-Michel

⏱ 5 km, 2h
››› randonnée à caractère historique

INFORMATION

Complexe environnemental Saint-Michel
tlj du lever au coucher du soleil
🚌 ❄

2345 rue Jarry E., angle rue D'Iberville
☎ 514-376-8648 (TOHU)
☎ 514-872-6381 (arrondissement Saint-Michel)
www.tohu.ca
www.ville.montreal.qc.ca/grandsparcs
www.taz.com

ACCÈS

🚌 Transports en commun:

métro Jarry, autobus 193 Est ou métro Iberville, autobus 94 Nord, descendez à l'intersection Jarry/D'Iberville.

🚗 Voitures:

autoroute 40, sortie 74 (rue D'Iberville).

SERVICES ET INSTALLATIONS:

accueil, stationnement, toilettes, aire de pique-nique, brochures.

AUTRES ACTIVITÉS:

vélo, ski de fond, patin à roues alignées, planche à roulettes, visites guidées, exposition, spectacles en plein air.

APERÇU

Le Complexe environnemental Saint-Michel (CESM) comprend, en plus de plusieurs terrains de jeu, un sentier multifonctionnel en été et des pistes de ski de fond en hiver, le tout sur 48 ha. Le complexe même couvre 198 ha, dont une grande partie n'est pas encore exploitée. Cette ancienne carrière de calcaire, devenue site d'enfouissement de déchets aujourd'hui parvenu au stade de son recouvrement final, est en passe de devenir un véritable complexe environnemental grâce à un vaste projet de réhabilitation de la Ville de Montréal. On transforme peu à peu les lieux en un immense parc urbain réparti entre plusieurs pôles: culturel, éducatif, sportif, commercial et industriel. En plus du parc s'y trouvent entre autres la TOHU, la Cité des arts du cirque, Le Taz, centre multidisciplinaire et communautaire accolés à des organisations à vocation environnementale.

PARCOURS

Pour l'instant le site compte un sentier principal (boucle de 5 km) ceinturant le complexe.

Au bout de la rue Paul-Boutet, un joli point de vue embrasse les lieux. Tout au long du sentier, il est généralement possible d'apercevoir des travailleurs en train de remodeler le paysage pour en faire, dans quelques années, un très vaste et agréable parc qui comportera une multitude de sentiers. En certains endroits légèrement surélevés, la vue porte sur le mont Royal, l'Université de Montréal, l'oratoire Saint-Joseph et même sur une partie du centre-ville de Montréal. Le sentier passe également à côté du siège social du Cirque du Soleil et son centre d'hébergement pour artistes.

Le parc du Ruisseau-De Montigny

⏱ 3 km, 1h
''' randonnée au fil de l'eau

INFORMATION

Parc du Ruisseau-De Montigny
tlj du lever au coucher du soleil
🐾 ❄

boul. Maurice-Duplessis
☎ 514-280-6691
www.ville.montreal.qc.ca/grandsparcs

ACCÈS

🚌 Transports en commun:

métro Henri-Bourassa, autobus 69 Est.

🚗 Voitures:

boulevard Maurice-Duplessis, tout juste à l'ouest du boulevard Louis-Hippolyte-Lafontaine.

SERVICES ET INSTALLATIONS:

aires de pique-nique, brochures.

AUTRES ACTIVITÉS:

vélo, raquette.

APERÇU

Rares sont les ruisseaux dignes de ce nom à Montréal. Et encore moins un ruisseau comportant des cascades! C'est pourtant le cas dans ce secteur du nord-est de la ville. Un vrai et joli ruisseau, entouré d'arbres, où il fait bon se prélasser quelques instants. Ainsi, ce cours d'eau a donné naissance, en 2005, au parc du Ruisseau-De Montigny (22 ha), qui abrite également quatre petites îles, une cinquantaine d'espèces d'oiseaux, dont le tyran tritri (*Tyrannus tyrannus*), mais aussi des couleuvres brunes et des frênaies rouges.

PARCOURS

L'aménagement du parc n'est pas encore complété, mais il compte d'ores et déjà un sentier linéaire qui longe le ruisseau et mène à une aire de pique-nique d'où l'on jouit d'un beau point de vue sur les petites cascades. Au nord du parc, le sentier joint l'entrée de l'hôpital Rivière-des-Prairies, située à l'angle du boulevard Perras et de l'avenue Ozias-Leduc.

L'ouest de l'île

Le parc-nature du Bois-de-Liesse

⏱ jusqu'à 13 km, 1h à 4h
''' randonnée en forêt

INFORMATION

Parc-nature du Bois-de-Liesse
tlj du lever au coucher du soleil. Vérifiez les heures et les différentes périodes d'ouverture des chalets d'accueil.
🐾 ❄

☎ 514-280-6729 ou 280-6678
www.ville.montreal.qc.ca/grandsparcs
(voir aussi p 20)

ACCÈS

Deux chalets d'accueil sont disponibles.

Maison Pitfield
9432 boul. Gouin O.
☎ 514-280-6729

🚌 Transports en commun:

métro Henri-Bourassa, autobus 69 Ouest jusqu'au terminus, puis autobus 68 Ouest jusqu'à l'entrée du parc (juste après l'autoroute 13).

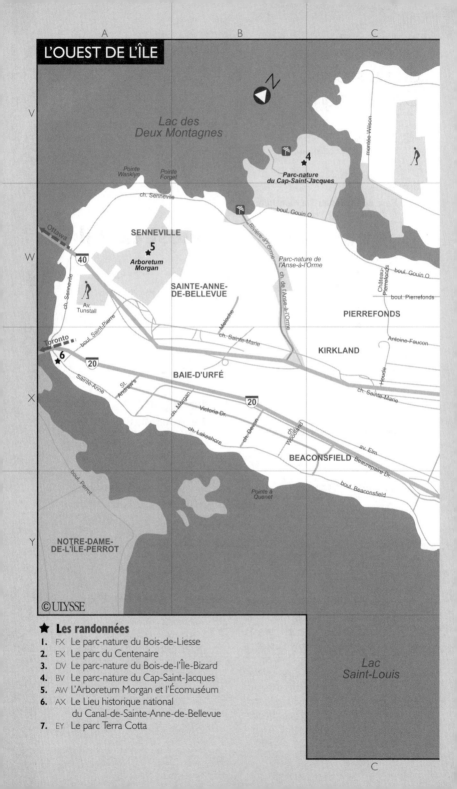

L'OUEST DE L'ÎLE

Lac des Deux Montagnes

Pointe Wanklyn

Pointe Forget

ch. Senneville

SENNEVILLE

Ottawa

40

ch. Senneville

SAINTE-ANNE-DE-BELLEVUE

★ 5
Arboretum Morgan

Av Tunstall

boul. Saint-Pierre

Toronto

6
20

Sainte-Anne

St Andrews

ch. Morgan

Victoria Dr.

ch. Lakeshore

ch. Donjon

BAIE-D'URFÉ

ch. Sainte-Marie

Meloche

boul. Gouin O.

Rivière-à-l'Orme

Parc-nature de l'Anse-à-l'Orme

ch. de l'Anse-à-l'Orme

★ 4
Parc-nature du Cap-Saint-Jacques

montée Wilson

PIERREFONDS

boul. Gouin O.

Château-Pierrefonds

boul. Pierrefonds

KIRKLAND

Antoine-Faucon

Houde

ch. Sainte-Marie

20

ch. Woodland

av. Elm

BEACONSFIELD

Beaurepaire Dr.

boul. Beaconsfield

boul. Perrot

Pointe à Quenet

NOTRE-DAME-DE-L'ÎLE-PERROT

©ULYSSE

Lac Saint-Louis

★ Les randonnées

1. FX Le parc-nature du Bois-de-Liesse
2. EX Le parc du Centenaire
3. DV Le parc-nature du Bois-de-l'Île-Bizard
4. BV Le parc-nature du Cap-Saint-Jacques
5. AW L'Arboretum Morgan et l'Écomuséum
6. AX Le Lieu historique national du Canal-de-Sainte-Anne-de-Bellevue
7. EY Le parc Terra Cotta

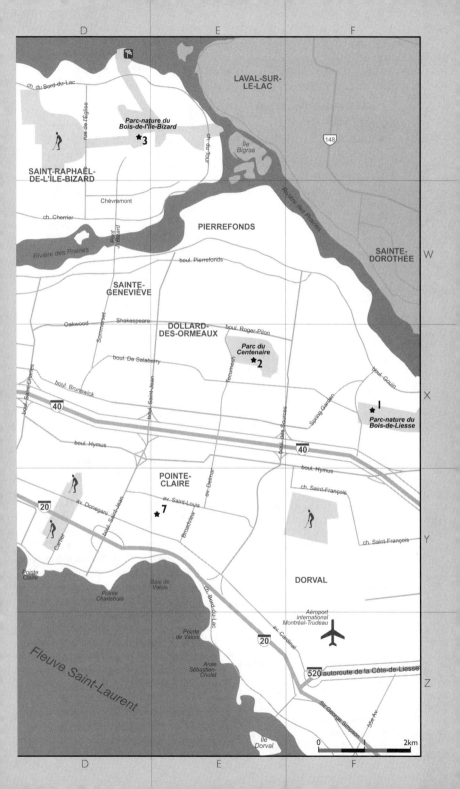

Voitures:

autoroute 13, sortie boulevard Gouin. La maison Pitfield se pointe à 100 m à l'ouest de l'autoroute 13.

Chalet d'accueil des Champs
3555 rue Douglas-B.-Floreani
Saint-Laurent
☎ 514-280-6678

Transports en commun:

métro Côte-Vertu, autobus 215 Ouest jusqu'à l'arrêt Douglas-B.-Floreani, puis marchez 900 m jusqu'au chalet.

Voitures:

autoroute 13, sortie Henri-Bourassa. Empruntez Henri-Bourassa vers l'ouest, jusqu'à la rue Douglas-B.-Floreani, où vous tournerez à droite, et continuez jusqu'au bout.

SERVICES ET INSTALLATIONS:

stationnements (**$**), chalets d'accueil, toilettes, casse-croûte, aires de pique-nique, premiers soins, location (vélos, skis), cartes des sentiers, dépliants, brochures, service de documentation, location de salles pour réunion ou réception, hébergement pour groupes (Gîte du Ruisseau), journées thématiques, expositions.

AUTRES ACTIVITÉS:

vélo (piste cyclable), canot, ski de fond, glissade, raquette, activités animées, groupes scolaires, camps de jour, programmes d'interprétation de la nature, randonnées guidées, ateliers, cliniques, conférences.

APERÇU

Le parc-nature du Bois-de-Liesse est situé sur le boulevard Gouin, près de l'autoroute 13.

D'une superficie de 159 ha, il est divisé en trois secteurs (secteur de la Péninsule, secteur des Champs et secteur des Bois-Francs) et est traversé par un petit cours d'eau sinueux, le ruisseau Bertrand, qui se déverse dans la rivière des Prairies, à l'est de l'autoroute 13, en face de l'île aux Chats.

La combinaison de phénomènes géographiques et écologiques exceptionnels fait de ce parc-nature un site privilégié pour l'observation d'une nature diversifiée et abondante.

Dès 1972, l'ancienne Communauté urbaine de Montréal (CUM) prévoyait protéger ce grand espace vert qu'était le Bois-de-Liesse et qui s'étendait jusqu'à l'autoroute transcanadienne (la 40). Mais la construction de l'autoroute Chomedey (la 13) et du pont Louis-Buisson en 1975, qui coupait littéralement le site en deux parties inégales, modifia quelque peu les plans. Néanmoins, la CUM acquit le territoire en 1983 pour aménager un superbe parc-nature.

En 1990-1991, des travaux d'aménagement furent effectués afin de renforcer le caractère naturel du parc. Ainsi, des pôles aquatiques, historiques, agraires et forestiers furent créés dans les secteurs correspondants.

PARCOURS

Le réseau compte 13 km de sentiers de randonnée pédestre, dont 8 km sont partagés avec les cyclistes.

Dans le **secteur de la Péninsule**, le sentier conduit à trois observatoires, dont deux sur le ruisseau Bertrand et un sur la rivière des Prairies, tout près de la **Maison du Ruisseau**. C'est ici, juste après le petit pont menant à l'avenue du Ruisseau, que le ruisseau Bertrand rejoint la rivière des Prairies. Dans le secteur de la Péninsule, de très jolis spécimens d'arbres, comme le chêne blanc, le chêne à gros fruits, l'érable argenté et le tilleul d'Amérique, peuvent être observés. Ce secteur est également considéré comme un des derniers refuges dans l'île d'une faune inusitée, composée de tortues serpentines ou peintes, de castors, de visons, de grands hérons, de grands-ducs et de canards huppés.

Dans le **secteur Pitfield**, on retrouve un bois d'érables argentés, un bois de saules matures ainsi que des rangées de frênes,

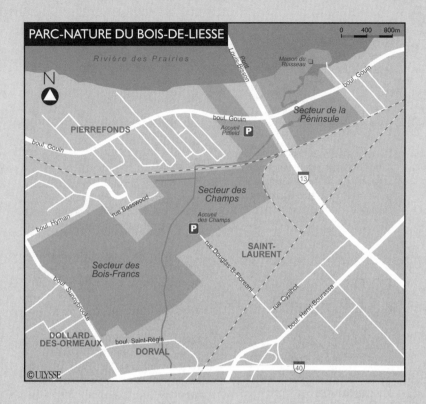

PARC-NATURE DU BOIS-DE-LIESSE

près des champs. Mais ce qui retient surtout l'attention, c'est la superbe maison Pitfield, aujourd'hui reconvertie en accueil et en salles de réunion et de réception.

La **maison Pitfield** a été construite en 1954 pour Mᵐᵉ Grace MacDougall Pitfield, épouse de Ward Chipman Pitfield, homme d'affaires prospère, magnat de la finance montréalaise et grand collectionneur d'œuvres d'art. N'eût été du décès prématuré de M. Pitfield en 1939, à l'âge de 42 ans, la maison Pitfield serait probablement devenue une vaste et somptueuse demeure bourgeoise. Tout à côté de la maison, les deux jolies maisons vertes, dites flamandes (1920), furent achetées par Mᵐᵉ Pitfield afin d'y loger son jardinier et sa dame de compagnie.

Au sud de la maison Pitfield, vers l'accueil des Champs, une superbe passerelle japonaise au tracé irrégulier donne accès à un milieu naturel fragile. Cette passerelle est située le long du sentier d'interprétation de la nature (1 km aller), où huit poteaux indicateurs et cinq panneaux d'interprétation permettent d'en apprendre davantage sur le milieu naturel de ce parc-nature (procurez-vous la brochure à l'accueil).

Le **secteur des Bois-Francs**, situé à l'ouest du parc, abrite un des rares bois en milieu urbain, illustrant si bien la succession des peuplements et leurs interrelations. Huit différents types d'érablières, dont une d'érables noirs (espèce rare), se partagent ce territoire.

Le parc-nature du Bois-de-Liesse est fréquenté par 131 espèces d'oiseaux, dont 103 qui y nichent. Si certaines espèces d'oiseaux sont fréquemment observées (mésange, cardinal, geai bleu, jaseur des cèdres, oriole du Nord, colibri, grand pic, canard branchu, grand duc, etc.), d'autres, dont le pic à dos rayé et le pic à dos noir, promettent des rencontres mémorables. Certains oiseaux de proie, comme le petit-duc maculé, l'épervier brun et l'autour des palombes, ont également été observés.

En ce qui a trait aux petits mammifères du parc, 21 espèces ont été répertoriées, dont le renard roux, le lièvre d'Amérique, le lapin à queue blanche, le raton laveur, la marmotte commune, le rat musqué, le castor, le porc-épic, etc.

Le parc du Centenaire

⏱ jusqu'à 4,9 km, 1h à 2h
••• randonnée en forêt

INFORMATION

Parc du Centenaire
tlj 6h à 22h
🐎 ❄

Ville de Dollard-des-Ormeaux
12001 boul. De Salaberry
☎ 514-684-1010

ACCÈS

Le parc est situé au 2938 Lake Road.

🚌 Transports en commun:

métro Henri-Bourassa et autobus 69 Ouest, puis autobus 68 jusqu'au boulevard des Sources et autobus 208 Sud jusqu'à la rue Churchill.

🚗 Voitures:

autoroute 40, sortie 55. Boulevard des Sources Nord jusqu'à la rue Churchill, que vous emprunterez à gauche. À droite dans Lake Road jusqu'à l'entrée du parc (petit stationnement sur la gauche).

SERVICES ET INSTALLATIONS:

stationnement, chalet d'accueil, toilettes, aires de pique-nique.

AUTRES ACTIVITÉS:

vélo, aire de jeux, glissade, ski de fond, raquette.

APERÇU

Superbement aménagé derrière l'école secondaire des Sources, à Dollard-des-Ormeaux, le parc du Centenaire offre nature et détente à ceux qui le fréquentent.

D'une superficie couvrant un peu plus de 100 ha, le parc abrite une très belle forêt, de jolis sentiers, deux buttes ainsi qu'un agréable lac autour duquel il fait bon se détendre.

Près du stationnement, une aire clôturée permet aux propriétaires de chiens d'y laisser courir leur animal en toute liberté. Le chalet, construit en «pièce sur pièce» comme certaines maisons d'époque, sert également de halte et de lieu de rencontre.

PARCOURS

Le réseau compte trois sentiers pour un total de 4,9 km. Près du stationnement, un panneau indique les différents parcours possibles. Les sentiers sont très bien aménagés, entretenus et balisés.

Le sentier **L'ours** (boucle de 2,6 km) permet d'effectuer le tour complet du joli lac artificiel. Un système de marais filtrant (quenouilles, iris, roseaux, etc.) a été mis au point afin d'améliorer la qualité de l'eau. Bien qu'il longe constamment le lac, le sentier se trouve presque toujours sous couvert forestier. Des bancs, des aires de pique-nique et un kiosque ont été aménagés en bordure du lac. Ce dernier accueille régulièrement des canards, dont le colvert.

Les sentiers **Le lièvre** (boucle de 1,3 km) et **Le renard** (boucle de 1 km) se partagent le boisé qui se trouve près du stationnement. Outre de magnifiques spécimens d'arbres, l'endroit est fréquenté par bon nombre d'oiseaux, dont le carouge à épaulettes, le chardonneret jaune et le sizerin flammé.

Il ne faut pas hésiter à grimper au sommet des deux **buttes**, dont la plus haute fait près de 30 m d'altitude. Pour s'y rendre, il faut emprunter le sentier qui débute derrière l'aire de jeux. La vue est dégagée dans toutes les directions et l'on distingue aisément une partie du lac, la forêt du parc, le mont Royal ainsi que les contreforts des Laurentides.

Le parc-nature du Bois-de-l'Île-Bizard

⏱ jusqu'à 12,5 km, 1 h à 4 h
⋯ randonnée en forêt, randonnée au fil de l'eau

INFORMATION

Parc-nature du Bois-de-l'Île-Bizard
tlj du lever au coucher du soleil. Vérifiez les heures et les différentes périodes d'ouverture du chalet d'accueil.
🚗 ❄
2115 ch. Bord-du-Lac
Île Bizard
☎ 514-280-8517
www.ville.montreal.qc.ca/grandsparcs

ACCÈS

🚌 Transports en commun:

métro Côte-Vertu, autobus 470 puis 207. Une fois dans l'île Bizard, descendez à l'angle des rues Chevremont et de l'Église. Faites environ 400 m dans la rue de l'Église vers le nord jusqu'à l'entrée sud-ouest du parc. Notez que le chalet d'accueil de Pointe-aux-Carrières est situé à 4 km de cette entrée.

🚗 Voitures:

autoroute 40 Ouest, sortie boulevard Saint-Jean. Empruntez Saint-Jean Nord jusqu'au boulevard Pierrefonds, prenez à gauche, rendez-vous jusqu'au boulevard Jacques-Bizard, prenez à droite et traversez le pont. Tournez à gauche dans le chemin Cherrier, jusqu'à la rue de l'Église, et prenez à droite jusqu'au chemin du Bord-du-Lac. À droite dans le chemin du Bord-du-Lac jusqu'à l'entrée du parc. Deux autres stationnements (rue de l'Église, rue Patenaude) sont également accessibles.

SERVICES ET INSTALLATIONS:

stationnements (**$**), chalet d'accueil, toilettes, casse-croûte, aires de pique-nique, premiers soins, location (embarcations, vélos, skis), rampe de mise à l'eau, belvédères, cartes des sentiers, dépliants, brochures, service de documentation, journées thématiques.

AUTRES ACTIVITÉS:

plage et baignade, vélo (piste cyclable), canot, pédalo, kayak, chaloupe, pêche, activités animées, programmes d'interprétation de la nature, randonnées guidées, ateliers, cliniques, ski de fond, glissade.

APERÇU

Le parc-nature du Bois-de-l'Île-Bizard est situé au nord-ouest de l'île de Montréal, en face de Pierrefonds et tout juste à l'ouest de Laval. D'une superficie de 201 ha, ce parc-nature s'étend sur un site exceptionnel de l'île Bizard, où la flore et la faune sont d'une richesse incomparable. En quelques minutes, le paysage peut changer radicalement, passant de la plage et de l'immensité du lac des Deux Montagnes à des milieux humides et boisés tout à fait saisissants et spectaculaires.

L'île Bizard tire son nom de Jacques Bizard, d'origine suisse, qui la reçut en 1678. De religion calviniste, Jacques Bizard simula sa conversion au catholicisme afin d'obtenir un poste officiel. Major de Montréal, Jacques Bizard s'adonnait au trafic illégal de fourrures. Menant une vie quelque peu dissipée, il s'occupait très peu de son île et mourut alcoolique à 50 ans.

D'une superficie de 22,78 km², l'île Bizard était autrefois un lieu de culture maraîchère et de villégiature. Elle devint par la suite une banlieue cossue et recherchée par ceux qui désiraient vivre à la campagne, à deux pas de la ville. D'ailleurs, le développement domiciliaire rapide de l'île Bizard a amené l'ancienne Communauté urbaine de Montréal (CUM), en juillet 1990, à faire l'acquisition du vaste bois situé dans la partie nord-est de l'île. Les travaux d'aménagement du parc-nature débutèrent à l'été 1992 puis se terminèrent en décembre 1993.

Parcours

Le réseau compte 12,5 km de sentiers de randonnée pédestre, dont 6,9 km sont partagés avec les cyclistes. Le parc étant encore difficilement accessible et loin du centre-ville de Montréal, il n'y a pas lieu de s'inquiéter, pour l'instant, du délicat problème «piétons-cyclistes» dans les mêmes sentiers.

Le parc-nature du Bois-de-l'Île-Bizard est divisé en trois secteurs; la Pointe-aux-Carrières, de l'Église et les Rapides. La **Pointe-aux-Carrières** est située dans le nord du parc et donne accès au **lac des Deux Montagnes**. On y trouve le chalet d'accueil du parc, un vaste stationnement, une rampe de mise à l'eau, un quai, une plage de sable naturelle avec une aire de repos en pierres, un amphithéâtre ainsi qu'un belvédère. La vue sur le lac des Deux Montagnes est grandiose. De l'autre côté de la rive, on distingue les municipalités de Deux-Montagnes et de Sainte-Marthe-sur-le-Lac, ainsi que les tours de communication situées près de Pointe-Calumet et quelques montagnes.

La Pointe-aux-Carrières tire son nom du fait que plusieurs carrières de pierres y furent exploitées au XIXe siècle. C'était également un lieu d'escale des bateaux (cages) transportant du bois sur le fleuve Saint-Laurent, avant de franchir les rapides Lalemant.

De l'autre côté du chemin du Bord-du-Lac, le sentier pénètre dans un bois et mène à une superbe passerelle de 406 m, aménagée au-dessus d'un marécage. Tout autour, la forêt marécageuse, avec ses nombreux arbres morts (érables rouges, érables argentés) mais toujours debout, donne une impression de bout du monde. Avec un peu d'attention, le randonneur pourra observer de nombreux oiseaux aquatiques, comme les butors, les hérons, les râles, les gallinules, ainsi que plusieurs espèces de canards. Un peu plus loin, le sentier mène à l'observatoire «Le grand héron», où effectivement il est très fréquent d'observer de grands hérons. Plusieurs gros nichoirs à oiseaux sont installés sur les arbres morts. En tout, quelque 184 espèces d'oiseaux fréquentent le parc.

Plus au sud encore, une petite halte permet d'observer les vestiges d'un bâtiment qui servit probablement à l'exploitation de l'érablière à hêtre qui domine le secteur. Près du sentier, certains gros érables à sucre portent encore les cicatrices laissées par l'entaille de ces arbres, afin d'en récolter l'eau d'érable. Vers l'est, le sentier conduit aux observatoires «Le petit butor» et «Le bihoreau», où l'eau du marécage est recouverte d'une mousse verte, d'où l'on s'attendrait à voir surgir un alligator!

Tout au bout du parc, dans le secteur «les Rapides», le sentier débouche sur une superbe pointe qui avance dans les eaux de la rivière des Prairies. Une aire de pique-nique y est aménagée. Laval est juste en face (un traversier saisonnier y mène), et l'île Bigras se trouve au sud.

PARC-NATURE DU BOIS-DE-L'ÎLE-BIZARD

Lac des
Deux Montagnes

ch. Bord-du-Lac

Rivière des
Prairies

Secteur
Les rapides

ch. du Tour

Secteur de la
Pointe-aux-Carrières

La passerelle

Le grand
héron

Le
petit butor

Le bihareau

ch. Bord-du-Lac

N

SAINT-RAPHAËL-
DE-L'ÎLE-BIZARD

rue de l'Église

Secteur
de l'Église

©ULYSSE

0   400   800m

Le parc-nature du Cap-Saint-Jacques

🕐 jusqu'à 8,7 km, 1h à 3h
⋯ randonnée en forêt, randonnée au fil de l'eau

INFORMATION

Parc-nature du Cap-Saint-Jacques
tlj du lever au coucher du soleil. Vérifiez les heures et les différentes périodes d'ouverture du chalet d'accueil.
🐾 ❄

20099 boul. Gouin O.
Pierrefonds
☎ 514-280-6871
www.ville.montreal.qc.ca/grandsparcs

ACCÈS

🚌 Transports en commun:

métro Côte-Vertu, autobus 64 jusqu'au terminus de Cartierville, puis autobus 68 jusqu'au terminus situé à l'entrée du parc. Également du métro Henri-Bourassa, autobus 69 Ouest puis 68.

🚐 Voitures:

autoroute 40 Ouest, sortie chemin Sainte-Marie. Prenez à gauche et continuez jusqu'au chemin de l'Anse-à-l'Orme. Prenez à droite et poursuivez jusqu'au bout. À droite encore dans le chemin Senneville/ boulevard Gouin jusqu'à l'accueil du parc (après le premier stationnement).

SERVICES ET INSTALLATIONS:

stationnements (*$*), chalet d'accueil, toilettes, casse-croûte, aires de pique-nique, premiers soins, location (skis), rampe de mise à l'eau, carte des sentiers, dépliants, brochures, Vieux château, ferme écologique, cabane à sucre, base de plein air (groupes seulement), location de salles (maison Brunet).

AUTRES ACTIVITÉS:

plage et baignade, vélo (piste cyclable), pêche, activités animées, programmes d'interprétation de la nature, ski de fond, raquette, balades en carriole, visites de la ferme écologique.

APERÇU

Le parc-nature du Cap-Saint-Jacques se pointe dans la partie nord-ouest de l'île de Montréal et est entouré de Pierrefonds, de Senneville et de Sainte-Anne-de-Bellevue. D'une superficie de 288 ha, il est le plus vaste des parcs-nature et probablement celui qui a le plus à offrir aux randonneurs ainsi qu'aux amateurs d'activités de plein air.

L'eau est omniprésente dans le parc, celui-ci ayant la forme d'une immense presqu'île avançant dans le lac des Deux Montagnes et ceinturée de grèves naturelles. À l'est du parc, la rivière des Prairies commence son long cours. L'intérieur du parc comporte trois milieux terrestres (friches, champs et bois), où les divers sentiers permettent de se balader en toute tranquillité, loin du bruit, de la pollution et du rythme de vie effrénée du centre-ville de Montréal.

Avec sa superbe plage, sa ferme écologique, sa base de plein air, sa cabane à sucre, son Vieux château, ses maisons historiques, ses points de vue sur le lac des Deux Montagnes et son réseau de sentiers, le parc-nature du Cap-Saint-Jacques mérite d'être mieux connu des Montréalais et de tout adepte de grands espaces naturels.

PARCOURS

Le réseau compte deux sentiers de randonnée pédestre, pour un total de 8,7 km. En plus de ces sentiers, le chemin du Cap-Saint-Jacques et la voie de service offrent également des promenades ou de petits raccourcis.

Les sentiers et les routes parcourent une forêt mature (érablière à caryer, érablière argentée et érablière à hêtre), des zones de transition (bouleaux et peupliers) ainsi que des étendues où pousse une grande diversité de plantes aquatiques et riveraines.

Plus d'une centaine d'espèces ailées peuvent être observées dans le parc, dont des échassiers, des rapaces, des passereaux, de même que plusieurs autres types d'oiseaux aquatiques (grand héron, héron vert, grand chevalier, etc.). Canards branchus, grands-ducs et buses à queue rousse profitent également de ce vaste milieu naturel.

L'intérieur du parc comporte trois milieux terrestres (friches, champs et bois), où il est permis de se balader en toute tranquillité, loin du bruit, de la pollution et du rythme effréné du centre-ville de Montréal.

Le sentier **Le Lièvre** (boucle de 5,7 km) fait presque le tour complet du parc et permet d'atteindre l'ensemble des points d'intérêt. Cependant, il ne permet plus de se rendre à la plage.

Partant du chalet d'accueil et montant en direction nord, le sentier longe la rivière des Prairies et mène à la maison Richer. Plus loin, le sentier passe par une jolie clairière et débouche sur la **Ferme écologique** (☎ 514-280-6743), où il est possible de visiter gratuitement les animaux, les bâtiments, le jardin biologique ainsi que la serre.

À la Ferme écologique, la corporation D-Trois-Pierres offre à de jeunes adultes en difficulté un lieu et un encadrement propices à leur cheminement thérapeutique.

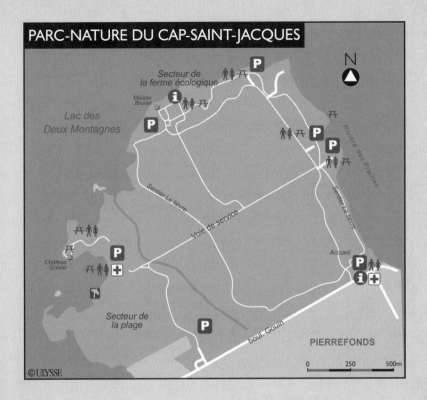

PARC-NATURE DU CAP-SAINT-JACQUES

Outre la visite de la ferme, il est possible de se procurer des produits ainsi que des cadeaux-souvenirs fabriqués sur place. On peut également y casser la croûte, y «bruncher» le dimanche ou se sucrer le bec à la cabane à sucre (de février à avril).

Tout près de la ferme se dresse la magnifique maison Brunet. Cette vaste demeure ancestrale fut construite en 1835. La **maison Brunet** peut être louée pour des réunions, des conférences ou des réceptions.

À l'ouest du parc, le **château Gohier**, érigé en 1916, abrite un casse-croûte. Près du château, la vue sur le lac des Deux Montagnes est des plus apaisantes. On se surprend à imaginer ce que devait être cette «vie de château» dans un décor si agréable!

Le **sentier d'interprétation** (boucle de 2,9 km), quant à lui, se trouve dans le secteur de la plage. Cette magnifique plage de sable fin (droits d'accès), blottie dans la **baie de la Pointe-Madeleine**, vaut à elle seule la visite du parc-nature du Cap-Saint-Jacques. Une vraie plage comme il y en a peu dans la région de Montréal. La baignade y est permise, et la qualité de l'eau, sévèrement contrôlée. Des sauveteurs qualifiés assurent la surveillance des lieux.

Au sud de la baie de la Pointe-Madeleine, un petit abri (**Havre aux tortues**) permet d'observer des tortues sans les importuner. Tout à côté, une passerelle de bois offre une jolie vue sur la plage et la petite île.

L'Arboretum Morgan et l'Écomuséum

⏱ jusqu'à 15 km, 2h à 4h
''' randonnée en forêt

INFORMATION

L'Écomuséum
adultes 10$, aînés 6$, enfants de 3 à 15 ans accompagnés 5$
tlj 9h à 17h
21125 ch. Ste-Marie
Ste-Anne-de-Bellevue
☎ 514-457-9449
www.ecomuseum.ca

ACCÈS

À quelques centaines de mètres à l'est de l'Arboretum (voir plus loin).

SERVICES ET INSTALLATIONS:

stationnement, pavillon d'accueil, boutique de souvenirs, aire de pique-nique.

AUTRES ACTIVITÉS:

programme éducatif, visites guidées.

INFORMATION

L'Arboretum Morgan
adultes 5$, enfants 2$, familles 12$
tlj 9h à 16h (en hiver, certaines fins de semaine sont réservées aux membres).
🚌 ❄
150 ch. des Pins
Ste-Anne-de-Bellevue
☎ 514-398-7811
www.morganarboretum.org

ACCÈS

🚌 Transports en commun:

l'autobus 210 mène à l'Arboretum et à l'Écomuséum, mais n'est en service que pendant les jours d'école, aux heures de pointe. Il est également possible de prendre l'autobus 211 (du métro Lionel-Groulx) jusqu'au campus Macdonald et de marcher jusqu'à l'Arboretum (1h).

🚗 Voitures:

autoroute 40, sortie 41; il faut suivre les indications vers le chemin Sainte-Marie. À l'arrêt, en haut de la côte, il faut prendre à gauche le chemin des Pins.

SERVICES ET INSTALLATIONS:

stationnement, chalet, toilettes, vente d'articles, carte des sentiers, dépliants, aires de pique-nique.

AUTRES ACTIVITÉS:

ski de fond, randonnées guidées, soirées-séminaires, vente d'arbres de Noël, etc.

APERÇU

Sur la pointe ouest de l'île de Montréal, à Sainte-Anne-de-Bellevue, se trouvent une forêt enchantée ainsi qu'une grande variété d'animaux sauvages. Situés sur les terrains du campus Macdonald de l'université McGill, l'Arboretum Morgan et l'Écomuséum sont relativement peu connus du public.

Pourtant, à quelques minutes du centre-ville, il est possible de marcher à travers un vaste réseau de sentiers tout en découvrant la richesse d'une flore et d'une faune des plus spectaculaires.

L'Arboretum Morgan a fêté, en 2005, ses 60 ans. Cédée en 1945 à l'université McGill par la famille Morgan, cette forêt de 245 ha est le plus grand arboretum (lieu planté d'arbres destiné à la culture expérimentale d'essences diverses) du Canada.

Au gré des balades, le visiteur découvrira quelques essences parmi les 150 que compte l'Arboretum. Bouleaux, tilleuls, érables, pins, sapins baumiers, etc., ainsi qu'une sélection exceptionnelle d'arbres et d'arbustes à fleurs qui se volent la vedette le long des parcours. Selon le moment de l'année, le visiteur pourra observer quelques-unes des 170 espèces d'oiseaux qui fréquentent l'Arboretum, dont 80 qui y nichent.

Mais, une visite à l'Arboretum ne serait pas complète sans un arrêt à l'Écomuséum, situé tout à côté. Cet établissement, géré par la Société d'histoire naturelle de la vallée du Saint-Laurent et ouvert au public depuis 1988, permet de voir et d'apprécier la faune et la flore de la vallée du Saint-Laurent. La société a récupéré cet ancien site d'enfouissement (11,3 ha) qui a servi, entre autres, lors de la construction de l'autoroute transcanadienne, au début des années 1960, et lors de la reconstruction des campus Macdonald et John Abbot.

Parmi les animaux les plus impressionnants, on trouve plusieurs oiseaux de proie, dont l'aigle royal, avec ses immenses griffes et son regard d'acier qui défie toute personne. On peut également observer d'autres rapaces tels que pyragues à tête blanche, faucons, buses, crécerelle, chouettes et hiboux. Plus loin, une vaste volière permet d'observer des canards, des oies, des hérons ainsi que d'autres oiseaux.

Le parcours nous fait découvrir, tour à tour, des loups, des renards roux, des lynx, des coyotes, des ours noirs, des caribous, des cerfs de Virginie, des porcs-épics, des ratons laveurs ainsi que l'élégante loutre.

À l'intérieur du pavillon d'accueil, de nombreux petits poissons, tortues et grenouilles attirent l'attention. Des biologistes ou des guides sont sur place afin de répondre aux questions des petits et des grands.

Parcours

Le réseau de sentiers de randonnée pédestre de l'Arboretum Morgan, dont une partie sert de sentiers de ski de fond en hiver, fait 15 km. Parmi les sentiers, on trouve le **Sentier écologique** (1 km), composé de 11 stations décrivant les relations entre les organismes vivants et leur habitat, ainsi que deux sentiers d'aménagement forestier (1 km et 2 km) qui nous renseignent sur les interventions en aménagement forestier et sur les différents écosystèmes liés à la

forêt. Pour ces sentiers, on peut obtenir gratuitement des dépliants explicatifs au bureau d'accueil.

Les autres sentiers, tous en boucle, mènent au coquet chalet en bois rond surnommé «chalet Pruche» et à la cabane à sucre. Cette cabane à sucre, toujours en exploitation (fin mars, début avril) est considérée comme la plus ancienne cabane à sucre de l'île de Montréal.

Comme le disait si bien Frédéric Back lors de l'Arbo-Expo 1995: *Un arboretum a bien des choses en commun avec une cathédrale. Il est l'œuvre de la foi, du temps et du talent de ceux qui le créent, l'embellissent et le préservent. Il sert à la réflexion, à la découverte, au réconfort de ceux et celles qui viennent s'y recueillir, s'y renouveler. On y communie à la beauté de la création, à une perfection qui nous dépasse. Chaque feuille est à la fois une œuvre d'art et un élément de la phénoménale chaîne de vie qui rejoint les racines dans les profondeurs du sol.*

Le Lieu historique national du Canal-de-Sainte-Anne-de-Bellevue

⏱ 2 km, 1h
••• randonnée à caractère historique, randonnée au fil de l'eau

Information

Lieu historique national du Canal-de-Sainte-Anne-de-Bellevue
tlj
🚉 ✳
170 rue Ste-Anne
☎514-457-5546 ou 888-773-8888
www.pc.gc.ca/canalsteanne

ACCÈS

🚌 Transports en commun:

métro Lionel-Groulx et autobus 211.

🚗 Voitures:

autoroute 20 Ouest, sortie Sainte-Anne-de-Bellevue.

SERVICES ET INSTALLATIONS:

stationnement, toilettes, aire de pique-nique, dépliants, panneaux d'interprétation historique.

APERÇU

Sainte-Anne-de-Bellevue se trouve à la pointe occidentale de l'île de Montréal, soit à 32 km de Pointe-aux-Trembles, située à l'extrémité est, et à environ 16 km du centre-ville de Montréal. Lieu paisible, Sainte-Anne-de-Bellevue est également reconnue pour ses boutiques et ses nombreux restaurants, avec pour la plupart d'agréables terrasses donnant sur l'eau.

Sainte-Anne-de-Bellevue doit son existence à l'écluse qui permet, de nos jours, aux embarcations de plaisance de passer du lac Saint-Louis au lac des Deux Montagnes. La première écluse y fut construite en 1816, dans le chenal de Vaudreuil, donnant ainsi accès à la rivière des Outaouais.

PARCOURS

Le réseau compte 2 km de sentiers de randonnée pédestre, incluant la promenade de Sainte-Anne-de-Bellevue. Le canal actuel fut inauguré en 1843 et était utilisé à des fins commerciales, notamment pour le transport du bois, jusqu'au début du XXe siècle.

L'écluse est bordée par une agréable promenade qui permet d'observer le fonctionnement des portes et le remplissage des bassins, dans lesquels se pressent les embarcations de plaisance.

Le parc Terra Cotta

⏱ jusqu'à 6 km 1h à 2h
''' randonnée en forêt

INFORMATION

Parc Terra Cotta
tlj du lever au coucher du soleil
🐾 ❄

Ville de Pointe-Claire
451 boul. Saint-Jean
☎ 514-630-1200
www.ville.pointe-claire.qc.ca

ACCÈS

L'entrée principale se trouve au 100 de l'avenue Terra Cotta.

🚌 Transports en commun:

métro Lionel-Groulx et autobus 211 jusqu'à la gare de Pointe-Claire, puis marchez 800 m.

🚗 Voitures:

autoroute 20 sortie 50 (Saint-Jean Nord) ou autoroute 40 sortie 52 (Saint-Jean Sud), empruntez le boulevard Saint-Jean jusqu'à l'avenue Douglas Shand. Tournez en direction est dans Douglas Shand, à droite dans Maywood Road, à gauche dans l'avenue Donegani et à gauche dans l'avenue Terra Cotta.

SERVICES ET INSTALLATIONS:

stationnement, dépliants.

AUTRES ACTIVITÉS:

terrains de sport (baseball, football, etc.), ski de fond.

APERÇU

Le parc Terra Cotta (45 ha) servit, durant une cinquantaine d'années, à fournir l'argile nécessaire à la fabrication de tuiles creuses de la compagnie... Terra Cotta. De nos jours, il forme un joli parc naturel doté d'un grand boisé dans lequel il fait bon se balader. Entouré des rues Saint-Louis, Coolbreeze,

Donegani et Maywood, il fait la joie des habitants de la région qui viennent y prendre un grand bol d'air à quelques minutes de la ville.

Parcours

Le réseau compte plusieurs sentiers de randonnée pour un total d'environ 6 km. Bien que la signalisation soit absente, il est relativement aisé d'effectuer une boucle d'environ 2,5 km en partant du stationnement principal. S'y trouve également une multitude de petits sentiers secondaires. Un cours d'eau et de petits ponts servent de balises facilement repérables.

Les sentiers parcourent la forêt ainsi que des champs abritant une quarantaine d'espèces d'arbres et d'arbustes. On y retrouve environ 15 espèces de mammifères, dont le renard, et l'on a recensé quelque 120 espèces d'oiseaux, dont 30 qui nichent dans le parc.

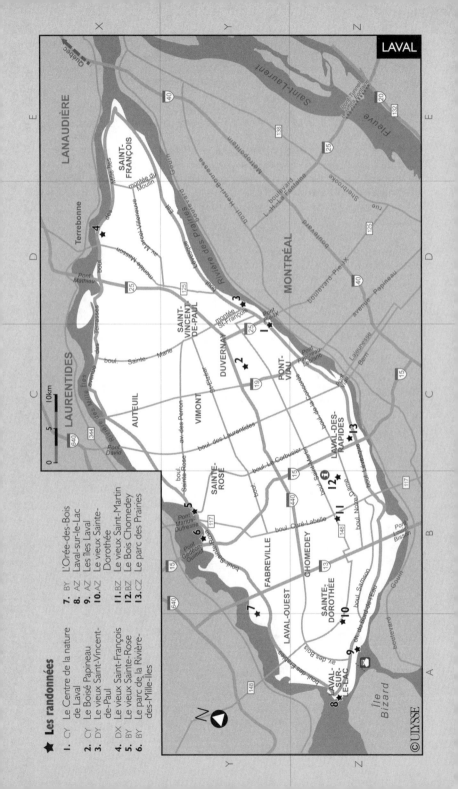

★ Les randonnées

1. CY Le Centre de la nature de Laval
2. CY Le Boisé Papineau
3. DY Le vieux Saint-Vincent-de-Paul
4. DX Le vieux Saint-François
5. BY Le vieux Sainte-Rose
6. BY Le parc de la Rivière-des-Mille-Îles

7. BY L'Orée-des-Bois
8. AZ Laval-sur-le-Lac
9. AZ Les Îles Laval
10. AZ Le vieux Sainte-Dorothée
11. BZ Le vieux Saint-Martin
12. BZ Le Bois Chomedey
13. CZ Le parc des Prairies

LAVAL

© ULYSSE

LAVAL

Laval, l'une des plus importantes villes du Québec, occupe une grande île au nord de Montréal, l'île Jésus, bordée par le lac des Deux Montagnes, la rivière des Prairies et la rivière des Mille Îles. D'abord concédée aux Jésuites en 1636, d'où son nom, l'île Jésus passe ensuite, en 1675, entre les mains de Mgr de Laval, évêque de Nouvelle-France, qui confiera bientôt la seigneurie au Séminaire de Québec (1680). Le Séminaire a de grands projets pour l'île, mais peu d'entre eux virent le jour. Il fonde malgré tout quelques villages sur son pourtour.

Les riches terres arables de l'île attirèrent très tôt des colons français qui, après avoir signé un traité de paix avec les Amérindiens, fondèrent, en 1702, Saint-François-de-Sales, premier village de l'île Jésus. Au fil des années, d'autres villages (Saint-Vincent, Sainte-Rose, Pont-Viau, etc.) apparurent le long de ses grèves.

En 1965, les 14 villages agricoles de l'île Jésus fusionnent pour devenir la Ville de Laval. Aujourd'hui, Laval compte plus de 370 000 âmes, et toujours pas de véritable centre-ville. Désormais grande banlieue résidentielle et industrielle, Laval, d'une superficie de 245 km², a su néanmoins préserver certaines richesses de son patrimoine architectural, ainsi que de grands espaces servant à l'agriculture ou aux activités de plein air.

Bien que Laval soit une ville de grands espaces, nous n'avions découvert, lors de la première édition de ce guide (printemps 1996), que quatre sites où la randonnée pédestre était à l'honneur.

Peu de temps après ce constat, la Ville de Laval décida de corriger ce «petit manque» en élaborant une série de sept brochures (gratuites) intitulées *Marcher et découvrir Laval*. Ces parcours permettaient de faire connaître les différents quartiers historiques, boisés et autres îles de la ville.

Puis, en 2002, la Ville de Laval laissa tomber les brochures au profit d'un guide (toujours intitulé *Marcher et découvrir Laval* et toujours gratuit) qui présente désormais pas moins de 33 parcours de marche aux quatre coins de l'île! Notez que l'accès à ces sites est gratuit. Le guide est offert dans un des **Bureaux municipaux de loisir** (BML), au nombre de six dans l'île.

Dans cette section présentant Laval, nous proposons 13 sites, soit 67,7 km à parcourir!

Information

Ville de Laval
☎ 450-978-8000
www.ville.laval.qc.ca

Le Centre de la nature de Laval

⏱ jusqu'à 5 km, 1h à 2h
⋯ randonnée au fil de l'eau

INFORMATION

Centre de la nature de Laval
tlj 7h à 2h. Les locaux sont ouverts entre 9h et 21h. La ferme et la serre sont accessibles entre 9h et 17h.
❊
901 av. du Parc
☎450-662-4942
www.ville.laval.qc.ca

ACCÈS

Le centre est blotti entre l'autoroute 25, le boulevard de la Concorde et le boulevard Saint-Martin.

🚌 Transports en commun:

métro Cartier, autobus 58.

🚗 Voitures:

pont Pie-IX (autoroute 25), sortie boulevard de la Concorde Ouest. Empruntez de la Concorde jusqu'à l'avenue du Parc et prenez à droite.

SERVICES ET INSTALLATIONS:

stationnements, chalet, restaurant, aires de pique-nique, toilettes, location d'embarcations (kayak, canot, tri-canot), premiers soins.

AUTRES ACTIVITÉS:

aires de jeux pour les tout-petits, sentier d'hébertisme, escalade, pétanque, palet américain, fers, volley-ball, activités nautiques (kayak, canot, tri-canot), activités de sciences naturelles, ateliers (musique, peinture, etc.), spectacles, balades en charette tirée par des chevaux, ski de fond, patin à glace, glissade.

APERÇU

Le Centre de la nature de Laval est situé tout près de Montréal (par le pont Pie-IX). Facilement accessible, ce parc de récréation et de détente est aménagé sur le site d'une ancienne carrière! Arbres, champs, jardins, lac et ruisseau ont redonné vie à cette terre ravagée, en composant, depuis une vingtaine d'années, un îlot naturel fort joli.

La petite histoire du Centre de la nature remonte au début du XXe siècle. Jusqu'en 1918, les fermes de MM. Deguire et Corbeil occupaient l'emplacement. En 1918, Benoit Bastien acheta les deux terres, afin d'y entreprendre l'exploitation d'une carrière produisant de la pierre à ciment. Au bout de quelques années, on arrêta les opérations, et le site resta ainsi jusqu'au début des années 1960. Deux petits lacs, alimentés par des sources, s'y formèrent tranquillement.

En 1960, les frères maristes achetèrent le terrain et firent construire le juvénat Saint-Joseph, aujourd'hui devenu la polyvalente Vanier. Puis le terrain est vendu à la Ville de Saint-Vincent-de-Paul, qui le divise entre un complexe sportif et un site d'enfouissement des déchets domestiques!

À la suite de la fusion de 14 municipalités, un projet est soumis au comité exécutif, afin de créer le Centre de la nature de Ville de Laval (1968). En 1970, le centre accueille ses premiers visiteurs. Au fil des ans, plusieurs aménagements (lacs, étangs, jardins, etc.) ont été effectués, de même que la construction de divers bâtiments (étable, serre, etc.), afin de rendre le lieu de plus en plus magnifique.

Désormais reconnu comme un exemple exceptionnel de nouvelle affectation d'une carrière, le Centre de la nature de Laval accueille annuellement plus d'un million de visiteurs!

PARCOURS

Le réseau de sentiers fait environ 5 km. Il s'agit plutôt d'une multitude de petits sentiers que l'on parcourt au gré des découvertes. Comme il y a plusieurs attraits majeurs et bien structurés, les découvertes sont nombreuses.

Le site a été complètement reboisé. On y trouve une multitude d'arbustes, d'arbres, de champs et de jardins. Un fort joli petit lac, des étangs et un ruisseau procurent un sentiment de fraîcheur par les chaudes journées d'été.

De nombreux jardins aménagés invitent à la détente, tout en faisant découvrir une flore exceptionnelle. Le jardin de la détente, avec ses 25 plates-bandes de fleurs annuelles, ses bancs et ses aires de pique-nique, porte bien son nom. Le jardin des fleurs annuelles, quant à lui, compte 35 plates-bandes et plus de 40 000 plants.

Le jardin des arbustes ornementaux, aménagé en 1986, permet d'observer 750 spécimens de 100 espèces d'arbres et d'arbustes. Le jardin des plantes vivaces, regroupant 70 variétés et plus de 5 000 plants, est sans aucun doute le plus séduisant de tous. Rocaille, passerelle de bois, étang, canards et cygnes font de ce jardin une halte obligatoire.

Le jardin Laurent-Brisson regroupe plus de 10 000 plantes indigènes du Québec (130 variétés), cueillies par des membres de la Société d'horticulture et d'écologie de Laval dans des lieux voués à la construction.

Le centre, qui compte désormais plus de 2 500 arbres, n'utilise plus de produits chimiques, les produits biologiques, le fumier et le compost ayant pris la relève. D'ailleurs, un site de démonstration de compostage, situé près de la serre, permet au visiteur d'en apprendre davantage sur le compostage des déchets domestiques.

La serre de plantes tropicales permet de s'initier au merveilleux monde des végétaux. On y retrouve un bassin d'eau, avec des poissons, ainsi que des bancs et un petit pont. Entourés de bananiers, de figuiers, de palmiers et d'autres plantes tropicales, les petits oiseaux semblent au paradis.

Tout près de la serre se trouve la ferme. On peut y admirer cheval, vache, chèvre, cochon, canard, caille, perdrix, pintade, paon, buse à queue rousse, etc., en toute saison. En liberté sur le territoire du centre, des marmottes, des rats musqués, des perdrix grises, des lièvres, etc., peuvent être aperçus. Près de l'étable, un enclos permet d'observer plusieurs magnifiques cerfs de Virginie.

Pour les randonneurs avides de géologie, 12 arrêts expliquant des étapes de l'histoire géologique du Canada sont proposés. Afin de rendre cette promenade géologique des plus fructueuses, le randonneur aura pris soin de se procurer le petit dépliant d'accompagnement (gratuit).

Le Centre de la nature permet aussi aux astronomes amateurs, ou à ceux qui aspirent à le devenir, d'utiliser le télescope de 30,5 cm d'ouverture afin d'observer la voûte céleste et d'en connaître davantage sur l'astronomie. Différents clubs fréquentent le centre, et il est possible de participer à une séance d'initiation.

Le Boisé Papineau

⏱ jusqu'à 7 km, 1h à 2h
••• randonnée en forêt

INFORMATION

Bureau municipal de loisirs 1
tlj du lever au coucher du soleil
4010 boul. St-Martin E.
☎ 450-662-4901

ACCÈS

L'entrée principale du Boisé Papineau se trouve derrière le Pavillon du Bois Papineau (abritant plusieurs organismes), au 3235 du boulevard Saint-Martin Est (Duvernay), juste à côté du poste de police.

🚌 Transports en commun:

métro Montmorency, autobus 50.

🚗 Voitures:

autoroute 19 (pont Papineau), sortie Saint-Martin Est, ou autoroute 25, sortie Saint-Martin Ouest. Par l'autoroute 440, il faut emprunter la route 19.

SERVICES ET INSTALLATIONS:

stationnement, toilettes, eau, tables de pique-nique, dépliants avec carte.

AUTRES ACTIVITÉS:

ski de fond, raquette, interprétation de la nature.

APERÇU

Petit boisé sympathique où il fait bon se balader au rythme des saisons, le Boisé Papineau (100 ha) est un espace naturel qui est dédié à la conservation ainsi qu'à des activités d'éducation, de sensibilisation à la nature et de plein air. C'est également un refuge où un grand nombre de plantes survivent, à l'abri des villes et des développements domiciliaires.

Situé à quelques pas du Centre de la nature (environ 20 min à pied), sur le boulevard Saint-Martin, le Boisé Papineau est ce «poumon naturel» coincé entre les autoroutes 440, 19 et 25. Il est donc presque impossible de s'y égarer, le bruit des voitures nous rappelant sans cesse que nous sommes tout de même au cœur d'une des plus grandes villes du Québec.

PARCOURS

Le réseau de sentiers (environ 7 km) est en partie aménagé. Le secteur qui se trouve au sud de la voie ferrée compte quelques sentiers, dont ceux du **Hêtre**, de la **Fougère** et du **Tilleul**. Ces sentiers sont très bien aménagés et balisés. On y trouve aussi quelques panneaux d'interprétation (flore, histoire, etc.) mis en place par l'Association pour la conservation du Boisé Papineau (ACBP).

Du côté nord de la voie ferrée, une multitude de petits sentiers s'entrecoupent. Mais, comme le boisé est entouré de routes, le randonneur n'a rien à craindre des parcours. Il n'a qu'à suivre son instinct pour se promener à sa guise. Le Boisé Papineau pourrait d'ailleurs être un lieu idéal pour apprendre à manier la boussole. La forêt n'est pas trop dense, et le sol se révèle peu accidenté.

De superbes érables, aux riches coloris l'automne venu, ainsi qu'une multitude de plantes composent le paysage. Le randonneur pourra même constater que certains «sculpteurs en herbe» ont pris soin de graver de précieuses lettres sur le tronc de plusieurs arbres! Ces petits mots, apparemment inoffensifs, peuvent entraîner de sérieuses blessures aux arbres, qui leur sont parfois fatales. C'est le cas, notamment, pour les magnifiques hêtres qui se dressent au sud-ouest du boisé, près des panneaux d'interprétation. Le Boisé Papineau abrite d'ailleurs une superbe hêtraie bicentenaire comportant de vénérables spécimens et près de 90 espèces d'arbres et d'arbustes de même que 220 espèces de plantes.

Le Club d'ornithologie de Laval, qui entretient plusieurs mangeoires, y a recensé à ce jour quelque 130 espèces d'oiseaux. On raconte aussi que le boisé serait fréquenté par une vingtaine d'espèces de mammifères.

Au hasard de la promenade, le randonneur traversera un superbe champ de quenouilles. Les petits ruisseaux Pariseau et Pinière sillonnent le boisé.

Le vieux Saint-Vincent-de-Paul

⏱ 6 km, 2h
••• randonnée à caractère historique, randonnée urbaine

INFORMATION

Il faut se procurer le guide *Marcher et découvrir Laval* (l'unité communautaire Saint-Vincent-de-Paul).

Bureau municipal de loisirs 1
tlj
🐎 ❄
4010 boul. St-Martin E.
☎ 450-662-4901

ACCÈS

🚌 Transports en commun:

métro Montmorency, autobus 50, ou métro Cartier, autobus 58.

🚗 Voitures:

de l'autoroute 25 (pont Pie-IX en provenance de Montréal), empruntez la sortie du boulevard Lévesque et suivez ce dernier vers l'est jusqu'à l'église.

SERVICES ET INSTALLATIONS:

stationnement, restauration, brochures.

APERÇU

Fondée en 1740, la paroisse de Saint-Vincent-de-Paul longe la rivière des Prairies sur près de 5 km. L'église actuelle, qui date de 1855, a fière allure avec ses deux clochers. Du parvis, la vue s'étend sur la rivière avec, de l'autre côté, le Sault-au-Récollet (aujourd'hui Ahuntsic et Montréal-Nord). À l'époque, une traverse reliait ces deux villages.

Avec ses vieilles demeures et ses étroites petites rues, Saint-Vincent-de-Paul a su préserver un air d'antan. Le quartier est également connu grâce à son pénitencier, qui accueillit des prisonniers de 1873 à 1988.

De son côté, le Colisée de Laval, où jouait l'équipe de la Ligue de hockey junior majeur du Québec, le Titan de Laval, s'est rendu célèbre grâce aux exploits sportifs de deux de ses joueurs; Mike Bossy et Mario Lemieux.

PARCOURS

Le parcours historique de Saint-Vincent-de-Paul est composé de trois boucles pour un total de 6 km.

Partant de l'église, ce parcours vous mènera au bord de la rivière des Prairies, puis dans le vieux quartier, pour se terminer près de l'ancien pénitencier.

Le vieux Saint-François

⏱ 5,8 km, 2h
••• randonnée à caractère historique, randonnée urbaine

INFORMATION

Il faut se procurer le guide *Marcher et découvrir Laval* (l'unité communautaire Saint-François).

Bureau municipal de loisirs satellite 1
tlj
🐎 ❄
1245 montée du Moulin
☎ 450-662-8422

ACCÈS

🚌 Transports en commun:

terminus Henri-Bourassa, autobus 52 de la Société de transport de Laval (STL).

🚗 Voitures:

de l'autoroute 25, empruntez la sortie du boulevard des Mille-Îles et suivez ce dernier vers l'est jusqu'à l'église Saint-François-de-Sales.

SERVICES ET INSTALLATIONS:

stationnement, restauration, brochures.

APERÇU

C'est à Saint-François que l'on savoure le plus la campagne à Laval. Blotti à l'extrême nord-est de l'île, ce quartier a su conserver de grands champs qui donnent un sentiment d'espace fort agréable.

Fondée en 1702, ce qui en fait la doyenne des paroisses de l'île Jésus, Saint-François-de-Sales s'étire en bordure de la rivière des Mille Îles, tout juste en face de Terrebonne. D'ailleurs, il suffit d'emprunter le vieux pont de Terrebonne, étroit à en faire peur, pour entreprendre instantanément un voyage dans le temps.

PARCOURS

Le parcours historique de Saint-François-de-Sales est divisé en deux sections, Ouest et Est, pour un total de 5,8 km.

Partant de l'église, la **section Ouest** (3,3 km) vous mènera au bord de la rivière des Mille Îles, dans le vieux quartier situé de part et d'autre du petit pont de Terrebonne. Le long du boulevard des Mille-Îles, vous pourrez admirer de superbes résidences, dont plusieurs sont centenaires.

De retour à l'église Saint-François, érigée entre 1847 et 1851, la **section Est** (2,5 km) vous fera apprécier d'autres exemples de demeures anciennes, dont certaines de type «habitation d'inspiration française» (autour du XVIIIᵉ siècle).

Le vieux Sainte-Rose

⏱ 7,4 km, 2h30
⋯ randonnée à caractère historique, randonnée urbaine

INFORMATION

Il faut se procurer le guide *Marcher et découvrir Laval* (l'unité communautaire Sainte-Rose).

Bureau municipal de loisirs 5
tlj
🐄 ❄
2975 boul. Dagenais O.
☎ 450-978-8905

ACCÈS

🚌 Transports en commun:

métro Cartier, autobus 73. Ou train de banlieue Montréal/Blainville-Saint-Jérôme, station Saint-Rose.

🚗 Voitures:

de l'autoroute 15, empruntez la sortie du boulevard Sainte-Rose et suivez ce dernier vers l'est jusqu'à l'église Sainte-Rose-de-Lima. Un stationnement municipal se trouve en face de l'église.

SERVICES ET INSTALLATIONS:

stationnement, restauration, aires de pique-nique, brochures.

APERÇU

Avec ses airs de petit village québécois, composé, entre autres, d'une magnifique église en face de laquelle se dresse une petite école primaire (l'école Latour), le vieux Sainte-Rose nous permet de réaliser un agréable voyage dans le passé. Fondée en 1740, la paroisse Sainte-Rose-de-Lima longe la rivière des Mille Îles, s'étirant surtout à l'est du boulevard Curé-Labelle (route 117).

C'est à partir des années 1930 que Sainte-Rose acquit un statut de lieu de villégiature. Un club nautique faisait d'ailleurs découvrir les joies de la navigation de plaisance sur la rivière des Mille Îles. On venait aussi en grand nombre se baigner dans la rivière et se faire voir sur une des plages de la région (Sainte-Rose, Beaulieu, Venise et Jacques-Cartier), dont la célèbre Plage Idéale (Auteuil), qui attirait même les Montréalais.

Sainte-Rose comptait alors un grand nombre de résidences secondaires, appelées «chalets» ou «maisons de plaisance», dont la grande majorité furent reconverties en résidences permanentes à partir des années 1950.

Très appréciée des artistes en tous genres et particulièrement des peintres, Sainte-Rose-de-Lima accueillit en ses murs les illustres peintres Marc-Aurèle Fortin et Clarence Gagnon.

PARCOURS

Le parcours historique du vieux Sainte-Rose fait 7,4 km.

Partant de la très belle église, la troisième de la paroisse, érigée entre 1850 et 1856 et comportant une statue à son faîte, le parcours mène près de la rivière des Mille Îles à un endroit autrefois désigné la Berge des baigneurs. C'est dans ce secteur que se trouvaient les belles plages de Sainte-Rose.

Sainte-Rose compte plusieurs maisons historiques, pour la plupart construites de part et d'autre de la rue des Patriotes et du boulevard Sainte-Rose. Du côté ouest du boulevard Labelle, d'autres résidences ancestrales sont toujours debout. Tout près se trouve le splendide parc de la Rivière-des-Mille-Îles (voir ci-dessous).

Le parc de la Rivière-des-Mille-Îles

⏱ jusqu'à 8 km, 1h à 3h
››› randonnée au fil de l'eau

INFORMATION

Parc de la Rivière-des-Mille-Îles
tlj 9h à 22h (au printemps et en automne, il y a certaines périodes sans activités).
🚌 ❄

345 boul. Ste-Rose
☎ 450-622-1020
www.parc-mille-iles.qc.ca

ACCÈS

Le parc est situé entre l'autoroute 15 et la route 117.

🚌 Transports en commun:

métro Cartier, autobus 73.

🚗 Voitures:

autoroute 15, sortie 16. Boulevard Sainte-Rose Est, juste avant le boulevard Curé-Labelle. Le parc se trouve à 1 km à l'est de la sortie de l'autoroute.

SERVICES ET INSTALLATIONS:

stationnement, centre d'interprétation, casse-croûte, toilettes, aires de pique-nique, aire de jeux, cartes et dépliants, location d'embarcations (canot, kayak, pédalo, rabaska), rampe de mise à l'eau, programmes scolaires. En hiver, il y a un autre accès, derrière l'église de Sainte-Rose (par la rue Hotte).

AUTRES ACTIVITÉS:

randonnées guidées, canot, kayak, pédalo, rabaska, croisières, volley-ball, pétanque, ski de fond, glissade, patin à glace, luge scandinave.

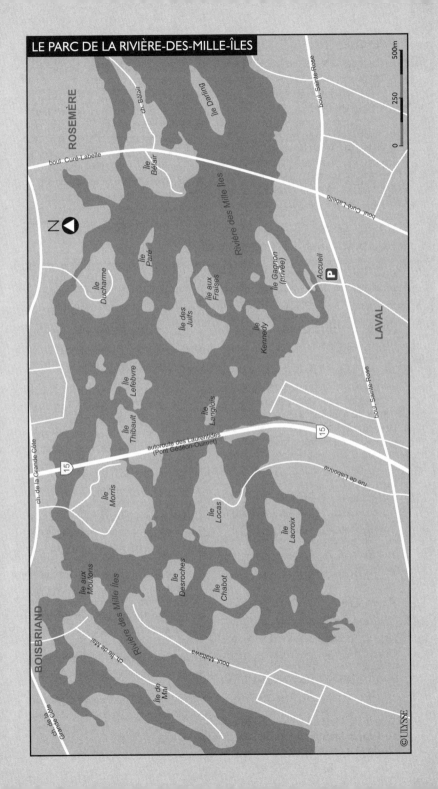

LE PARC DE LA RIVIÈRE-DES-MILLE-ÎLES

Aperçu

La rivière des Mille Îles, après avoir été long-temps boudée, est redevenue une rivière où toute la famille prend plaisir à vivre une journée au grand air.

Bien sûr, on ne peut pas se baigner dans la rivière, comme au temps des plages de Sainte-Rose, mais on peut aujourd'hui la parcourir en tous sens et s'amuser folle-ment tout en découvrant des habitats, une faune et une flore des plus riches.

La rivière des Mille Îles coule de Saint-Eustache à Lachenaie, sur près de 40 km. Sa largeur varie entre 300 m et 1,3 km. On y trouve près d'une centaine d'îles. La rivière est peu profonde. Le niveau d'eau atteint, au plus, 2 m ou 3 m dans les secteurs d'eau calme et moins de 1 m dans les rapides. À certains endroits, il est même possible de franchir la rivière à gué.

Avec toutes ces îles et cette eau calme, les gens n'ont aucune crainte de s'y aventurer, ce qui en fait un terrain de jeu exceptionnel. Comme les naturalistes du parc le disent si bien, *«la rivière des Mille Îles est juste assez grande pour se perdre, mais pas assez grande pour ne pas se retrouver»*!

Avec ses 50 espèces de poissons, 28 espèces de reptiles et d'amphibiens, 200 espèces d'oiseaux et 46 espèces de mammifères, la grande région de la rivière des Mille Îles, avec en plus ses nombreux marais et marécages, offre beaucoup aux pas-sionnés de la nature.

Parcours

La rivière des Mille Îles est divisée en quatre secteurs: les lacs, l'archipel de Sainte-Rose, les rapides et le corridor navigable. Du point de vue des découvertes et de l'accessibilité, les deux premiers secteurs sont nettement avantagés.

Le secteur des lacs, qui s'étend des **rapides du Grand-Moulin** (Saint-Eustache) à l'**île de Mai**, est navigable et présente des grèves ensablées. C'est dans ce secteur que l'on prévoit offrir, dans quelques années, la baignade ainsi que d'autres activités nau-tiques.

Le deuxième secteur, celui de l'**archipel de Sainte-Rose**, est le plus intéressant et le mieux préservé. On y trouve une tren-taine d'îles ainsi que le merveilleux parc de la Rivière-des-Mille-Îles. Celui-ci a vu le jour en 1987, grâce au travail des membres de la Corporation Éco-Nature de Laval. Sa voca-tion consiste à favoriser l'éveil aux valeurs de l'environnement ainsi que les loisirs de plein air.

Les naturalistes du parc ont imaginé trois superbes parcours aquatiques et un par-cours historique emballant (demandez les brochures à l'accueil). De plus, le parc a presque doublé sa superficie, grâce à l'ajout du **parc Charbonneau**, à Rosemère (rive nord), où trois autres parcours aquatiques sont proposés (on y loue aussi des embar-cations).

Le pourtour des îles du parc se parcourt sur-tout en canot ou en kayak, mais également à pied (cependant, il faut une embarcation pour se rendre sur les îles). Près de 8 km de sentiers de randonnée pédestre permettent de se familiariser avec la faune et la flore typiques des marécages et des marais. À noter que le parc offre également des ran-données guidées portant sur le patrimoine naturel et l'histoire de l'environnement insulaire.

Parmi les parcours, ceux de la **Tortue** et du **Héron** (en canot ou en kayak) permet-tent de se rendre à l'**île des Juifs**, où un sentier pédestre de 2 km en fait le tour. Sur l'**île aux Fraises**, située juste à côté, on retrouve également un sentier pédestre (1 km). Tout au long du parcours du Héron, 10 points d'observation numérotés permet-tent d'en apprendre davantage sur la vie de ce chapelet d'îles. En ouvrant grand les yeux, le visiteur aura peut-être la chance d'aper-cevoir un rat musqué, un castor ou même un vison d'Amérique!

En hiver, le parc offre 7 km de sentiers pour la marche. Ces sentiers sont partagés par les usagers (marche, raquette, luge et ski au pas de patin) et se trouvent sur la rivière des Mille Îles.

L'Orée-des-Bois

⏱ 1,5 km, 1h
··· randonnée en forêt

INFORMATION

Bureau municipal de loisirs 4
tlj du lever au coucher du soleil
6500 boul. Arthur-Sauvé
❄
☎ 450-978-8904

ACCÈS

L'Orée-des-Bois débute à côté de l'école primaire, au bout de la 37e Avenue, à Fabreville.

🚌 Transports en commun:

métro Montmorency, autobus 903. Descendez à l'angle du boulevard Sainte-Rose et de la 35e Avenue.

🚗 Voitures:

autoroute 13, sortie 17. Empruntez le boulevard Sainte-Rose Ouest et tournez à droite dans la 43e Avenue. Tournez à gauche dans la rue Séguin, puis à droite dans la 37e Avenue, et roulez jusqu'au petit stationnement aménagé près de la rivière.

SERVICES ET INSTALLATIONS:

stationnement, aire de pique-nique.

APERÇU

L'Orée-des-Bois est le nom d'un sentier écologique situé dans un joli boisé qui se pointe en bordure de la rivière des Mille Îles, dans le quartier de Fabreville.

Fort bien aménagé par la Ville de Laval et l'école primaire, voisine du boisé, L'Orée-des-

Bois charme par son intense couvert forestier et sa fenêtre ouverte sur la rivière.

PARCOURS

L'Orée-des-Bois compte trois sentiers pour un total de 1,5 km. En empruntant les sentiers de l'**Érable**, de la **Fougère** et du **Frêne**, il est facile de former une jolie boucle qui fait le tour complet du boisé.

Les sentiers, bien aménagés, sont recouverts de poussière de roche. On y trouve une passerelle en bois ainsi que deux petits trottoirs de bois, près de la rivière des Mille Îles. Dans une baie, il est fréquent d'observer des hérons et des canards.

Le couvert forestier est riche et partout présent. Il abrite, entre autres, une érablière et une frênaie. Essence rare au Québec, le micocoulier occidental a été implanté dans le boisé.

Laval-sur-le-Lac

⏱ 4,5 km, 1h30
··· randonnée au fil de l'eau

INFORMATION

Il faut se procurer le guide *Marcher et découvrir Laval* (l'unité communautaire Laval/Les Îles).

Bureau municipal de loisirs 4
tlj
6500 boul. Arthur-Sauvé
🐎 ❄
☎ 450-978-8904

ACCÈS

🚌 Transports en commun:

métro Montmorency, autobus 76. Descendez à l'angle de la rue des Érables et de l'avenue des Pins. Ou train de banlieue Montréal/Deux-Montagnes, station Sainte-Dorothée.

Voitures:

de l'autoroute 13, empruntez la sortie du boulevard Sainte-Rose Ouest et suivez ce dernier vers l'ouest jusqu'au bout, où il devient le boulevard des Érables. Le stationnement se trouve derrière le club de curling (10 avenue des Pins).

SERVICES ET INSTALLATIONS:

stationnement, brochures.

APERÇU

Site naturel d'une grande beauté, Laval-sur-le-Lac occupe la pointe sud-ouest de l'île Jésus. Donnant sur le lac des Deux Montagnes, d'où son nom, Laval-sur-le-Lac se pointe à l'embouchure des rivières des Mille Îles et des Prairies. Au sud surgit l'île Bizard, que l'on peut parcourir après avoir pris le traversier.

Fondé seulement en 1941, cet ancien village faisait partie de Sainte-Dorothée. Il fut abondamment fréquenté par les gens de bonne fortune depuis le début du XXe siècle.

Réputé pour ses imposantes demeures construites au bord de l'eau, dont certaines aux allures de petits châteaux, et son superbe parcours de golf, Laval-sur-le-Lac abrita même une plage que l'on qualifiait de splendide.

PARCOURS

Le parcours de Laval-sur-le-Lac fait 4,5 km. Outre les belles rues parsemées de somptueuses résidences, le parcours vous fera découvrir la petite île Roussin et passer près du prestigieux golf de Laval-sur-le-Lac.

Les îles Laval

⏱ jusqu'à 8,9 km, 1h à 3h
••• randonnée au fil de l'eau

INFORMATION

Il faut se procurer le guide *Marcher et découvrir Laval* (l'unité communautaire Laval/Les Îles).

Bureaux municipaux de loisirs 3 et 4
tlj
🐾 ❅
435 boul. Curé-Labelle
☎ 450-978-8903
6500 boul. Arthur-Sauvé
☎ 450-978-8904

ACCÈS

Transports en commun:

métro Cartier, autobus 20 pour l'île Paton. Métro Montmorency, autobus 26 pour les îles Laval (descendez au boul. Jolibourg). Train de banlieue Montréal/Deux-Montagnes, station île Bigras.

Voitures:

pour accéder à l'île Paton, il faut emprunter la sortie du boulevard Samson de l'autoroute 13, poursuivre vers l'est et tourner à droite dans la promenade des Îles. Les îles Laval sont accessibles en empruntant le chemin Dupont, par le chemin du Bord-de-l'Eau.

SERVICES ET INSTALLATIONS:

stationnement, brochures.

APERÇU

Laval compte plusieurs îles dont certaines habitées depuis fort longtemps. C'est notamment le cas de l'**île Paton**, située près de l'autoroute 13 et acquise par Hugh Paton en 1871. Ce dernier habita l'île durant plusieurs années, y faisant même construire un pont en 1886.

Situées près de Laval-sur-le-Lac et de l'île Bizard, les îles Laval, composées des îles Bigras, Pariseau et Verte, furent habitées à partir des années 1940. Parcourues par le train de banlieue Montréal/Deux-Montagnes, ces îles demeurent peu connues du public.

PARCOURS

Le parcours de l'**île Paton** fait 2,5 km. En plus de vous faire découvrir cette île, cette randonnée vous mène à l'île du Tremblay, où se dressent de grands immeubles résidentiels du Havre-des-Îles.

Le parcours des **îles Laval** fait au total 6,4 km. Débutant par le tour de l'île Bigras (3 km), cet itinéraire vous fera aussi visiter l'île Verte (2,5 km) ainsi que l'île Pariseau (0,9 km).

Le vieux Sainte-Dorothée

⏱ 4,1 km, 1h30
''' randonnée à caractère historique, randonnée urbaine

INFORMATION

Il faut se procurer le guide *Marcher et découvrir Laval* (l'unité communautaire Sainte-Dorothée).

Bureau municipal de loisirs 4
tlj
🚌 ❄
6500 boul. Arthur-Sauvé
☎ 450-978-8904

ACCÈS

🚌 Transports en commun:

métro Montmorency, autobus 26.

🚗 Voitures:

autoroute 13, sortie boulevard Saint-Martin Ouest, puis rue Principale. Stationnement sur le côté ouest de l'église.

SERVICES ET INSTALLATIONS:

stationnement, restauration, brochures.

APERÇU

À Sainte-Dorothée, plus qu'ailleurs à Laval, les champs volent la vedette. Ce charmant côté campagnard ne fait pas uniquement référence au passé, car il est bien présent, comme en témoignent les nombreuses serres vouées à la production de fleurs annuelles. D'ailleurs, Sainte-Dorothée s'enorgueillit d'abriter «la plus grande concentration de productions florales en serre au Québec».

Le vieux Sainte-Dorothée, quant à lui, se révèle charmant avec sa Place publique, où les gens viennent discuter ou simplement se reposer. Fondée en 1869, Sainte-Dorothée devint la cinquième paroisse de l'île Jésus.

PARCOURS

Le parcours historique de Sainte-Dorothée fait 4,1 km.

Partant de l'église de Sainte-Dorothée *(655 rue Principale)*, la randonnée permet d'effectuer le tour de la **Place publique** et d'observer de jolies résidences anciennes, construites le long de la rue Principale, de part et d'autre de l'église. On y remarque aussi deux croix érigées dans le même secteur.

Le vieux Saint-Martin

⏱ 3,5 km, 1h
''' randonnée à caractère historique, randonnée urbaine

INFORMATION

Il faut se procurer le guide *Marcher et découvrir Laval* (l'unité communautaire Chomedey-Nord).

Bureau municipal de loisirs 3
tlj
🚇 ❄
435 boul. Curé-Labelle
☎ 450-978-8903

ACCÈS

🚌 Transports en commun:

métro Montmorency, autobus 46.

🚗 Voitures:

autoroute 15, sortie Saint-Martin Ouest, ou autoroute 13, sortie Saint-Martin Est.

SERVICES ET INSTALLATIONS:

stationnement, restauration, brochures.

APERÇU

Datant de 1774, le vieux Saint-Martin a été aménagé à l'ouest du boulevard Curé-Labelle, entre le boulevard Saint-Martin et le chemin du Souvenir. Jusqu'aux années 1930, la rue principale portait le nom de la montée de L'Abord-à-Plouffe. Mais avec la construction du boulevard Curé-Labelle en 1933, les principaux commerçants adoptent cette artère. La montée de L'Abord-à-Plouffe porte désormais le nom de rue Robinson.

Saint-Martin vit, en mai 1836, une assemblée de Patriotes. L'année suivante, les troupes anglaises y font halte avant de se rendre à Saint-Eustache. L'histoire retient aussi la date du 22 avril 1868, alors qu'un gigantesque incendie, allumé accidentellement par un enfant, ravage une partie du village ainsi que de nombreux bâtiments de ferme.

PARCOURS

Le parcours historique de Saint-Martin fait 3,5 km. Partant de l'église de Saint-Martin *(4080 boul. St-Martin Ouest)*, la randonnée permet d'effectuer le tour du **vieux village**. Quelques demeures anciennes sont toujours debout, bien que la plupart aient été rénovées avec peu de goût. Tout comme à Sainte-Dorothée, Saint-Martin disposait d'une Place publique (près de l'église), très prisée des villageois.

Le Bois Chomedey

⏱ 2 km, 1h
''' randonnée en forêt

INFORMATION

Bureau municipal de loisirs 3
tlj du lever au coucher du soleil
❄
435 boul. Curé-Labelle
☎ 450-978-8903

ACCÈS

Le Bois Chomedey se trouve à l'ouest de l'autoroute des Laurentides, et entre les boulevards Chomedey et du Souvenir et la 5e Rue. L'entrée principale est située à l'angle du boulevard Daniel-Johnson et de la 8e Rue.

🚌 Transports en commun:

métro Cartier, autobus 24. Descendez à l'angle du boulevard Cartier Ouest et du boulevard Daniel-Johnson.

🚗 Voitures:

autoroute des Laurentides, sortie boulevard Cartier Ouest, jusqu'au boulevard Daniel-Johnson. Prenez à droite le boulevard Daniel-Johnson; le bois est tout au fond.

SERVICES ET INSTALLATIONS:

dépliants, tables de pique-nique, bancs.

Autres activités:

ski de fond.

Aperçu

Le Bois Chomedey, situé dans le quartier Chomedey, près de l'autoroute des Laurentides (15), couvre une superficie de 23 ha. Peu connu de la population en général, et même de plusieurs résidants habitant tout près, le Bois Chomedey est considéré comme un îlot de verdure, situé au cœur même de la Ville de Laval, qu'il faut à tout prix protéger.

Le Bois Chomedey abrite une vingtaine d'essences (érable à sucre, frêne de Pennsylvanie, bouleau gris, chêne rouge, ostryer de Virginie, caryer cordiforme, peuplier, noyer cendré, hêtre, tilleul d'Amérique, cerisier de Pennsylvanie, etc.), en plus d'une colonie très rare d'érables noirs. Le peuplement d'érables noirs est situé au sud-ouest du bois.

Fait assez inusité au Québec, les érables noirs se retrouvent ici en grand nombre. On les reconnaît par leur écorce foncée, qui devient presque noire en vieillissant. L'âge moyen des érables noirs du Bois Chomedey est de 100 ans.

Parcours

Le Bois Chomedey est divisé en quatre zones (hautes technologies, publiques, résidentielles et d'aménagement différé). Le **Parc scientifique et de haute technologie** occupe la partie est du bois. Une nouvelle section de la rue Armand-Frappier sépare ainsi le bois jusqu'au boulevard du Souvenir.

Plusieurs sentiers, recouverts de pierres concassées ou de terre, parcourent le Bois Chomedey. Le nombre de kilomètres n'est pas encore défini (environ 2 km), mais il est possible d'y marcher pendant au moins une bonne heure. La signalisation semble faire défaut par endroits. Par contre, il est facile de s'y retrouver, le bois étant entouré de rues.

Il est possible d'accomplir une agréable boucle en empruntant le sentier de l'**Érable** puis celui du **Frêne**. Le sentier de la **Fougère**, quant à lui, concède un raccourci entre les deux sentiers.

Le parc des Prairies

⏱ jusqu'à 4 km, 1h à 2h
››› randonnée en forêt

Information

Bureau municipal de loisirs 2
tlj de 7h à 22h
🚗 ❄
62 rue St-Florent
☎ 450-662-4902

Accès

🚌 Transports en commun:

métro Cartier, autobus 20. Descendez à l'angle du boulevard des Prairies et de l'avenue du Crochet.

🚙 Voitures:

le parc est situé le long du boulevard des Prairies, entre l'autoroute des Laurentides (15) et le boulevard des Laurentides. Stationnement dans le parc Gagné, à l'angle de l'avenue du Crochet.

Services et installations:

stationnement, aires de pique-nique, aires de jeux, rampe de mise à l'eau (parc Gagné).

Autres activités:

vélo, raquette, glissade, ski de fond, patin à glace.

Aperçu

Presque en constant aménagement, le parc des Prairies (30 ha), blotti dans le quartier de Laval-des-Rapides, se présente comme une aire de promenade où il fait bon profiter de la «nature en ville».

En 1989, la Ville de Laval s'est portée acquéreur de ce vaste terrain, qui appartenait alors à une communauté religieuse, afin de le convertir en un agréable parc doté d'un boisé et d'un étang.

Parcours

Le réseau du parc compte plusieurs courts sentiers pour un total de 4 km. Le parcours dénommé «**Sentier écologique**» comporte 32 bornes d'interprétation portant sur l'écologie. Vous pouvez d'ailleurs participer à un jeu-questionnaire en vous rendant d'abord au chalet pour connaître la façon de procéder.

L'endroit le plus charmant du parc est sans contredit l'espace aménagé autour de l'étang, où il est fréquent d'observer une trentaine de canards. Ce charmant petit étang se cache dans la partie boisée du parc. Le parc des Prairies n'ayant pas d'accès à la rivière des Prairies, il est agréable de s'arrêter quelques instants au parc Gagné (juste en face) afin de profiter de ce lieu reposant. De l'autre côté de la rivière, on distingue le dôme de la prison de Bordeaux ainsi que l'hôpital Notre-Dame-de-la-Merci. Le parc Gagné renferme aussi un petit moulin, dénommé le «moulin du Crochet».

LA RIVE-NORD

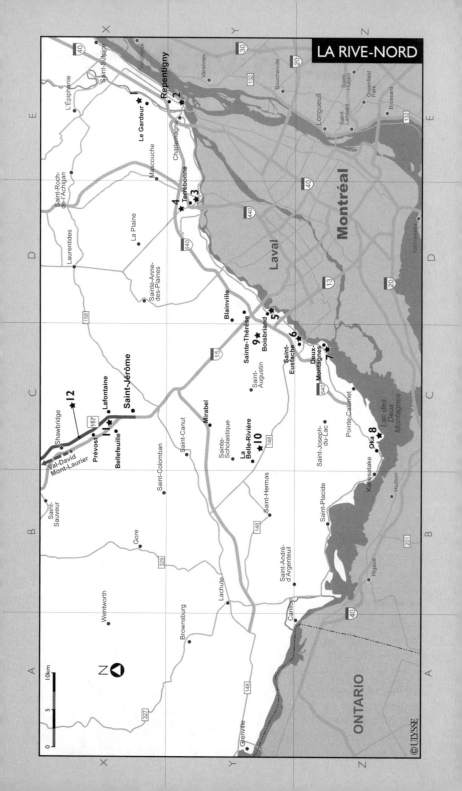

La Rive-Nord s'étend de la région de Lanaudière, vers l'est, où nous avons retenu quatre sites, à la région des Laurentides, vers l'ouest.

Le sud de la région des Laurentides, dénommé les Basses-Laurentides, fut très tôt habité par des colons français venus en cultiver les riches terres arables. D'ailleurs, plusieurs localités des Basses-Laurentides rappellent toujours l'histoire du pays par leur patrimoine architectural ou simplement par l'évocation d'événements s'y étant déroulés.

Les différents sentiers de randonnée pédestre que l'on retrouve sur la Rive-Nord vous feront découvrir des municipalités comme Le Gardeur, Terrebonne, Boisbriand, Deux-Montagnes, Oka, Mirabel et Saint-Jérôme.

Dans cette section représentant la région de la Rive-Nord, nous proposons 12 sites, soit 101,6 km à parcourir! Le Parc linéaire du P'tit Train du Nord, avec son sentier de 200 km, n'est pas ici comptabilisé, car la plus grande partie du sentier se trouve dans la région des Hautes-Laurentides.

★ Les randonnées

Le sud de Lanaudière

1. EX Les Sentiers de la Presqu'île
2. EY Le parc de l'Île Lebel
3. DY L'Île-des-Moulins
4. DY La TransTerrebonne

Les Basses-Laurentides

5. DY Le Centre d'interprétation de la nature de Boisbriand
6. CZ Le vieux Saint-Eustache

7. CZ Le boisé Roger-Lemoine
8. CZ Le parc national d'Oka
9. CY Le parc du Domaine Vert
10. CY Le parc régional éducatif du Bois de Belle-Rivière
11. CX Le parc régional de la Rivière-du-Nord
12. CX Le Parc linéaire du P'tit Train du Nord

Le sud de Lanaudière

Les Sentiers de la Presqu'île

⏱ jusqu'à 13 km, 1h à 4h
⋯ randonnée en forêt

INFORMATION

Les Sentiers de la Presqu'île
7$, droit d'accès pour le ski de fond et le vélo de montagne, 1,50$ pour votre chien
tlj de 8h au coucher du soleil
🐕 ❄

2001 rue Jean-Pierre
Le Gardeur
☎ 450-585-0121 ou 450-581-6877 (en soirée)
www.lessentiers.net

ACCÈS

🚌 Transports en commun:

du métro Radisson, prenez l'autobus 3 de la RTC (☎ 450-492-6111, www. gortc.info) jusqu'à Repentigny, puis l'autobus 9.

🚗 Voitures:

autoroute 40, sortie 97. Suivez les indications sur les panneaux bleus. Le centre est à 5 km de la sortie. Il est également possible d'emprunter l'autoroute 640 (sortie Charlemagne).

SERVICES ET INSTALLATIONS:

stationnement, restaurant, salle de séjour, toilettes, cartes des sentiers, tables de pique-nique.

AUTRES ACTIVITÉS:

vélo de montagne, vélo de ville, ski de fond, plusieurs activités de groupe.

APERÇU

Les Sentiers de la Presqu'île sont situés à Le Gardeur, soit à quelques minutes de Montréal. Ce centre très familial est fréquenté par les amants de la nature des villes avoisinantes, comme Mascouche, Lachenaie et Repentigny, mais également par bon nombre de marcheurs et skieurs de Laval et de Montréal.

C'est qu'au fil des ans les gestionnaires du site ont su s'adapter aux besoins de la clientèle. Entre autres, depuis 1991, ils permettent aux chiens de fréquenter les lieux (dans certains sentiers). Ainsi, comme il y a très peu d'endroits où il est permis d'amener son fidèle compagnon avec soi, les Sentiers de la Presqu'île sont vite devenus un site recherché. Ici, non seulement les chiens sont les bienvenus, ils sont même invités à participer à certains rallyes où leur sens de l'odorat est mis à l'épreuve.

Les Sentiers de la Presqu'île se présentent comme un centre très sociable où les gens peuvent venir se détendre après une journée ou une semaine de travail. À noter que l'on retrouve beaucoup de personnes seules qui fréquentent l'endroit, et ce, à tout moment de l'année.

PARCOURS

Le réseau compte quatre sentiers de randonnée pédestre pour un total de 13 km. En hiver, la marche se pratique sur 7 km. L'été n'est pas la meilleure saison pour marcher dans les sentiers de la Presqu'île, en raison du très grand nombre de moustiques que l'on y retrouve à cause des marécages. C'est pour cette raison que le vélo de montagne s'y développe de plus en plus.

Le long des sentiers, le randonneur parcourra une superbe érablière et pourra s'arrêter près d'un des deux étangs aménagés pour se détendre et casser la croûte. On dénombre pas moins de 35 espèces d'arbres, beaucoup d'arbustes, ainsi qu'un grand nombre de fleurs de sous-bois.

Le parc
de l'Île Lebel

⏱ 1,5 km, 1h
››› randonnée au fil de l'eau

INFORMATION

Parc de l'Île Lebel
tlj 9h à 22h
🚻 ❄

309 rue Notre-Dame (angle rue Thouin)
Repentigny
☎ 450-841-3264
www.parcilelebel.qc.ca

ACCÈS

🚌 Transports en commun:

du métro Radisson, prenez l'autobus 3 de la RTC (☎ 450-492-6111, www.gortc.info).

🚗 Voitures:

autoroutes 40 ou 640 jusqu'à Repentigny, puis route 132 jusqu'à la rue Thouin, par laquelle on accède au stationnement.

SERVICES ET INSTALLATIONS:

stationnement, toilettes, aires de pique-nique, aire de jeux.

AUTRES ACTIVITÉS:

vélo, ski de fond, raquette, patin à glace.

APERÇU

La Ville de Repentigny, avec ses 78 000 habitants, tente de rallier le meilleur des deux mondes: la ville et la campagne. Elle y réussit particulièrement bien avec le magnifique parc de l'Île Lebel.

Inauguré en août 1993, ce parc urbain de 15 ha, aménagé en bordure du fleuve Saint-Laurent, se révèle être un lieu où il fait bon se balader et pique-niquer en toute quiétude.

PARCOURS

Le parc compte deux boucles pour un total de 1,5 km. La première boucle (1 km) passe d'abord par une jolie passerelle en bois, d'environ 100 m de longueur, qui enjambe un champ de quenouilles. De l'autre côté, le **belvédère du Saint-Laurent** fut aménagé en septembre 1997. Outre le fleuve, on embrasse du regard quelques collines montérégiennes situées de l'autre côté.

Au bout de l'île, un petit kiosque permet une halte tout en observant de belles demeures derrière lesquelles un bateau est accosté. Le retour à la passerelle permet de faire le tour d'un immeuble moderne qui abrite la station de traitement des eaux usées de Repentigny.

De l'autre côté de la passerelle, il est possible d'effectuer une autre boucle (0,5 km) avant de revenir à l'accueil.

L'Île-des-Moulins

⏱ 1 km, 1h
››› randonnée à caractère historique, randonnée au fil de l'eau

INFORMATION

Site historique de l'Île-des-Moulins
tlj 7h à 23h, selon les saisons, la liste et l'horaire des activités varient. En été, des visites commentées avec animation historique sont offertes.
❄

Terrebonne
☎ 450-471-0619
www.ile-des-moulins.qc.ca

ACCÈS

🚌 Transports en commun:

terminus Henri-Bourassa, autobus 25A jusqu'à Terrebonne, puis autobus local 8 (MRCLM, ☎ 450-492-6111) jusqu'au parc (ou environ 15 min de marche).

Voitures:

autoroute 25 Nord, sortie 22 Est (boulevard des Seigneurs). Suivez les panneaux «Site historique Île-des-Moulins», boulevard des Seigneurs, rue Saint-Louis et boulevard des Braves.

SERVICES ET INSTALLATIONS:

stationnement, pavillon d'accueil et d'information, centre d'interprétation, Bibliothèque municipale, galerie d'art, salles d'exposition et de spectacle, agora, toilettes, restaurant, cartes et brochures, aires de pique-nique, accès adaptés aux personnes à mobilité réduite.

AUTRES ACTIVITÉS:

interprétation de la nature, patinage sur l'étang des Moulins, carnaval d'hiver, activités d'interprétation historique ou culturelles.

APERÇU

L'Île-des-Moulins est un magnifique endroit de verdure situé au milieu de la rivière des Mille Îles à Terrebonne. Classé «site historique» en 1973, il est géré par la Société de développement culturel de Terrebonne (SODECT). Le site historique de l'Île-des-Moulins est considéré comme une des plus belles réussites québécoises en matière de conservation et de mise en valeur du patrimoine.

Le passé historique de l'île remonte au début du XVIIIe siècle, alors que le curé Louis Lepage y construit les premiers moulins (1721). Mais c'est au début du XIXe siècle que l'île devient un important complexe préindustriel, sous la gouverne de seigneurs bâtisseurs et entrepreneurs. On y construit tour à tour une boulangerie (1803), un moulin à scie (1804), un moulin à farine (1846), un moulin neuf (1850) et le bureau seigneurial (1850). Ces cinq bâtiments historiques, situés à l'entrée de l'île, ont été restaurés et se dressent fièrement dans le paysage enchanteur de la pointe de l'île.

Le site historique de l'Île-des-Moulins est divisé en deux parties bien distinctes. D'un côté, on retrouve une zone réservée à l'interprétation historique (visites commentées, animation, expositions thématiques, circuit historique, conférences, galerie d'art, etc.), alors que, de l'autre, le site permet une multitude d'activités récréatives en toute saison (camps de jour, interprétation de la nature, patin à glace, carnaval d'hiver, etc.).

PARCOURS

Le réseau de sentiers de randonnée pédestre est tout petit et fait environ 1 km. Mais, pour le randonneur qui apprécie l'histoire, l'art et la douceur d'une île, ce coin de repos situé tout près de la ville est tout désigné.

À l'entrée de l'île, sur le petit pont qui mène au boulevard des Braves, les superbes moulins à farine (1846) et à scie (1804) constituent désormais la Bibliothèque municipale. Sur la gauche, le bureau seigneurial (1850) abrite le **Centre d'interprétation** ainsi que les bureaux administratifs. Un peu plus loin, le bâtiment de l'ancienne boulangerie (1803) renferme le restaurant Au Bourgère, où l'on retrouve une terrasse offrant une vue sur la rivière des Mille Îles ainsi qu'une galerie d'art. Une tour vitrée sépare la boulangerie du Moulin neuf (1850), dernier bâtiment de l'île, où sont aménagées des salles d'exposition et de spectacle.

Après les bâtiments historiques, le sentier mène à la passerelle qui relie l'île à l'île Saint-Jean. Tout au long des **sentiers de l'Île-des-Moulins**, de superbes arbres (chêne rouges, tilleuls, bouleaux, saules, pins, etc.) sont identifiés. On peut également admirer les 10 sculptures du **Jardin de sculptures de l'île**, où l'Art et la Nature sont célébrés. Sept de ces sculptures monumentales proviennent du Symposium de sculpture de Terrebonne, tenu en 1978 sous l'initiative de Germain Bergeron, artiste reconnu.

Au bout de l'île, près de l'agora, le visiteur peut admirer quelques superbes demeures, situées de l'autre côté de l'étang des Moulins, à l'ouest du **parc Masson**. Dans le parc Masson, un monument est érigé en l'honneur des héros de la Première Guerre mondiale (1914-1918) et des citoyens de Terrebonne morts au champ d'honneur lors de la Seconde Guerre mondiale (1939-1945). L'hiver venu, l'**étang des Moulins** devient une vaste surface glacée, pour le plus grand plaisir des nombreux patineurs.

La TransTerrebonne

⏱ jusqu'à 13,2 km, 1h à 4h
⋯ randonnée en forêt

INFORMATION

Circuit TransTerrebonne
tlj du lever au coucher du soleil
❄
☎450-961-2001
www.ville.terrebonne.qc.ca

ACCÈS

Départ derrière l'école des Trois-Saisons (1658 boulevard des Seigneurs, angle d'Argenson).

🚌 Transports en commun:

terminus Henri-Bourassa, autobus 25A jusqu'à Terrebonne, puis autobus local 1 (MRCLM, ☎450-492-6111).

🚗 Voitures:

autoroute 25 Nord, sortie 22 Ouest (boulevard des Seigneurs). Tournez à droite sur le boulevard des Seigneurs.

SERVICES ET INSTALLATIONS:

stationnements, carte.

AUTRES ACTIVITÉS:

vélo, patin à roues alignées, ski de fond.

APERÇU

La municipalité de Terrebonne s'est dotée d'une piste multifonctionnelle de plus de 13 km linéaires, la TransTerrebonne, qui plaît peut-être davantage aux cyclistes, mais que les marcheurs peuvent parcourir en plusieurs sections, et ce, en toute quiétude. Grâce à ses nombreux points d'accès, il est facile d'explorer différentes sections au fil des sorties.

PARCOURS

La TransTerrebonne fait plus de 13 km linéaires, dont une section distincte de 1,7 km linéaire. La randonnée que nous vous suggérons fait 6,3 km linéaires, soit de l'école des Trois-Saisons au parc de la Rivière (angle Côte de Terrebonne et 40e Avenue).

Le départ principal du sentier se trouve au **parc écologique de la Coulée**, situé tout juste derrière l'école des Trois-Saisons. Malheureusement, dans ce secteur la signalisation est quelque peu déficiente. Par la suite, le sentier traverse une zone résidentielle puis rejoint la forêt. De là, il grimpe abruptement par endroits, car il parcourt le «coteau», un escarpement naturel. De jolis points de vue sur la région s'offrent alors aux marcheurs, notamment sur les terres agricoles. À la **halte Louis-Rodrigue-Masson** (4,6 km), nommée en l'honneur de ce politicien fort connu dans la région au cours du XIXe siècle, tournez à gauche et empruntez le sentier qui descend sur 1,7 km vers la rivière des Mille-Îles. La descente s'amorce d'abord par un long escalier, puis le sentier traverse des champs d'où l'on distingue l'un des terrains de golf du club Le Versant. Le **parc de la Rivière** (stationnement, location de kayaks) se trouve tout juste au sud de la Côte Terrebonne. Une magnifique passerelle d'environ 300 m mène au bord de la rivière, où se dresse une tour d'observation.

Les Basses-Laurentides

Le Centre d'interprétation de la nature de Boisbriand

⏱ 1,1 km, 1h
⋯ randonnée en forêt

INFORMATION

**Centre d'interprétation
de la nature de Boisbriand**
mai à oct tlj 7h à 21h
rue Chavigny
☎ 450-437-2727

ACCÈS

🚌 Transports en commun:

métro Montmorency, autobus 9 de la CITL (☎ 450-433-7873) et correspondance avec les autobus 50 ou 51.

🚗 Voitures:

autoroutes 13 ou 15, sortie Boisbriand. Empruntez le chemin de la Grande-Côte jusqu'à l'avenue Chauvin, puis tournez à gauche dans la rue Chavigny. Le centre est situé entre les autoroutes 13 et 15.

SERVICES ET INSTALLATIONS:

stationnement, accueil, deux aires de pique-nique, fontaines à boire, toilettes, cartes des sentiers, brochures d'interprétation, sentiers aménagés pour les personnes à mobilité réduite.

AUTRES ACTIVITÉS:

interprétation de la nature, animation dans les sentiers les fins de semaine, animation pour groupes (réservation).

APERÇU

Bien des randonneurs se promènent dans la forêt en ne regardant que leur montre ou la distance qu'il reste à parcourir. Ils ne prennent malheureusement pas le temps d'observer, de sentir, de toucher, de comprendre, ou tout simplement de se questionner sur les mille et une choses qui les entourent.

Un petit lieu de nature comme le Centre d'interprétation de la nature de Boisbriand a ceci de merveilleux qu'il ne nous donne pas le choix! Si l'on recherche la performance, le tour du centre sera fait en moins de 20 min! Alors, il vaut peut-être mieux prendre son temps et se laisser aller au jeu de la découverte, dans ce labyrinthe d'espèces, d'essences et autres végétaux.

Ici, tout a été conçu pour que le visiteur puisse acquérir des connaissances tout en se baladant et en s'amusant parmi toutes ces merveilles de la nature. D'ailleurs, en août 1995, le centre s'est enrichi d'un nouvel attrait naturel, soit les marques tangibles du passage dévastateur d'une petite tornade!

PARCOURS

Le sentier aménagé fait 1,1 km et pourrait être parcouru facilement en quelques minutes. Mais un kilomètre de découvertes, de questions et d'émerveillement occupe près de 2h de notre temps. C'est donc un excellent endroit pour pique-niquer en famille ou entre amis.

À l'entrée du centre, des naturalistes accueillent les visiteurs. Il est vivement conseillé de se procurer (gratuitement) les deux différentes brochures d'interprétation afin de découvrir par soi-même les secrets des **23 stations** étalées le long du sentier.

Le sentier traverse une érablière à caryer et mène à un immense tilleul d'Amérique dont le centre est fortement endommagé, mais qui demeure cependant fier et droit. On se demande comment il a pu résister au passage d'une tornade. Le sentier suit la rivière des Mille Îles et conduit à quatre platesformes offrant une vue sur la rivière ainsi qu'à l'île de Mai. La rivière des Mille Îles, connue à différentes époques sous les noms de Saint-Jean, Jésus et du Chêne, fait 40 km et compte 60 îles. Un joli marais, grouillant de vie, peut être parcouru car le sentier repose désormais sur pilotis.

En ouvrant l'œil, le randonneur aura peut-être la chance d'apercevoir un pic flamboyant, un canard branchu, un castor ou même un vison!

Le vieux Saint-Eustache

⏱ 2,6 km, 1h
''' randonnée à caractère historique, randonnée urbaine

INFORMATION

Ville de Saint-Eustache
droit d'accès uniquement pour l'exposition présentée au musée de la Maison de la culture et du patrimoine
tlj (le musée est fermé le lundi)
☛ ❀
☎ 450-974-5170
www.ville.saint-eustache.qc.ca

ACCÈS

Le départ de la randonnée a lieu à la Maison de la culture et du patrimoine (stationnement; 235 rue Saint-Eustache), aménagée dans l'ancien manoir Globensky.

🚌 Transports en commun:

métro Montmorency, autobus 8 du CITL (☎ 450-433-7873) jusqu'à Saint-Eustache.

🚗 Voitures:

autoroute 640, sortie 11, empruntez le boulevard Arthur-Sauvé Sud (route 148). Tournez à droite dans la rue du Moulin, puis à gauche dans la rue Saint-Eustache.

SERVICES ET INSTALLATIONS:

stationnement, accueil, musée, toilettes, aire de pique-nique, restauration, brochures, guides touristiques.

AUTRES ACTIVITÉS:

visites guidées, vélo, patin à glace, ski de fond dans la municipalité.

APERÇU

La région de Saint-Eustache fut peuplée dès le milieu du XVIIIe siècle. Grâce à la fertilité du sol, les terres se trouvant en bordure de la rivière des Mille Îles et de la rivière du Chêne, concédées par le seigneur Eustache Lambert-Dumont, attirèrent de plus en plus de colons.

Chargé d'histoire, Saint-Eustache se distingue particulièrement en raison du tragique épisode du 14 décembre 1837. Afin d'écraser le mouvement de révolte d'environ 250 Patriotes dirigés par le docteur Jean-Olivier Chénier, l'armée britannique, avec à sa tête le général John Colborne, encercle puis attaque le village.

Les 1 260 soldats britanniques, soutenus par une dizaine de canons, ne mirent que quelques heures pour gagner la bataille de Saint-Eustache. S'étant réfugiés principalement dans l'église, le couvent et le presbytère, les Patriotes, cinq fois moins nombreux et mal armés, subirent une lourde défaite. Résultat: plus de 70 Patriotes tués, dont le docteur Chénier, et 200 prisonniers. Après les combats, l'armée britannique mit le feu à une soixantaine de maisons ainsi qu'à plusieurs édifices.

Les traces des boulets de canon de l'armée britannique, toujours observables sur la façade de l'église de Saint-Eustache *(123 rue Saint-Louis)*, rappellent à jamais ce funeste événement.

PARCOURS

Le circuit historique du vieux Saint-Eustache forme un parcours de 2,6 km au total (aller-retour à partir du musée). Avant d'entreprendre cette randonnée, assurez-vous d'avoir en votre possession la brochure *Le circuit historique du Vieux Saint-Eustache*, renfermant une foule de détails. Le circuit comporte 44 sites historiques, identifiés par des numéros civiques.

La visite de l'exposition vous fera découvrir le mouvement patriote, la ville de Saint-Eustache ainsi que l'histoire du **manoir Globensky**. Le circuit historique parcourt les rues Saint-Eustache et Saint-Louis, au bord desquelles de superbes demeures historiques ont été très bien préservées.

La visite du **moulin Légaré** *(232 rue St-Eustache, ☎450-974-5400)*, construit en 1762 et toujours fonctionnel, s'avère fascinante et instructive. Ce moulin demeure le plus ancien moulin à farine toujours en exploitation (sans interruption) en Amérique du Nord.

Derrière le moulin coule la rivière du Chêne, et, de l'autre côté, on a aménagé le **parc du Moulin-Légaré**. Autre lieu intéressant où il est permis de pique-niquer, les **berges de la rivière des Mille Îles** se pointent derrière l'église de Saint-Eustache, à l'embouchure de la rivière du Chêne.

Le boisé Roger-Lemoine

⏱ 2,5 km, 1h
''' randonnée en forêt

INFORMATION

Ville de Deux-Montagnes
tlj du lever au coucher du soleil
🚻 ❄
☎450-473-4700
www.ville.deux-montagnes.qc.ca

Les amis du Boisé
www.lesamisduboise.ca

ACCÈS

L'accès principal du boisé se trouve à côté de la gare de Deux-Montagnes (400 boul. Deux-Montagnes).

🚌 Transports en commun:

train de banlieue Montréal/Deux-Montagnes (☎514-287-8726).

🚗 Voitures:

autoroute 640 Ouest, sortie 8. Empruntez la 20e Avenue jusqu'au boulevard Deux-Montagnes, où vous tournerez à gauche.

SERVICES ET INSTALLATIONS:

stationnement, toilettes et casse-croûte à la gare.

AUTRES ACTIVITÉS:

vélo (piste cyclable).

APERÇU

En octobre 2008, la Ville de Deux-Montagnes et la Corporation des boisés et parcs naturels dévoilaient une plaque commémorative rendant hommage à Roger Lemoine, un citoyen émérite qui a participé à la sauvegarde de ce boisé, devenu une aire protégée, ainsi qu'à l'avènement du train de banlieue. Cette plaque, installée sur un rocher, se trouve à l'entrée du boisé, tout près de la gare de Deux-Montagnes.

Autrefois appelé le boisé de Deux-Montagnes, le boisé Roger-Lemoine est en fait une superbe forêt mature densément peuplée. Les arbres y sont de grande taille, et l'on peut observer quelques grosses souches à proximité des sentiers. Quant à elle, l'érablière révèle toutes ses splendeurs une fois l'automne venu.

PARCOURS

Le réseau compte environ 2,5 km de sentiers de randonnée pédestre. Un sentier est situé du côté nord du boulevard Deux-Montagnes et un autre du côté sud. On y trouve neuf stations numérotées. Les sentiers sont bien balisés et parfaitement aménagés.

Le boisé abrite également quelques ormes de Thomas, ou ormes-lièges, essence plutôt rare dans la région. Plusieurs plantes y croissent, notamment dans le marécage situé tout à côté de l'érablière.

Le parc national d'Oka

⏱ jusqu'à 21, 2 km, 1h à une journée
''' randonnée à caractère historique, randonnée en forêt

INFORMATION

Parc national d'Oka
adultes 3,50$; droits d'entrée pour l'accès à la plage et au camping
tlj de 8h au coucher du soleil. L'horaire peut varier selon les saisons.
❄
2020 ch. d'Oka
☎450-479-8365 ou 800-665-6527
www.sepaq.com

ACCÈS

🚗 Voitures:

autoroutes 13 ou 15, puis autoroute 640 Ouest jusqu'au bout. Une fois les feux de signalisation passés, on pénètre dans le parc national d'Oka.

SERVICES ET INSTALLATIONS:

stationnement, centre d'accueil et d'interprétation, casse-croûte, refuge, location (équipement nautique et de ski de fond), rampe de mise à l'eau, animation, cartes du parc, dépliants, brochures d'interprétation, emplacements de camping.

AUTRES ACTIVITÉS:

baignade et sports nautiques, camping, randonnées guidées, vélo de ville, vélo de montagne, ski de fond, raquette, patin à glace, glissade.

APERÇU

Le parc national d'Oka, aménagé à seulement 50 km de Montréal, permet d'agréables randonnées dans des sentiers faciles et bien balisés. C'est l'endroit idéal pour s'initier à l'interprétation de la nature.

Bien que le parc d'Oka ne soit pas très grand (24 km²), son paysage est très diversifié. On y parcourt, en quelques heures, collines, champs, marais, plage et les abords d'un lac.

La région d'Oka renferme le célèbre calvaire d'Oka, un chemin de croix classé site historique où l'on retrouve des oratoires et des chapelles. On y trouve aussi la Trappe d'Oka (abbaye cistercienne), qui possède un monastère où les moines vendaient au public (magasin) leur réputé fromage Oka ainsi que d'autres produits. Depuis mai 2008, l'abbaye et le magasin font partie de la Corporation de l'Abbaye d'Oka.

Oka signifie «poisson doré». C'était également le nom d'un chef algonquin. La présence des Amérindiens à Oka remonte à 3 500 ans. On a déniché des vestiges de cette époque sur la plage. De nos jours, environ 500 Mohawks vivent dans la communauté amérindienne de Kanesatake.

Le parc national d'Oka devait, à l'origine (1962), être une réserve de chasse et de pêche. Mais le gouvernement du Québec changea d'avis et aménagea plutôt un terrain de camping ainsi qu'un stationnement en 1967. L'année suivante, le parc prend le nom de «Paul-Sauvé», en mémoire de l'ancien premier ministre du Québec en 1959-1960.

En 1990, le parc reprend le nom de «parc d'Oka» et reçoit le statut de parc de récréation, puis, plus récemment, de parc national. Sa vocation est désormais de favoriser la pratique d'activités récréatives de plein air tout en assurant la protection du milieu naturel.

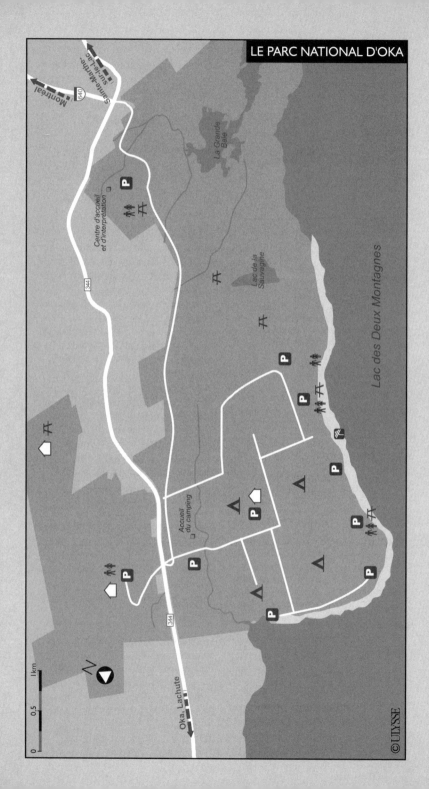

LE PARC NATIONAL D'OKA

©ULYSSE

Parcours

Le réseau compte quatre sentiers de randonnée pédestre pour un total de 21,2 km. Mais, en plus de ceux-ci, on retrouve d'autres petits sentiers et des routes piétonnières.

À l'intérieur du parc, les randonnées s'effectuent dans de magnifiques décors boisés tels que l'érablière à chêne rouge, l'érablière argentée, la chênaie ou la magnifique pinède. En tout, plus de 30 espèces d'arbres, 50 espèces d'arbustes, 700 plantes herbacées et une grande variété de champignons peuvent y être admirées. Quelque 200 espèces d'oiseaux fréquentent le parc, dont une grande diversité fréquente les milieux humides. On y retrouve pas moins de 20 espèces de canards! Quant aux mammifères, la marmotte, l'écureuil et le raton laveur sont facilement observables, alors que le vison, le renard ou le chevreuil se laissent quelquefois surprendre par le randonneur.

Le sentier historique du **calvaire d'Oka**, une jolie boucle de 4,5 km, mérite une attention particulière. Le calvaire est un petit sommet de 152 m, d'où la vue sur le lac des Deux Montagnes, le village d'Oka et le parc est splendide. Ce sentier historique est en fait un chemin de croix, jalonné de quatre oratoires et de trois chapelles, tous construits entre 1740 et 1742 par les Messieurs de Saint-Sulpice, dans le but d'évangéliser les Amérindiens. Vers les années 1870, les Blancs vinrent y faire de nombreux pèlerinages, attirant jusqu'à 30 000 pèlerins en 1889!

À l'intérieur de chaque petit bâtiment se retrouvait, à l'époque, un tableau représentant une scène de la Passion. En raison du climat vigoureux, les tableaux ont été remplacés par des reliefs en bois polychromes. Les tableaux furent placés à l'intérieur de l'église d'Oka. Quant aux reliefs, ils ont également été retirés, au début des années 1970, en raison de divers actes de vandalisme.

À noter qu'il est possible d'atteindre le sommet du calvaire par un sentier plus court. Une vingtaine de minutes suffisent alors pour se rendre du stationnement l'Orée au sommet (chapelles).

Le sentier de la **Grande-Baie** (boucle de 3,5 km) offre une quantité de renseignements des plus intéressants. À l'entrée du sentier, un petit guide d'interprétation est offert gratuitement. Le long du sentier, le randonneur est invité à s'arrêter à différentes stations. En quelques minutes, on traverse quatre écosystèmes: le champ, l'érablière à caryer, l'érablière argentée et le marais.

Le marais possède une passerelle flottante de 300 m de longueur ainsi qu'une tour d'observation d'où la vue sur la Grande Baie est exceptionnelle. Selon la saison, la végétation y varie énormément. La Grande Baie est un marais qui sert de régulateur d'eau, notamment lors des inondations printanières, et d'usine d'épuration naturelle. C'est l'endroit tout désigné pour tenter de repérer l'une des 200 espèces d'oiseaux qui fréquentent le parc.

Le sentier de l'**Érablière** (1,2 km) parcourt la jolie forêt située à côté du centre d'accueil et d'interprétation. Un rallye fort instructif peut même y être effectué. Le long du parcours, qui prend environ 1h à effectuer, tous les sens seront sollicités. Quant à lui, le sentier de la **Sauvagine** (12 km aller-retour) débute au pavillon le Littoral, au bord de la plage, longe le lac de la Sauvagine (aire de pique-nique) pour aller rejoindre le sentier de la Grande-Baie.

Le parc du Domaine Vert

⏱ 5 km, 2h
››› randonnée en forêt

INFORMATION

Parc du Domaine Vert
stationnement 4,25$. Selon la saison,
des droits d'accès peuvent être perçus.
tlj de 9h au coucher du soleil
❄
10423 montée Ste-Marianne
Mirabel
☎ 450-435-6510
www.domainevert.com

ACCÈS

🚌 Transports en commun:

métro Montmorency, autobus 9 (CITL, ☎ 450-433-7873) jusqu'à Sainte-Thérèse. De Sainte-Thérèse, prenez un taxi jusqu'au parc (5 km).

🚗 Voitures:

autoroute 15, sortie 23. Empruntez le chemin de la Côte-Nord vers l'ouest jusqu'à la montée Sainte-Marianne. Prenez à droite et suivez la route jusqu'à l'entrée du parc (panneau).

SERVICES ET INSTALLATIONS:

stationnement, toilettes, restauration, hébergement (location de chalets), location de salles, animation (groupes scolaires, entreprises, familles), aires de pique-nique, refuge, piscine, piste cyclable, salle de fartage, location d'équipement.

AUTRES ACTIVITÉS:

baignade, vélo, terrains de jeu pour enfants, piste d'hébertisme, escalade, hébertisme aérien, théâtre d'été, animation pour groupes, ski de fond, raquette, patin à glace, glissade.

APERÇU

Le parc du Domaine Vert n'est situé qu'à une vingtaine de kilomètres au nord de Montréal, près de l'autoroute des Laurentides, mais il a beaucoup à offrir aux amateurs d'activités de plein air «quatre-saisons».

C'est en 1976 qu'a commencé la pratique d'activités de plein air sur cet emplacement, avec quelques sentiers de ski de fond, en collaboration avec le Club des Lions de Sainte-Thérèse, et la construction d'un premier chalet, géré par la Ville de Sainte-Thérèse. En 1977 est créé le Réseau plein air La Mirabelle, suivi en 1985 de la formation de la Régie intermunicipale du parc du Domaine Vert. Cette société intermunicipale des villes de Boisbriand, de Blainville, de Sainte-Thérèse et de Mirabel acheta, en octobre 1988, les 640 ha de terrain et tous les bâtiments situés dans le parc à la Société Immobilière du Canada.

Le parc du Domaine Vert s'impose comme le rendez-vous familial par excellence. Tout au long de l'année, on y accueille un grand nombre de groupes scolaires ainsi que des enfants venus s'amuser et apprivoiser la nature dans une colonie de vacances.

Près des grands centres urbains, on s'y sent tout de même partout en «plein bois». Le programme des activités est bien élaboré et bien conçu. À ceux qui ont envie d'une nuit calme et paisible au fond des bois, mais pas trop loin de la ville, le parc loue à prix modiques des petits chalets rustiques pouvant recevoir de 6 à 8 personnes, de même qu'un grand chalet pouvant loger 24 personnes.

PARCOURS

Le réseau de sentiers de randonnée pédestre n'est pas encore tout à fait défini. On y trouve présentement 5 km de sentiers, dont un **sentier écologique** de 2 km, qui sont bien aménagés ainsi que plusieurs sentiers qui sont quelquefois impraticables à cause de la trop forte accumulation d'eau. Dans un avenir rapproché, le parc prévoit aménager ces sentiers (petits ponts, passerelles, etc.), qui servent surtout aux skieurs de fond en hiver, afin que les randonneurs puissent aussi en bénéficier pleinement.

En ce qui a trait aux animaux observés dans le parc, soulignons la présence de la grenouille des bois, du crapaud d'Amérique, du raton laveur, de l'araignée loup, de la salamandre maculée, de la moufette, de la couleuvre noire et jaune, de la couleuvre à ventre rouge, du lièvre, du porc-épic, du castor, du cerf de Virginie et de l'orignal.

Le parc régional éducatif du Bois de Belle-Rivière

⏱ jusqu'à 10,5 km, 1h à 3h
⋯ randonnée en forêt

INFORMATION

Parc régional éducatif du Bois de Belle-Rivière
adultes 3,50$, enfants 1$
tlj 9h à 17h, jusqu'à 19h les fins de semaine de l'été
🚗 ❄

9009 boul. Arthur-Sauvé
Mirabel
☎ 450-258-4924
www.boisdebelleriviere.com

ACCÈS

🚙 Voitures:

autoroute 15, sortie 35. Puis autoroute 50, sortie 279 Est. Le parc est alors sur le côté gauche de la route 148 Est (panneau). Il est également possible de prendre la route 148 Ouest, de Saint-Eustache vers Lachute (le parc se trouve alors du côté droit).

SERVICES ET INSTALLATIONS:

stationnement, accueil, refuges, toilettes, casse-croûte, aires de pique-nique, aire de jeux, jardins aménagés.

AUTRES ACTIVITÉS:

vélo de montagne, pêche, baignade, équitation, raquette, ski de fond, glissade.

APERÇU

Le bois de Belle-Rivière se trouve à 65 km de Montréal, à mi-chemin entre Saint-Eustache et Lachute, juste à l'ouest de l'aéroport de Mirabel. Il tire son nom du petit village historique de Belle-Rivière, dont il représente la partie boisée. Le bois de Belle-Rivière, qui appartient à la Ville de Mirabel, est géré par la Corporation pour la protection de l'environnement à Mirabel (CPEM).

Après avoir été fermé au public durant quelques années, le bois de Belle-Rivière a finalement rouvert à l'été 1997. D'une superficie de 176 ha, le bois comporte de magnifiques couverts forestiers, des jardins, un verger ainsi que de jolis sentiers de randonnée pédestre.

PARCOURS

Le réseau compte six sentiers de randonnée pédestre pour un total de 10,5 km. C'est au cœur d'un des plus beaux patrimoines forestiers du Québec, celui du domaine de l'érablière à caryer, que le bois de Belle-Rivière s'étend. Il est situé dans une région forestière caractérisée par une grande diversité d'arbres et de plantes de sous-bois.

La forêt, surtout l'érablière, recouvre la plus grande partie du territoire. On y retrouve également des peuplements de pruches et de thuyas ainsi que des champs, dont certains sont convertis en jardins ornemental et forestier ou en vergers.

Le long du **Sentier Principal** (6 km) et des sentiers **Le Sylvestre** (1,8 km), **La Prucheraie** (1 km), **L'Écotone** (1 km) et **Le Charme** (0,6 km), le randonneur sera émerveillé par toutes ces beautés de la nature, surtout par un printemps fleuri ou un automne haut en couleur. Il observera également divers bâtiments, dont le pavillon d'accueil, le refuge, la sucrerie d'antan, la sucrerie moderne, le gîte et le relais, en plus de certains aménagements paysagers.

Le parc régional de la Rivière-du-Nord

⏱ jusqu'à 30 km, 1h à une journée
••• randonnée au fil de l'eau, randonnée en forêt

INFORMATION

Parc régional de la Rivière-du-Nord
été 5$, hiver 7$, gratuit pour les moins de 17 ans
tlj 9h à 19h en été, jusqu'à 17h en hiver
❄

750 ch. de la Rivière-du-Nord
St-Jérôme
☎450-431-1676
www.parc-riviere-du-nord.com

ACCÈS

🚌 Transports en commun:

métro Montmorency, autobus 9 (CITL, ☎450-433-7873) jusqu'à Saint-Jérôme. Train de banlieue Montréal/Blainville-Saint-Jérôme (☎514-287-8726).

🚗 Voitures:

autoroute des Laurentides (15 Nord), sortie 45. Tournez à gauche, puis à droite sur le chemin de la Rivière-du-Nord. Un autre stationnement est situé à Prévost, sur le chemin du Plein Air (par le chemin Principal).

SERVICES ET INSTALLATIONS:

stationnement, chalet d'accueil, casse-croûte, tables, toilettes, expositions, aires de pique-nique, location (kayaks, canots, vélos, skis).

AUTRES ACTIVITÉS:

vélo, activités nautiques, pêche, pétanque, jeu de fers, canot, ski de fond, raquette.

APERÇU

Dans le parc régional de la Rivière-du-Nord, on se balade au rythme de l'eau, qui coule, tantôt d'un ton si doux et reposant, tantôt vrombissant du ton musclé de ses chutes. Écouter les sons d'une rivière, c'est comme regarder un feu de camp; on devient absorbé, captif, et l'on voudrait que cet instant paisible soit éternel. C'est le repos bien mérité du randonneur.

D'ailleurs, presque tous les sentiers longent cette rivière du Nord qui est le cœur même du parc. Le parc régional de la Rivière-du-Nord, situé à une cinquantaine de kilomètres au nord de Montréal, est régi par les municipalités de Saint-Jérôme, de Lafontaine, de Bellefeuille et de Prévost. Il est donc divisé en quatre secteurs.

Le parc a vu le jour en 1990, et, depuis ce temps, de nouveaux sentiers sont sans cesse créés. Des belvédères et des aires de jeux sont aménagés afin de rendre le séjour des plus agréables. Pour l'instant, on y trouve différents jeux éducatifs tels que le sentier sensoriel, l'atelier de boussole, la chasse au trésor, etc.

PARCOURS

Le parc propose plus de 30 km de sentiers aménagés pour la randonnée pédestre. Même si la signalisation est parfois confuse (marche-vélo-ski), il est très facile de s'y retrouver, la rivière du Nord servant continuellement de repère. Les sentiers permettent de se balader des deux côtés de la rivière (secteurs Saint-Jérôme et Lafontaine) et ainsi d'admirer la **chute Wilson**, de même que les vestiges de la pulperie Wilson et de la centrale hydroélectrique.

Dans le secteur Prévost, les sentiers longent le côté nord de la rivière, pour ensuite traverser du côté sud, passer derrière la Porte du Nord et se terminer au bout du boulevard International.

Un abri en bois rond est situé près de l'ancien barrage, du côté nord de la rivière. C'est à cet endroit qu'il est possible d'emprunter le sentier du Parc linéaire du P'tit Train du Nord (voir ci-dessous). Ce sentier de 200 km débute à Saint-Jérôme et conduit à Mont-Laurier!

Le long des sentiers, des panneaux d'interprétation permettent de se familiariser avec la faune, la flore ainsi qu'avec le patrimoine culturel de la région.

Dans le magnifique **Pavillon d'accueil Marie-Victorin** (tout en bois rond), un panneau nous présente l'historique de la chute Wilson. Sur place, près du petit pont et de la chute Wilson, on peut encore observer les vestiges de la pulperie Wilson (construite en 1881 et fermée en 1958), de la centrale hydroélectrique (1924-1974), ainsi que du barrage en béton. La conduite forcée (immense tuyau de 412 m de long) avec sa cheminée d'équilibre, qui reliait le barrage à la centrale, est encore très apparente. Des panneaux d'interprétation permettent d'en apprendre davantage sur cette époque.

Le Parc linéaire du P'tit Train du Nord

🕑 jusqu'à 200 km, 1h à plusieurs jours
••• randonnée en forêt

INFORMATION

Parc linéaire du P'tit Train du Nord
droit d'accès pour le ski de fond
tlj du lever au coucher du soleil
❄
☎450-436-8532 ou 800-561-6673
www.laurentides.com/parclineaire

ACCÈS

Le départ se fait de la gare de Saint-Jérôme (280 rue Latour, ☎450-436-1711).

🚌 Transports en commun:

métro Montmorency, autobus 9 (CITL, ☎450-433-7873) jusqu'à Saint-Jérôme. Train de banlieue Montréal/Blainville-Saint-Jérôme (☎514-287-8726).

🚗 Voitures:

autoroute des Laurentides (15 Nord), sortie 43. Tournez à droite dans la rue Labelle, puis à gauche dans la rue Latour.

SERVICES ET INSTALLATIONS:

stationnement, cartes du parc; plusieurs anciennes gares sont ouvertes (toilettes, casse-croûte, location, etc.).

AUTRES ACTIVITÉS:

vélo, ski de fond.

APERÇU

Le Parc linéaire du P'tit Train du Nord est officiellement devenu propriété publique en juin 1994, même si l'on s'y promenait depuis 1991. Devenu le plus long sentier de la région (200 km), également considéré comme la plus longue piste cyclable du genre au monde, il emprunte l'ancienne voie ferrée du Canadien Pacifique (CP), qui permettait de «monter dans l'Nord» en train pour y pratiquer, entre autres activités, le ski alpin et le ski de fond.

Ce sentier linéaire de 200 km, qui relie Saint-Jérôme à Mont-Laurier, ne comporte aucune difficulté majeure car il est plat et droit. Par contre, il faut mentionner qu'un nombre de plus en plus grandissant de cyclistes s'y promène, surtout les fins de semaine, et qu'il faut donc être vigilant, surtout si l'on est accompagné de jeunes enfants.

L'hiver venu, une portion du parc devient un superbe sentier de ski de fond de 40 km reliant Saint-Jérôme à Val-David. Au nord de Val-David, le parc est réservé aux moto-neigistes.

LA RIVE-SUD

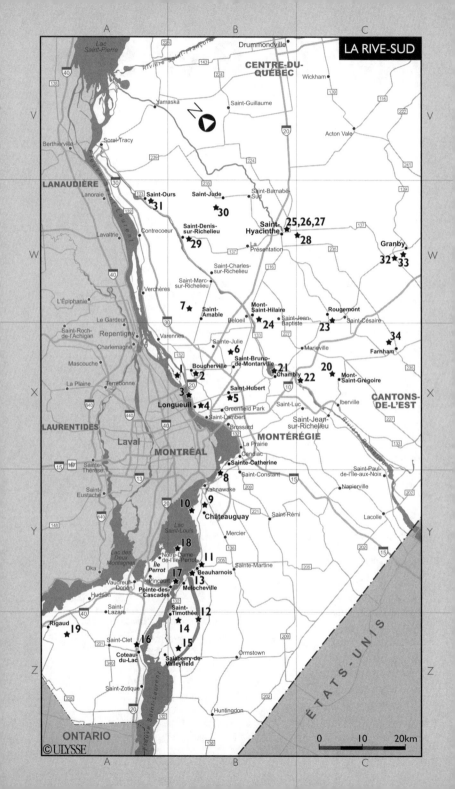

Mis à part deux sites situés dans la région des Cantons-de-l'Est (Granby et Farnham), la Rive-Sud réfère à la région touristique de la Montérégie, incluant l'extrême sud-ouest du Québec, que l'on nomme désormais le Suroît (vent dominant du sud-ouest, annonçant ciel bleu et temps plus chaud).

Parmi les collines montérégiennes, les monts Shefford, Saint-Bruno, Saint-Hilaire, Yamaska, Rougemont et Saint-Grégoire constituent les seules dénivellations d'importance de ce plat pays, en plus de la montagne de Rigaud. Disposées ici et là sur le territoire, ces collines massives qui ne s'élèvent qu'à environ 400 m furent longtemps considérées comme d'anciens volcans. En réalité, il s'agit plutôt de roches métamorphiques qui n'ont pu perforer la couche superficielle de la croûte terrestre et qui devinrent apparentes à la suite de la longue érosion des terres avoisinantes.

Riche d'histoire, la Montérégie est donc d'abord et avant tout une belle plaine très propice à l'agriculture, située entre l'Ontario, la Nouvelle-Angleterre et les contreforts des Appalaches estriennes. Sa position géographique, tout juste au sud de Montréal, et ses multiples voies de communication naturelles, dont la rivière Richelieu, lui octroyèrent longtemps un rôle militaire et stratégique d'importance.

Dans ce chapitre consacré à la Rive-Sud, nous proposons 34 sites, soit 314,8 km à parcourir!

★ Les randonnées

Le long du fleuve

1. BX Le parc national des Îles-de-Boucherville
2. BX Le Vieux-Boucherville
3. BX Le parc Marie-Victorin et la promenade René-Lévesque
4. BX Le parc régional de Longueuil
5. BX Le parc de la Cité
6. BX Le parc national du Mont-Saint-Bruno
7. BW Le parc Le Rocher
8. BY Le Récré-O-Parc de Ville Sainte-Catherine
9. BY Le centre écologique Fernand-Seguin
10. BY Le refuge faunique Marguerite-D'Youville

Le Suroît

11. BY Le parc-nature Bois Robert
12. BZ Le parc régional de Beauharnois-Salaberry
13. BY Le Parc archéologique de la Pointe-du-Buisson
14. BZ Le parc régional des Îles de Saint-Timothée
15. BZ Le parc Delpha-Sauvé
16. AZ Le Lieu historique national de Coteau-du-Lac
17. BY Le parc des Ancres de Pointe-des-Cascades
18. BY Le Parc historique de la Pointe-du-Moulin
19. AZ Le mont Rigaud

La vallée du Richelieu

20. CX Le mont Saint-Grégoire
21. BX Le Lieu historique national du Canal-de-Chambly
22. CX Le Lieu historique national du Fort-Chambly
23. CW La Cidrerie Michel Jodoin
24. BW Le Centre de la nature de Mont-Saint-Hilaire
25. BW Le Jardin Daniel A. Séguin
26. BW Saint-Hyacinthe
27. BW Le parc Les Salines
28. CW Le Boisé des Douze
29. BW Saint-Denis-sur-Richelieu
30. BW Chouette à voir!
31. AW Le Lieu historique national du Canal-de-Saint-Ours

Aux portes des Cantons-de-l'Est

32. CW Le circuit patrimonial et culturel de Granby
33. CW Le Centre d'interprétation de la nature du Lac Boivin
34. CX Le Centre de la nature de Farnham

Le long du fleuve

Le parc national des Îles-de-Boucherville

⏱ jusqu'à 24 km, 1h à une journée
››› randonnée au fil de l'eau

INFORMATION

Parc national des Îles-de-Boucherville
adultes 3,50$
tlj de 8h au coucher du soleil
❄
55 île Ste-Marguerite
☎ 450-928-5088
www.sepaq.com

ACCÈS

🚌 Transports en commun:

aucun transport en commun depuis Montréal, mais en été, une navette fluviale assure la liaison depuis Montréal (promenade Bellerive), Longueuil ou Boucherville (☎ 514-871-8356, www.navark.ca).

🚗 Voitures:

de Montréal, pont-tunnel Louis-Hippolyte-La Fontaine, sortie 1 (île Charron). De la Rive-Sud, autoroute 20, sortie 1.

SERVICES ET INSTALLATIONS:

stationnement, accueil, toilettes, casse-croûte, abris communautaires, aires de pique-nique, location (vélos et embarcations), rampe de mise à l'eau, bac à câble, animation, cartes des sentiers, dépliants, brochures.

AUTRES ACTIVITÉS:

vélo, kayak, canot, pêche, terrains de jeu, parcours d'interprétation, golf, ski de fond, raquette, pêche blanche.

APERÇU

Le parc national des Îles-de-Boucherville fut créé en 1984. Niché au milieu du fleuve Saint-Laurent, à quelques minutes du centre-ville de Montréal (10 km), ce parc constitue un havre de paix pour tous les amants de la nature. Bosquets, bois, prairies, champs, chenaux et fleuve composent le décor. Ce refuge champêtre est désormais réservé à la récréation. On y offre une vaste gamme d'activités de plein air et de découverte pour toute la famille.

Les îles de Boucherville ont depuis longtemps attiré l'attention des habitants de la région. Elles avaient d'excellentes terres agricoles, et l'on y amenait aussi le bétail au pâturage. L'île de la Commune, entre autres, était, et demeure toujours, plantée de maïs, et l'on y observe de superbes paysages, selon la saison.

Le parc national des Îles-de-Boucherville est composé de cinq îles reliées les unes aux autres. On y retrouve les îles Sainte-Marguerite, Saint-Jean, à Pinard, de la Commune et Grosbois. L'île Charron, au sud-ouest, ne fait pas partie du parc. Pendant la construction du pont-tunnel Louis-Hippolyte-La Fontaine (1964-1967), des tonnes de béton et de pierres ont été déposées sur les abords des îles Charron et Sainte-Marguerite, modelant ainsi passablement le décor.

L'eau est un élément important dans ce parc. Les eaux du fleuve Saint-Laurent ont façonné les îles. Les chenaux, dont le chenal du Courant qui sépare les îles des grandes battures Tailhandier, sont grouillants de vie et se parcourent aisément en canot. D'ailleurs, on y a aménagé des circuits afin que les canoteurs puissent vivre des moments de découverte (faune ailée et aquatique) et de détente.

Plus de 190 espèces d'oiseaux (canard, bernache, aigle pêcheur, hibou des marais, busard des marais, guifette noire, etc.) et 40 espèces de poissons (perchaude, achigan, doré, grand brochet, etc.) y ont été recensées à ce jour. Le fleuve Saint-Laurent

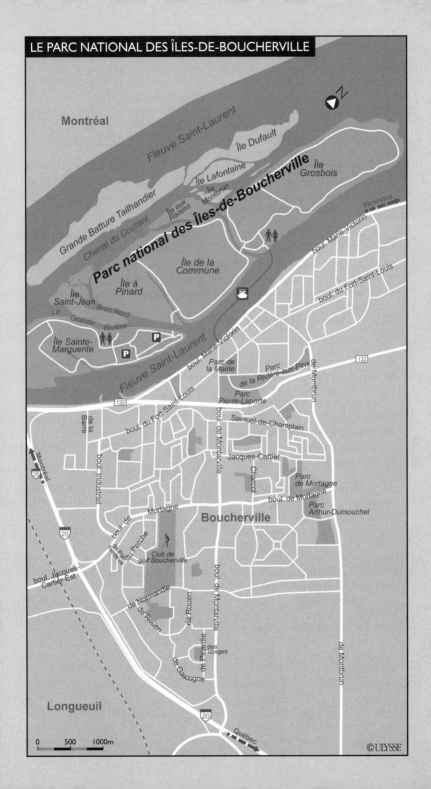

étant un des «corridors de migration» des oiseaux migrateurs, les îles de Boucherville offrent tranquillité et nourriture, à quelques battements d'ailes de la ville.

Des îles, la vue sur la ville de Montréal, avec son port et ses gratte-ciel, ainsi que le Stade olympique, est magnifique. De l'autre côté, le Vieux-Boucherville se laisse également admirer. On y distingue bien l'église de Sainte-Famille ainsi que le couvent de la congrégation de Notre-Dame, en plus de superbes maisons centenaires.

Parcours

Le réseau compte six sentiers pour un total de 24,1 km. De ce nombre, trois sentiers sont réservés exclusivement à la marche, soit le **Grand-Duc** (1,5 km), la **Petite-Rivière** (2,5 km) et la **Grande-Rivière** (4 km).

Du poste d'accueil de l'île Sainte-Marguerite, on se dirige vers le bac à câble qui permet de traverser, gratuitement, à l'île Pinard. Le bac à câble, qui peut recevoir 34 personnes et leurs bicyclettes, suit un long câble retenu sous l'eau. C'est dans l'**île Pinard** que l'on trouve le terrain de golf public, un parcours de 18 trous à normale 70.

De l'île Pinard, on rejoint l'**île de la Commune** par un petit pont qui enjambe le chenal à Pinard, inondé au printemps et où plusieurs espèces de poissons viennent frayer. On amenait autrefois à l'île de la Commune, maintenant plantée de maïs, le bétail au pâturage. Plus tard, les cultivateurs de Boucherville traversaient le fleuve sur un chaland (bateau à fond plat servant au transport des marchandises) afin d'aller cultiver les champs de l'île.

Le sentier longe le fleuve Saint-Laurent, à une trentaine de mètres de la piste cyclable, puis traverse dans l'**île Grosbois** en empruntant la passerelle La Passe. Au début du XXe siècle, l'île Grosbois abritait le parc d'attractions King Edward (1909-1928) ainsi qu'un hippodrome. Le sentier fait com-

plètement le tour de l'île Grosbois, avant de revenir vers l'île de la Commune et le bac à câble. À noter qu'il n'est pas nécessaire de faire le trajet en entier. Plusieurs boucles de quelques kilomètres sont possibles, et le personnel du parc se fera un plaisir de vous tracer un parcours à votre mesure.

Le Vieux-Boucherville

⏱ 4,4 km, 2h

''' randonnée urbaine, randonnée à caractère historique

Information

Ville de Boucherville
tlj
🚗 ❄

Bibliothèque municipale
501 ch. du Lac
☎ 450-449-8650
www.ville.boucherville.qc.ca

Centre culturel Mgr-Poissant
566 boul. Marie-Victorin
☎ 450-449-8651

Accès

🚍 Transports en commun:

métro Longueuil–Université-de-Sherbrooke, autobus 81, ou métro Radisson, autobus 61 de la RTL (☎ 450-463-0131).

🚗 Voitures:

pont-tunnel Louis-Hippolyte-La Fontaine, puis route 132 Est et boulevard Marie-Victorin. Continuez par le boulevard Marie-Victorin jusqu'à l'église Sainte-Famille (560 boul. Marie-Victorin), à côté de laquelle se trouve un stationnement public.

Services et installations:

stationnements, toilettes, restauration, dépliant-carte.

Pierre Boucher

Le nom de Boucherville provient de Pierre Boucher (1622-1717), fondateur de la seigneurie de Boucherville. Pierre Boucher, qui fut l'un des premiers colonisateurs de la Nouvelle-France, était un homme influent aux idées avant-gardistes. Entre autres, il croyait qu'une alliance entre Français et Amérindiens ferait naître un peuple nouveau.

Ainsi, à l'âge de 27 ans, il épousa une jeune Huronne. Malheureusement, cette dernière mourut en donnant naissance à un enfant, et Pierre Boucher se maria de nouveau, avec Jeanne Crevier.

Aperçu

Considérée comme l'une des 10 plus anciennes villes du Québec, Boucherville a su préserver son riche patrimoine, comme en témoignent les nombreuses demeures dont plusieurs ont été classées «monuments historiques». Reconnu à juste titre «comme l'un des joyaux du patrimoine architectural québécois», le Vieux-Boucherville étonne par son élégance et son ambiance feutrée.

Fondée en 1667, Boucherville occupe un emplacement merveilleux en bordure du fleuve Saint-Laurent, face aux îles de Boucherville. Le Vieux-Boucherville, qui se parcourt facilement à pied, nous ramène de façon admirable plusieurs siècles en arrière. En maints endroits, on sent toujours la présence de son fondateur, Pierre Boucher, et de ses descendants.

La Ville de Boucherville, en collaboration avec la Société d'histoire des Îles-Percées, a élaboré un magnifique dépliant-carte intitulé *Le circuit Patrimonial de Boucherville* (gratuit) présentant 24 sites (église, couvent, maisons, etc.) ainsi qu'une dizaine de lieux (monuments, plaques commémoratives, parcs, etc.).

Parcours

Le parcours historique du Vieux-Boucherville fait 4,4 km. Avant d'entreprendre cette randonnée, assurez-vous d'avoir en votre possession le dépliant-carte *Le circuit Patrimonial de Boucherville* (offert à la bibliothèque municipale ou au centre culturel Mgr-Poissant), très bien conçu.

Partant de l'**église Sainte-Famille**, classée monument historique en 1964, ce parcours vous mènera le long du boulevard Marie-Victorin, qui longe le fleuve Saint-Laurent, ainsi que dans les petites rues paisibles du Vieux-Boucherville.

Parmi les remarquables demeures historiques se distinguent le splendide **manoir François-Pierre-Boucher-De Boucherville** *(470 boul. Marie-Victorin)*, érigé au milieu du XVIIIe siècle, l'imposante **maison Charles-Eugène Boucher-De Boucherville** *(486 boul. Marie-Victorin)*, construite en 1876, et la coquette **maison Weilbrenner** *(10 rue De Grandpré)*.

Quant à elle, la **maison dite Louis-Hippolyte-La Fontaine** *(314 boul. Marie-Victorin, ☎450-449-8347)*, nichée au fond du parc de la Broquerie, au bout du parcours historique, a fière allure. Maison dans laquelle l'éminent politicien aurait passé une partie de son enfance, cette demeure fut construite en 1766 près de l'église, avant d'être transportée dans son lieu actuel en 1964. Près de la maison se dresse la statue de Louis-Hippolyte La Fontaine (1807-1864), qui fut premier ministre du Bas-Canada.

Le parc Marie-Victorin et la promenade René-Lévesque

⏱ 6,3 km, 2h
››› randonnée au fil de l'eau

INFORMATION

Arrondissement Vieux-Longueuil
avr à fin nov

☎ 450-463-7085
www.ville.longueuil.qc.ca

ACCÈS

🚌 Transports en commun:

métro Longueuil–Université-de-Sherbrooke, autobus 17 ou 117. Descendez à l'arrêt Bord de l'eau/Passerelle piétons. Empruntez la passerelle qui enjambe la route et qui conduit au Port de plaisance de Longueuil, situé à côté du parc Marie-Victorin. Navette fluviale Vieux-Port de Montréal/Port de plaisance de Longueuil (☎ 514-281-8000)

🚗 Voitures:

autoroute 20, sortie Marie-Victorin. Suivez les indications vers le Port de plaisance de Longueuil et le parc Marie-Victorin, situé juste après (stationnement).

SERVICES ET INSTALLATIONS:

stationnement, toilettes, aires de pique-nique, restauration au Port de plaisance, cartes.

AUTRES ACTIVITÉS:

vélo, patin à roues alignées, pêche.

APERÇU

Faisant partie du vaste réseau récréatif de Longueuil, qui comprend 80 km de pistes cyclables et de sentiers, le parc Marie-Victorin et la promenade René-Lévesque occupent la rive sud du fleuve Saint-Laurent, entre le Port de plaisance de Longueuil et le pont-tunnel Louis-Hippolyte-La Fontaine.

Grâce, entre autres, à la navette fluviale Vieux-Port de Montréal/Port de plaisance de Longueuil et au bateau-passeur Longueuil-île Charron, l'endroit est abondamment fréquenté. À juste titre, car il est plaisant de pouvoir longer constamment le fleuve et de profiter des nombreux points de vue sur Montréal.

Seul inconvénient, il faut être capable de faire abstraction du bruit assourdissant qui provient de l'autoroute qui longe le site.

PARCOURS

Le réseau est composé du parc Marie-Victorin, qui compte environ 1 km de sentiers, ainsi que de la promenade René-Lévesque, qui s'étend sur 5,3 km (aller seulement).

Le **parc Marie-Victorin** dispose de plusieurs petits sentiers, dont le principal forme une boucle menant du stationnement au bord du fleuve, soit à la promenade René-Lévesque. Au bord du fleuve, n'hésitez pas à emprunter le petit sentier qui descend sur la gauche dévoilant le Port de plaisance de Longueuil. Ce court sentier (0,5 km aller) permet d'admirer, d'un côté, les jolis bateaux accostés aux différents quais et, de l'autre, le fleuve Saint-Laurent.

Quant à elle, la **promenade René-Lévesque** offre une randonnée des plus agréables car elle longe le fleuve Saint-Laurent. Le sentier est en grande partie constitué de trottoirs de bois qui suivent parallèlement la piste cyclable. Au début, il faut cependant partager la piste avec les vélos. Des bancs et des panneaux d'interprétation rendent cette randonnée instructive.

Les nombreux points de vue donnant sur Montréal permettent d'observer, entre autres, les bateaux amarrés au port de Montréal, le mât du Stade olympique, le mont Royal ainsi que plusieurs clochers d'églises.

L'endroit le plus intéressant s'avère la **Pointe-du-Marigot**, sorte de presqu'île qui s'avance dans le fleuve à 1,7 km du parc Marie-Victorin. Des plateformes ont été installées afin de favoriser la nidification des canards, notamment le canard siffleur d'Amérique.

La rive sud du fleuve Saint-Laurent était autrefois réputée pour ses marais, ses boisés, ses prairies inondables et ses... plages. Mais avec la construction de l'autoroute 20 en 1966, tout ce secteur a subi de lourdes modifications. Le remblayage a éliminé marais, prairies et plages. En revanche, un projet de réhabilitation du milieu a vu le jour en 1988. Ce sont les résultats de ce projet qui nous permettent aujourd'hui de pouvoir bénéficier de cette superbe fenêtre ouverte sur le fleuve.

Le parc régional de Longueuil

⏱ jusqu'à 18 km, 1h à 4h
••• randonnée en forêt

INFORMATION

Parc régional de Longueuil
tlj 6h à 23h. Le pavillon d'accueil est ouvert de 9h à 16h30 (jusqu'à 23h selon la saison).
❄
1895 rue Adoncour
☎ 450-468-7617 (renseignements)
☎ 450-468-7619 (message: activités, conditions)
www.ville.longueuil.qc.ca

ACCÈS

Le parc est situé entre les boulevards Curé-Poirier, Jean-Paul-Vincent et Fernand-Lafontaine, et la rue Adoncour.

🚌 Transports en commun:

métro Longueuil–Université-de-Sherbrooke, autobus 71 (RTL) jusqu'au pavillon d'accueil, angle rue Adoncour et boulevard Curé-Poirier.

🚗 Voitures:

pont Jacques-Cartier, boulevard Roland-Therrien et Curé-Poirier Est, ou autoroute 20, boulevard Marie-Victorin et Jean-Paul-Vincent.

SERVICES ET INSTALLATIONS:

stationnement , pavillon d'accueil, toilettes, casse-croûte, premiers soins, location d'équipement (pour le ski de fond, les glissade, etc.), aires de pique-nique, aire de jeux, cadran solaire, cartes.

AUTRES ACTIVITÉS:

vélo, camps d'été et d'hiver, ski de fond, raquette, glissade, patin à glace, cours (ski de fond), activités et sorties en groupe.

APERÇU

Le parc régional de Longueuil offre de nombreuses activités pour les amateurs de plein air et d'écologie. Ce parc est tellement apprécié que sa réputation a vite franchi les limites de la ville. Les gens viennent bien sûr de Longueuil, mais également de Montréal et d'un peu partout en Montérégie. C'est que cet espace vert, d'une superficie comparable au parc du Mont-Royal, permet aux amants de la nature de s'évader en pleine forêt, et ce, à quelques pas seulement des grands centres urbains. Les grands espaces verts de la Rive-Sud ont depuis toujours eu la faveur des citoyens qui voulaient fuir le rythme de vie de Montréal, ou se sentir loin de la ville tout en y étant tout près, n'ayant que le fleuve à traverser. C'est sûrement ce que se disait déjà Charles LeMoyne en 1657, lorsqu'il reçut, de la part du gouverneur Lauzon, la seigneurie de Longueuil, aux abords du fleuve Saint-Laurent.

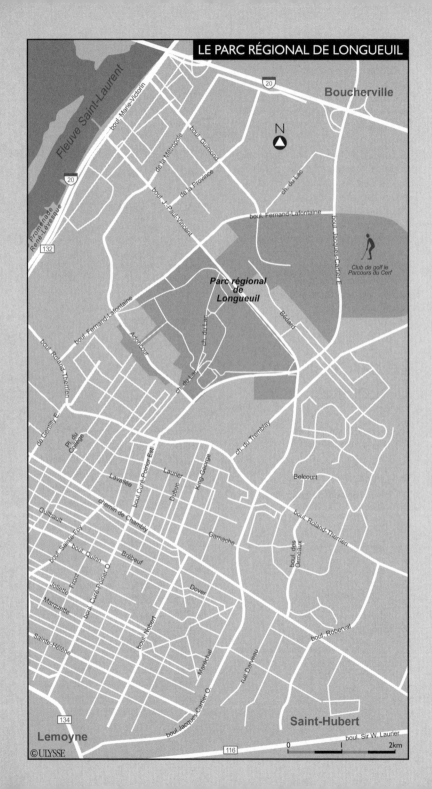

Charles Le Moyne

Charles Le Moyne (1626-1685), arrivé en Nouvelle-France à l'âge de 15 ans, participa à de nombreuses batailles contre les Iroquois. À la suite de ces batailles et de certaines négociations, il fut récompensé par l'octroi de nombreuses concessions de terres, notamment l'île Sainte-Hélène, l'île Ronde, la pointe Saint-Charles, Châteauguay, ainsi que les terres situées entre Varennes et La Prairie. Il devint ainsi l'un des hommes les plus riches et influents de toute la région.

Il eut de nombreux enfants, dont Charles Le Moyne de Longueuil (1656-1729), son fils aîné, qui défendit Québec contre William Phips en octobre 1690, et à qui revint la seigneurie de Longueuil. Cette seigneurie fut nommée baronnie en 1700 par Louis XIV.

Mais son plus célèbre fils fut, sans aucun doute, Pierre Le Moyne d'Iberville (1661-1706). Valeureux guerrier aux méthodes radicales, Pierre Le Moyne d'Iberville se battit pendant près de 20 ans et mena des attaques à la baie d'Hudson (1686, 1689, 1694, 1697), en Nouvelle-Angleterre (1690), à Terre-Neuve (1696) et dans les Antilles (1705). En 1697-1698, il fonda les forts Maurepas et Saint-Louis, dans la vallée du Mississippi, méritant ainsi le titre de fondateur de la Louisiane.

PARCOURS

Le réseau compte 18 km de sentiers de randonnée pédestre, dont un **sentier écologique** de 3 km. Se balader à travers la forêt, dans un réseau de sentiers bien balisés et bien entretenus, ou se laisser séduire par le chant des oiseaux permet d'oublier pour quelques instants le rythme de la ville... pourtant si proche. Petits lacs, collines et espaces gazonnés attendent le randonneur. Du haut de la colline, la vue sur Montréal et le mât du Stade olympique est très jolie.

L'observation de la nature est possible sur presque l'ensemble du territoire. À ce jour, plus d'une centaine d'espèces d'oiseaux ont été identifiées. Plusieurs mangeoires sont installées dans le parc. D'ailleurs, le **Club d'ornithologie de Longueuil** y est très actif, organisant des sorties de sensibilisation et des conférences.

L'hiver venu, le parc régional de Longueuil organise une foule d'activités, qui vont des cours de fartage à des randonnées au clair de lune, en passant par des cours de ski de fond, un camp d'hiver et les «Pâques des Coccinelles».

La butte pour les glissades, située derrière le pavillon d'accueil, est très fréquentée et bien appréciée par les amateurs de tous les âges. Elle est entretenue telle une pente de ski alpin, avec fabrication de neige artificielle, entretien mécanique et éclairage! Pas étonnant qu'autrefois le parc régional de Longueuil portait le nom de «base de plein air».

Le parc de la Cité

⏱ 5 km, 2h
••• randonnée au fil de l'eau

INFORMATION

Loisirs Saint-Hubert
tlj du lever au coucher du soleil
🐕 ❄
☎ 450-463-7065

ACCÈS

🚌 **Transports en commun:**

métro Longueuil–Université-de-Sherbrooke, autobus 19 puis 42 de la RTL.

🚗 **Voitures:**

de l'autoroute 30 ou de la route 116, empruntez la route 112 (boulevard Cousineau) vers Saint-Hubert. Tournez en direction nord dans le boulevard Gaëtan-Boucher et roulez jusqu'à l'angle du boulevard Davis (sur votre gauche).

SERVICES ET INSTALLATIONS:

stationnement, toilettes, aires de pique-nique.

AUTRES ACTIVITÉS:

vélo, patin à roues alignées, ski de fond, glissade, patin à glace.

APERÇU

Saint-Hubert, qui fait désormais partie de la grande Ville de Longueuil, a un secret bien gardé: le parc de la Cité. Alors que l'on s'attend à trouver un simple parc municipal sans grand intérêt, on est ravi d'y découvrir un vaste parc fort bien aménagé et des plus agréables à parcourir.

Avec son très joli lac, tout en longueur, ses petits ponts et passerelles, ses sentiers, ses aires de pique-nique et ses buttes, le parc de la Cité se révèle être un havre de paix où il fait bon se balader et se détendre à seulement quelques minutes de la ville.

PARCOURS

Le parc compte plusieurs petits sentiers pour un total d'environ 5 km. Le sentier principal permet d'effectuer le **tour du lac**, constituant une agréable boucle de 2,7 km.

Il ne faut pas hésiter à grimper au sommet de la butte principale, du haut de laquelle une vue à 360° embrasse les environs. On distingue facilement le mont Royal, les gratte-ciel du centre-ville de Montréal, le mont Saint-Hilaire et sa face rocheuse, une partie du boisé du parc ainsi que le quartier résidentiel qui l'entoure.

Le parc national du Mont-Saint-Bruno

🕐 jusqu'à 27 km, 2h à une journée
››› randonnée en forêt

INFORMATION

Parc national du Mont-Saint-Bruno
adultes 3,50$
tlj de 8h au coucher du soleil
✳
330 rang des 25 E.
St-Bruno
☎450-653-7544
www.sepaq.com

ACCÈS

Le parc est situé à seulement 20 km de Montréal et à 3 km de la municipalité.

🚌 **Transports en commun:**

métro Longueuil–Université-de-Sherbrooke, autobus 99 de la RTL jusqu'à Saint-Bruno, puis marchez jusqu'au parc (environ 2 km).

🚗 **Voitures:**

autoroute 20, sortie 98; prenez l'autoroute 30 en direction de Brossard jusqu'à la sortie 121. Empruntez la montée Montarville, puis le rang des Vingt-Cinq Est jusqu'au parc. Par l'autoroute 10 ou la route 116, il faut également emprunter l'autoroute 30 (vers la 20) jusqu'à la sortie 121.

SERVICES ET INSTALLATIONS:

stationnement, accueil, toilettes, casse-croûte, aires de pique-nique, refuge, premiers soins, aire de jeux, carte des sentiers, dépliants et brochures.

Autres activités:

> interprétation de la nature, ski de fond, ski alpin, cueillette de pommes à l'automne.

Aperçu

Le petit parc national du Mont-Saint-Bruno (5,9 km²) fut créé en 1985. Il est voué à la conservation et a pour objectif d'assurer la protection de ce territoire, tout en permettant au public de venir s'y détendre et en apprendre davantage sur cette colline montérégienne, le mont Saint-Bruno, de plus de 200 m d'altitude et riche d'un passé historique encore bien présent.

Le mont Saint-Bruno est particulier en raison des nombreux lacs que l'on y trouve. Les cinq petits lacs (Seigneurial, des Bouleaux, du Moulin, à la Tortue et des Atocas) se déversent l'un dans l'autre, offrant des décors de toute beauté aux visiteurs.

Le passé historique du mont Saint-Bruno remonte au début du XVIIIe siècle, alors que le territoire se nommait «la seigneurie de Montarville». Cette seigneurie avait été concédée à Pierre Boucher en 1710, élargissant du même coup la seigneurie de Boucherville et devenant la première seigneurie située dans les profondeurs des terres, à mille lieues de tout contact avec les voies navigables.

N'étant pas située près d'un grand cours d'eau, la seigneurie prit une vocation industrielle. On y construisit un moulin à farine en 1725, puis des moulins à tanner (1742), à planches (1758), à scie et à carder (1800-1816), tous alimentés par l'énergie hydraulique que procurent les cours d'eau de la montagne. De ces moulins, seul le moulin à farine, rebâti en 1741 et en 1761, est encore debout.

La culture de la pomme a également joué un rôle important au mont Saint-Bruno. Dès 1746, des pommiers y ont été plantés, à la demande du seigneur de Montarville. Une quinzaine d'années plus tard, la montagne abritait plus d'une centaine de pommiers. Plus récemment, au début des années 1920, les frères de Saint-Gabriel firent l'exploitation des vergers du mont Saint-Bruno pendant une cinquantaine d'années. De nos jours, le nombre de pommiers à l'intérieur du parc est estimé à environ 2 000.

Parcours

Le réseau totalise 27 km de sentiers de randonnée pédestre. De nombreuses boucles peuvent être effectuées. La carte du parc propose sept parcours variant de 4 km à 9 km, où se trouvent les principaux points d'intérêt. Tout près du poste d'accueil (0,5 km), à proximité du verger, un point de vue permet d'admirer le centre-ville de Montréal.

Le parc national du Mont-Saint-Bruno couvre la majeure partie de cette colline montérégienne, haute de 218 m. Petite mais assez abrupte, cette colline est située dans la zone de transition entre l'érablière à caryer et l'érablière laurentienne. On y retrouve donc une grande diversité d'habitats, ainsi qu'une grande richesse au niveau de la flore et de la faune.

Le parc est aussi un des sites ornithologiques les plus fascinants du sud du Québec; plus de 230 espèces d'oiseaux y ont été observées à ce jour. Selon la saison et le sentier emprunté, il est également fréquent d'apercevoir des chevreuils, des renards et même des harfangs des neiges, tôt en matinée ou tard en fin de journée.

Le programme d'interprétation de la nature y est très diversifié: culture des pommes, histoire géologique, animaux, histoire humaine, érablière, réseau des lacs et ruisseaux. Le randonneur peut se procurer à l'accueil les différentes brochures traitant ces sujets.

Le grand tour du parc s'effectue le long d'un sentier formant une boucle de 8,8 km, en partant du poste d'accueil. Il est cependant suggéré de faire un petit détour pour aller admirer le **vieux moulin** (1761), situé entre le **lac Seigneurial** et le **lac du Moulin**. Plus loin, le sentier passe près de plusieurs lacs, puis près d'une immense pierre (la Pierre de Lune), vestige du passage des grands glaciers, puis revient vers le poste d'accueil.

Le parc Le Rocher

⏱ jusqu'à 9,5 km, 1h à 3h
››› randonnée en forêt

INFORMATION

Municipalité de Saint-Amable
tlj du lever au coucher du soleil
�
☎ 450-649-3555, poste 233
www.st-amable.qc.ca

ACCÈS

🚌 Transports en commun:

métro Longueuil–Université-de-Sherbrooke, du terminus Longueuil (☎ 800-268-1436, www.citsv.qc.ca), prenez l'autobus de Saint-Amable.

🚗 Voitures:

autoroute 20, sortie 102 ou autoroute 30 sortie 128. À Saint-Amable, tournez à gauche dans la rue Auger, puis à droite dans la rue Thomas. Le parc se trouve au 215 de la rue Thomas.

SERVICES ET INSTALLATIONS:

stationnement, dépliants-cartes.

AUTRES ACTIVITÉS:

ski de fond, raquette.

APERÇU

Petite municipalité paisible située entre Sainte-Julie et Saint-Marc-sur-Richelieu, Saint-Amable jouit, depuis les années 1980, d'une forte popularité auprès de ceux qui désirent s'évader de la «grande ville».

Désireuse d'offrir à ses résidants un grand espace vert, la municipalité de Saint-Amable a aménagé le parc Le Rocher (125 ha) sur l'emplacement d'une ancienne sablière ayant servi lors de la construction des autoroutes avoisinantes.

Composé de marécages et de petits étangs, le parc renferme une très grande colonie de phragmites communs, communément appelé «roseaux». Fréquenté par environ 150 espèces d'oiseaux, dont le moqueur chat, la grive fauve et la paruline jaune, et une dizaine d'espèces de mammifères (castor, renard roux, cerf de Virginie, etc.), le parc compte aussi plusieurs espèces de plantes sauvages.

PARCOURS

Le réseau compte trois sentiers pour un total de 9,5 km. On y trouve un **sentier écologique** (1,5 km) agrémenté de panneaux d'interprétation présentant les oiseaux, les animaux et l'étang aux tortues du parc.

Le Récré-O-Parc de Ville Sainte-Catherine

⏱ 7 km, 2h
››› randonnée au fil de l'eau

INFORMATION

Récré-O-Parc de Ville Sainte-Catherine
tlj 8h à 20h30
🚶 ❄
☎ 450-635-3011
www.ville.sainte-catherine.qc.ca

ACCÈS

Le parc se trouve sur le boulevard Marie-Victorin, à Sainte-Catherine.

🚌 Transports en commun:

du métro Bonaventure, prenez l'autobus (CIT Roussillon, ☎514-877-6003) jusqu'à Sainte-Catherine, puis empruntez l'autobus 32 (arrêt à l'angle de Brébeuf et de Marie-Victorin). Train de banlieue Montréal/Delson-Candiac (☎514-287-8726), station Sainte-Catherine.

🚗 Voitures:

pont Mercier et route 132 Est jusqu'à Sainte-Catherine, puis rue Centrale. Ou pont Champlain et route 132 Ouest jusqu'au boulevard Marie-Victorin, qui mène à l'écluse.

SERVICES ET INSTALLATIONS:

stationnement, restauration, toilettes, aires de pique-nique.

AUTRES ACTIVITÉS:

plage (**$**), vélo (piste cyclable), pêche, aires de jeux, ski de fond, raquette, patin à glace, glissade.

APERÇU

Aménagé en bordure de l'écluse de Sainte-Catherine, aux abords du fleuve Saint-Laurent, le Récré-O-Parc de Ville Sainte-Catherine offre un lieu de détente des plus rafraîchissants.

La ville de Sainte-Catherine a été nommée en l'honneur de Kateri Tekakwitha. Cette Amérindienne, née en 1656 dans l'État de New York, avait une mère chrétienne, qui la fit baptiser; toutefois, elle fut persécutée par ses congénères et dut s'enfuir à Kahnawake en 1677, où elle mena une vie pieuse et exemplaire jusqu'à sa mort, en 1680. Béatifiée le 22 juin 1980, elle est la première Amérindienne en attente d'être canonisée. Sainte-Catherine a longtemps été essentiellement un lieu de villégiature. On venait s'y baigner à la plage locale et effectuer des balades le long du fleuve Saint-Laurent, en face des puissants rapides de Lachine.

PARCOURS

Le réseau compte 7 km de sentiers. En partant de la jolie plage, un parcours de 4,2 km vous mènera d'abord au bout du parc. Pour ce faire, suivez la petite route revêtue qui longe le fleuve. La piste cyclable emprunte également cette route. La vue sur Montréal et ses gratte-ciel est superbe. Il est possible de distinguer les ponts Champlain, Victoria et Mercier. Le fleuve Saint-Laurent y est majestueux et omniprésent. On aperçoit aussi le mont Royal et l'oratoire Saint-Joseph.

L'**écluse de Sainte-Catherine** permet de contourner les infranchissables rapides de Lachine, visibles à l'ouest. Au bout du parc, tournez à gauche dans le **chemin n° 60** (inscrit sur le sol). Ce petit chemin effectue une boucle, pour revenir sur le chemin principal, que vous emprunterez de nouveau jusqu'à la plage.

De l'autre côté de la plage, la **piste cyclable de la voie maritime** s'étend jusqu'à l'île Notre-Dame (parc Jean-Drapeau). Il est possible de marcher le long de cette longue bande d'une quinzaine de kilomètres qui forme l'estacade de la voie maritime du Saint-Laurent.

Le centre écologique Fernand-Seguin

🕐 jusqu'à 7,6 km, 1h à 3h
⋯ randonnée en forêt

INFORMATION

Lieu historique national de la Bataille-de-la-Châteauguay 2371 ch. Rivière-Châteauguay ☎450-829-2003 www.pc.gc.ca/chateauguay

Centre écologique Fernand-Seguin
tlj
❄

boul. Brisebois
Châteauguay
☎ 450-698-3133
www.heritagestbernard.qc.ca/cefs.htm

ACCÈS

🚌 Transports en commun:

métro Angrignon, autobus du CITSO (☎ 450-698-3030, www.citso.org) jusqu'à Châteauguay.

🚗 Voitures:

à Châteauguay, empruntez le boulevard Saint-Jean-Baptiste (route 138) en direction de Mercier et tournez à droite dans le boulevard René-Lévesque (route 132). Tournez à gauche dans le boulevard Brisebois, à côté du centre hospitalier Anna-Laberge, et continuez jusqu'au bout.

SERVICES ET INSTALLATIONS:

stationnement, accueil, toilettes, dépliants-cartes.

AUTRES ACTIVITÉS:

ski de fond, raquette, patin à glace, glissade.

APERÇU

Au début du XIXᵉ siècle, la rivière Châteauguay, qui coule du sud vers le nord sur 100 km, joua un rôle important pour l'avenir de Montréal. Ainsi, le 26 octobre 1813, des troupes américaines suivent ce cours d'eau, à partir de l'État de New York, afin de parvenir jusqu'à Montréal et s'emparer de la ville.

Mais les troupes canadiennes, sous le commandement de Charles-Michel de Salaberry, les attendent près de la rivière, aux environs d'Allan's Corner, au sud de Châteauguay. Le **Lieu historique national de la Bataille-de-la-Châteauguay** relate cette victoire des troupes canadiennes.

Aménagé à l'ouest de la rivière Châteauguay, derrière le centre hospitalier Anna-Laberge, le Centre écologique Fernand-Seguin est un agréable et vaste boisé où il fait bon marcher tout en découvrant les différentes essences qui le composent.

PARCOURS

Le réseau de sentiers compte quatre sentiers pour un total de 7,6 km. À cela s'ajoutent les nombreux sentiers de ski de fond (25 km) qui sillonnent le centre. Malheureusement, la signalisation est quelque peu confuse, et il n'est guère facile d'effectuer un parcours en entier. Par contre, il est possible de se promener librement, le sentier principal (plus large) traversant le réseau.

L'un des sentiers les plus intéressants est celui dénommé **Le Trille** (boucle de 1,8 km). Ce sentier d'interprétation est jalonné de panneaux présentant la flore du centre (chêne rouge, tilleul d'Amérique, ostryer de Virginie, clavalier d'Amérique, chêne blanc, bouleau jaune, peuplier deltoïde, peuplier faux-tremble, etc.).

On y trouve entre autres la plante dénommée «minisperme du Canada», sorte de plante grimpante qui s'enroule autour des tiges et des branches d'autres plantes, et le caryer ovale, dont l'écorce se compose de jeunes tiges se détachant en longues lamelles retroussées.

Le refuge faunique Marguerite-D'Youville

⏱ jusqu'à 8,4 km, 1h à 4h
••• randonnée en forêt, randonnée au fil de l'eau

INFORMATION

Héritage Saint-Bernard
mi-mai à avr tlj du lever au coucher du soleil
✳
480 boul. d'Youville, Île Saint-Bernard
Châteauguay
☎ 450-698-3133
www.heritagestbernard.qc.ca

ACCÈS

🚌 Transports en commun:

métro Angrignon, autobus du CITSO (☎ 450-698-3030) jusqu'à Châteauguay. Navette fluviale Lachine-Châteauguay (☎ 514-871-8356, www.navark.ca).

🚗 Voitures:

à Châteauguay, continuez sur le boulevard Saint-Jean-Baptiste (routes 132/138), tournez à droite sur le boulevard René-Lévesque (route 132), puis à droite sur le chemin Saint-Bernard.

SERVICES ET INSTALLATIONS:

stationnement, accueil, café, cartes, dépliants, livres.

AUTRES ACTIVITÉS:

programme éducatif, visites de groupe, croisières.

APERÇU

Assurément un coup de cœur, le refuge faunique Marguerite-D'Youville a vraiment tout pour plaire. Avec son charmant café, son île préservée, ses sentiers bien aménagés, sa flore exceptionnelle et ses quelque 210 espèces d'oiseaux qui le fréquentent, ce refuge forme un territoire exceptionnel à seulement quelques minutes de Montréal.

Occupant presque entièrement l'île Saint-Bernard, le refuge est composé de marais, de marécages, de prairies et de forêts. Il abrite, entre autres, le plus gros spécimen de chêne bicolore de la province. Entouré du lac Saint-Louis (fleuve Saint-Laurent) et de la rivière Châteauguay l'eau y est partout présente. On y dénombre d'ailleurs deux plages et autant de digues. N'oubliez surtout pas d'apporter vos jumelles!

PARCOURS

Le réseau compte un sentier principal et quelques sentiers secondaires pour un total de 8,4 km linéaires. Grâce aux sentiers **Grande digue** (943 m) et **Petite digue** (797 m) il est possible d'effectuer différents parcours plus ou moins exigeants. Une agréable boucle de 5,6 km permet, au départ de l'accueil, de parcourir la plage Le Grillon, la Pointe nord, l'érablière à caryers ainsi que la Grande digue.

Aménagé face à l'île Saint-Bernard, le **parc de la Commune** fait partie d'un réseau de marais qui s'étend dans la région. Les marais sont de véritables usines d'épuration naturelle, et leur présence est vitale. Le marais du parc de la Commune abrite quelque 25 espèces de poissons, 10 espèces de reptiles et 56 espèces d'oiseaux. Il est composé à 70% de plantes émergentes, principalement des quenouilles à feuilles larges, et à 5% de plantes aquatiques. Le parc est agréable à parcourir, d'autant plus qu'on y trouve des bancs, des panneaux d'interprétation, des petits ponts et une passerelle donnant sur le marais et les champs.

Le Suroît

Le parc-nature Bois Robert

⏱ jusqu'à 7 km, 1h à 2h
••• randonnée en forêt

INFORMATION

Comité du Bois Robert
tlj du lever au coucher du soleil
🚻 ❄
☎ 450-429-3546 ou 450-377-7676

ACCÈS

🚌 Transports en commun:

métro Angrignon, autobus CITSO (☎ 450-698-3030) jusqu'à Beauharnois.

🚗 Voitures:

de la route 132, à Beauharnois, empruntez le chemin Saint-Louis (route 236). Le petit stationnement est situé à côté de l'église Saint-Clément.

SERVICES ET INSTALLATIONS:

stationnement, accueil, toilettes, aires de pique-nique, dépliants-cartes.

AUTRES ACTIVITÉS:

raquette, ski de fond.

APERÇU

Très bien aménagé le long de la rivière Saint-Louis, le parc-nature Bois Robert permet de s'évader quelques instants dans la nature à proximité de la municipalité de Beauharnois.

Un bon réseau de sentiers, pour la randonnée pédestre ou le ski de fond, parcourt une forêt composée de tilleuls, de chênes rouges, de frênes rouges, d'ormes d'Amérique et de hêtres. On y rencontre aussi des champs et des zones humides. Des panneaux d'interprétation (faune et flore) ont aussi été installés le long des sentiers et près de la rivière.

PARCOURS

Le réseau compte quatre sentiers pour un total de 7 km. Une agréable boucle de 4,4 km permet d'avoir une bonne vue d'ensemble du Bois Robert.

Du stationnement, traversez d'abord le pont Préville, qui est plutôt une passerelle au-dessus de la rivière Saint-Louis. Empruntez ensuite le **Grand sentier PPG**, soit le sentier principal qui mène au bout du boisé. À l'aller ou au retour, n'hésitez pas à parcourir les petits sentiers secondaires (**Jaune**, **Orange**, **Vert** et **Bleu**) qui s'enfoncent un peu plus dans la forêt.

Au bout du Grand sentier PPG, une éclaircie permet un repos apprécié, d'autant plus qu'une aire de pique-nique vous y attend. Comme les sentiers ne sont pas très longs ni difficiles, il faut prendre le temps de s'arrêter au bord de la rivière Saint-Louis, dans laquelle il est fréquent d'observer des tortues serpentines (*Chilydre serpentine*).

Le parc régional de Beauharnois-Salaberry

⏱ jusqu'à 50 km, 1h à une journée
••• randonnée au fil de l'eau

INFORMATION

MRC de Beauharnois-Salaberry
tlj du lever au coucher du soleil
🐎
☎ 450-225-0870
www.mrcbeauharnois-salaberry.com

ACCÈS

🚌 **Transports en commun:**

métro Angrignon, autobus CITSO (☎450-698-3030) jusqu'à Beauharnois.

🚗 **Voitures:**

pont Mercier et route 132 jusqu'à Beauharnois. Plusieurs stationnements des deux côtés du canal, entre Beauharnois et Salaberry-de-Valleyfield.

SERVICES ET INSTALLATIONS:

stationnements, toilettes, aires de pique-nique, marina, rampe de mise à l'eau, belvédères.

AUTRES ACTIVITÉS:

pêche, vélo, patin à roues alignées, ski de fond, raquette.

APERÇU

Le canal de Beauharnois, creusé à partir de 1929, s'étend sur 25 km de longueur entre le lac Saint-Louis et le lac Saint-François. Il servit d'abord à alimenter l'une des plus grandes centrales hydroélectriques du monde, la centrale de Beauharnois *(visites guidées, ☎ 800-365-5229)*, puis à permettre aux navires de franchir les 25 m de dénivellation qui séparent les deux lacs, grâce aux écluses de Melocheville.

Les abords du canal, soit environ 50 km de bandes riveraines, variant de 30 m à 100 m de largeur, n'étant pas exploités, on a eu l'excellente idée de les aménager et d'en faire un parc régional. Ainsi, petits et grands profitent de ce cadre enchanteur pour venir pratiquer le vélo ou la marche, observer les oiseaux, pique-niquer ou simplement se détendre.

PARCOURS

Près de 50 km de sentiers polyvalents sont aménagés de part et d'autre du canal.

Au nord du canal, la piste reliant Melocheville à Salaberry-de-Valleyfield est complétée. À quelques endroits, le sentier pénètre dans la forêt.

Au sud du canal, une agréable balade (9,7 km aller) consiste à relier le pont Saint-Louis (Saint-Louis-de-Gonzague) au pont Larocque (Saint-Stanislas-de-Kostka). De chaque côté du canal, des bassins ont été aménagés par Canards Illimités. D'ailleurs, le parc se révèle être un excellent site ornithologique.

Le Parc archéologique de la Pointe-du-Buisson

⏱ 2,5 km, 1h
''' randonnée à caractère historique, randonnée en forêt

INFORMATION

Parc archéologique de la Pointe-du-Buisson
adultes 5$, de 6 à 17 ans 3$
mi-mai à début sept tlj 10h à 17h (en dehors de cette période, informez-vous auprès du personnel du parc).
🚌
333 rue Émond, secteur Melocheville
Beauharnois
☎450-429-7857
www.pointedubuisson.com

ACCÈS

🚌 **Transports en commun:**

métro Angrignon, autobus CITSO (☎450-698-3030) jusqu'à Melocheville (8e Avenue).

🚗 **Voitures:**

pont Mercier et route 132 Ouest jusqu'à Melocheville, puis rue Émond.

SERVICES ET INSTALLATIONS:

stationnement, accueil, pavillon d'interprétation, toilettes, expositions, projections audiovisuelles, laboratoire, chantier de fouilles, programme pédagogique, aire de pique-nique, boutique.

AUTRES ACTIVITÉS:

activités d'animation et visites commentées.

APERÇU

Le Parc archéologique de la Pointe-du-Buisson se trouve à 35 km de Montréal, dans la municipalité de Melocheville. Grâce à des écluses construites au début du XXe siècle, cette petite municipalité devint la porte d'entrée du canal de Beauharnois.

Le passé historique de la Pointe-du-Buisson remonte à 5 000 ans. À cette époque, les Amérindiens venaient à la Pointe-du-Buisson pour chasser, pêcher et cueillir des noix. Beaucoup plus tard, les voyageurs se rendant vers les Grands Lacs prirent l'habitude de faire une halte sur cette pointe. Au XIXe siècle, la Pointe-du-Buisson était réputée être un site de festivités champêtres.

De nos jours, Pointe-du-Buisson est synonyme de site archéologique. De nombreux archéologues, entre autres de l'Université de Montréal, fréquentent ce site. Le passé amérindien de la pointe revit peu à peu, grâce aux divers objets retrouvés, notamment des pointes de flèches, des vases, des harpons et des foyers.

PARCOURS

Le réseau compte 2,5 km de sentiers de randonnée pédestre. Le Parc archéologique de la Pointe-du-Buisson a une superficie de 22 ha. En plus d'être un site archéologique, il est également un espace écologique d'une grande richesse qui n'a subi aucune modification au fil des années. Il est ainsi interdit de quitter les sentiers ou de cueillir des plantes ou des champignons.

Le randonneur parcourt une érablière à caryer, vieille de plus de 150 ans, et longe de jolis marais où le roseau et la quenouille ont élu domicile. Plus de 40 espèces d'oiseaux fréquentent le parc.

Le parc régional des Îles de Saint-Timothée

⏱ jusqu'à 14 km, 1h à 3h
››› randonnée au fil de l'eau, randonnée en forêt

INFORMATION

Parc régional des Îles de Saint-Timothée
stationnement et navette vers la plage (gratuits). Durant les semaines où la plage est ouverte, des droits d'accès sont exigés.
tlj 6h à 22h
🐾 ✺
240 rue St-Laurent, secteur St-Timothée
Salaberry-de-Valleyfield
☎450-377-1117
www.ville.valleyfield.qc.ca

ACCÈS

🚌 Transports en commun:

métro Angrignon, autobus CITSO (☎450-698-3030) jusqu'à Saint-Timothée.

🚗 Voitures:

deux choix: **1)** autoroute 20 Ouest, sortie 14, direction Salaberry-de-Valleyfield, et pont Mgr Langlois jusqu'à la route 132; à gauche dans la route 132 jusqu'au panneau d'indication du parc (rue Saint-Laurent); **2)** pont Mercier et route 132 Ouest, direction Valleyfield; à Saint-Timothée, prenez à droite la rue Saint-Laurent.

SERVICES ET INSTALLATIONS:

chalet de service avec casse-croûte (menu santé), toilettes, aires de pique-nique, location d'embarcations (canot, kayak, pédalo), pavillon d'accueil pour les aînés, rampe de mise à l'eau, stationnement, service de navette pour la plage, cartes du parc.

AUTRES ACTIVITÉS:

baignade, aires de récréation, pétanque, pique-nique, sentier d'hébertisme, volley-ball, astronomie, interprétation de la nature, animation (ateliers, jeux), patin à roues alignées, pêche, pédalo, canot, kayak.

APERÇU

Saint-Timothée, qui fait désormais partie de Salaberry-de-Valleyfield, longe le fleuve Saint-Laurent sur plus de 15 km. Jadis, pour les navigateurs arrivant du lac Ontario, la portion du fleuve devant Saint-Timothée était considérée comme la plus dangereuse et la plus difficile. Les nombreux récifs et rapides étaient difficilement franchissables.

Depuis, des barrages ont été construits, détournant ainsi le fleuve Saint-Laurent et enclavant par le fait même les îles de Saint-Timothée. Maintenant plus paisibles, ces îles devinrent de plus en plus fréquentées par les amants de la nature de la région. Grâce à sa superbe plage sablonneuse et à la qualité de son eau, l'endroit fut surnommé «Les îles du sud... du Québec».

Le parc régional des Îles de Saint-Timothée offre une belle nature, des îles, une plage ainsi qu'une foule d'activités pour ceux qui ont envie de se rafraîchir. Parc familial par excellence, c'est une véritable oasis de verdure où conservation et récréation vont de pair.

L'attrait majeur du parc est sans contredit sa magnifique plage sablonneuse, située tout près du chalet. Pouvant accueillir 1 500 personnes, elle est très propre et bien entretenue. L'eau du fleuve y est étonnamment claire et invitante. Obtenant toujours la meilleure cote, c'est-à-dire «A», la qualité de l'eau est assurée par la régulation des eaux effectuée par Hydro-Québec.

Afin d'assurer la tranquillité de tous, les responsables du parc ont eu la brillante idée de n'accepter que les radios munis d'écouteurs.

La pratique des sports nautiques (canot, kayak, pédalo) et la pêche attirent bon nombre de visiteurs. Des animateurs proposent différents ateliers et jeux aux tout-petits. Pour les adultes, diverses soirées où il est question d'astronomie, d'interprétation de la nature, d'ornithologie ou d'histoire régionale sont organisées.

PARCOURS

Le parc offre 14 km de sentiers de randonnée pédestre. Le long des sentiers, le randonneur pourra observer 30 espèces d'arbres, 35 espèces d'arbustes et plus de 150 plantes herbacées. Toutes les îles du parc sont parsemées de micocouliers, arbres rares au Québec.

Parmi les 90 espèces d'oiseaux observées dans le parc, on retrouve le grand héron, l'oriole du Nord ainsi que le pic flamboyant.

Près de la plage, dans l'île Papineau, de petits sentiers parcourent une érablière à caryer. Des panneaux d'interprétation nous renseignent sur la flore et la faune du parc (herbe à puce, érablière, marais, marmotte). Plus à l'est, c'est «La vie dans le bassin» qui est présentée.

En traversant le petit pont qui mène à l'île des Frères, vous verrez l'église de Saint-Timothée, située de l'autre côté de la rivière Saint-Charles et se révèlant dans toute sa splendeur. L'île des Frères est une zone de conservation où la végétation est très dense, ce qui a pour effet de nous rafraîchir par un chaud soleil de juillet.

Le parc Delpha-Sauvé

⏱ 1 km, 1h

››› randonnée au fil de l'eau

INFORMATION

Parc Delpha-Sauvé
tlj du lever au coucher du soleil
🐾 ❄

Salaberry-de-Valleyfield
☎ 450-370-4390
www.ville.valleyfield.qc.ca

ACCÈS

🚍 Transports en commun:

métro Angrignon, autobus CITSO (☎ 450-698-3030) jusqu'à Salaberry-de-Valleyfield.

🚗 Voitures:

autoroute 20, sortie 14; prenez la route 201 jusqu'à Salaberry-de-Valleyfield. L'entrée du parc est dans la rue Victoria.

SERVICES ET INSTALLATIONS:

stationnement, casse-croûte, toilettes, location d'embarcations (canot, pédalo).

AUTRES ACTIVITÉS:

vélo (piste cyclable), baignade, tennis, canot, pédalo, ski de fond.

APERÇU

Le parc Delpha-Sauvé se dresse au centre de la ville de Salaberry-de-Valleyfield (40 000 hab.), ville industrielle née vers 1845 autour d'un moulin à scie et à papier, et racheté quelques années plus tard par la Montreal Cotton Company.

Dans cette ville devenue prospère à la fin du XIXe siècle, l'ancien noyau commercial et institutionnel de la rue Victoria témoigne de cette période faste. Le vieux canal de Beauharnois traverse la ville.

PARCOURS

Le réseau de sentiers de randonnée pédestre fait un peu plus de 1 km. Le parc Delpha-Sauvé, blotti dans la baie Saint-François, a été créé de toutes pièces, selon les plans de l'architecte paysagiste Frederic Todd, lors de la construction du premier **canal de Beauharnois**, en 1845. Il ne faut pas confondre l'ancien canal de Beauharnois, en activité de 1845 à 1899, avec l'actuel canal de Beauharnois, qui passe au sud de la ville. Le visiteur peut d'ailleurs parcourir l'ancien canal, en canot ou en pédalo, en toute sécurité.

Comme le parc a été créé artificiellement, on y trouve plus de grands espaces dégagés que de milieux boisés. L'eau y est partout présente, le parc étant aménagé sur une langue de terre longue de 2 km, située entre le canal et la baie de Saint-François, dans laquelle il avance. C'est ici que se tiennent, chaque été, les célèbres Régates internationales.

À l'intérieur du parc, une immense piscine accueille les baigneurs, alors que le **Musée des Deux-Rives** *(758 av. Grande-Île, ☎ 450-370-4855, www.museedesdeuxrives. com)* nous raconte l'histoire de la région, en particulier la vie ouvrière au tournant du XXe siècle. Ce musée propose d'ailleurs des visites guidées du centre-ville.

Le Lieu historique national de Coteau-du-Lac

⏱ 1 km, 1h
··· randonnée à caractère historique

INFORMATION

**Lieu historique national
de Coteau-du-Lac**
adultes 4$, aînés 3,50$, enfants 2$
mi-mai à mi-oct
308A ch. du Fleuve
Coteau-du-Lac
☎450-763-5631 ou 888-773-8888
www.pc.gc.ca/coteaudulac

ACCÈS

🚗 Voitures:

autoroute 20, sortie 17 et suivez les panneaux.

SERVICES ET INSTALLATIONS:

stationnement, toilettes, accueil, centre d'interprétation, vente de souvenirs, accueil de groupes (scolaires, aînés, etc.), animation, guides-interprètes, cartes des sentiers, brochures, panneaux explicatifs.

AUTRES ACTIVITÉS:

visite du jardin archéologique et de l'exposition thématique.

APERÇU

Le Lieu historique national de Coteau-du-Lac n'offre peut-être pas de longs sentiers aux randonneurs; par contre, il présente une quantité incroyable de renseignements sur le passé historique de ce coin de pays baigné par le fleuve Saint-Laurent. Coteau-du-Lac représentait alors un obstacle important, en raison des tumultueux rapides, pour l'avancée des hommes et des marchandises vers l'ouest et les Grands Lacs.

En fait, le passé historique de Coteau-du-Lac, qui se pointe au confluent de la rivière Delisle et du fleuve Saint-Laurent, remonte à plus de 5 000 ans avant notre ère. Des traces d'établissements préhistoriques ont révélé aux archéologues une fréquentation du site à cette époque lointaine.

Lorsque les Français sont venus s'installer en Nouvelle-France, au XVIIe siècle, ils utilisèrent d'abord le canot, facilement manœuvrable et permettant le portage, afin d'explorer le fleuve Saint-Laurent. Mais, au siècle suivant, ils se servirent de plus gros bateaux pouvant transporter plus de marchandises. Ces bateaux ne pouvaient pas franchir les rapides de Coteau-du-Lac, l'endroit le plus étroit et le plus tumultueux entre les lacs Saint-Louis et Saint-François.

Afin d'éviter les rapides, on creusa d'abord un «rigolet» (petit couloir de navigation), puis, en 1780, les autorités britanniques firent creuser le premier canal à écluses en Amérique du Nord, celui de Coteau-du-Lac, long de 275 m et large de 2,13 m. Trois années plus tard, on ouvrit de petits canaux au Rocher Fendu, au Trou-du-Moulin et à la Faucille, formant ainsi le premier système de canalisation sur le fleuve Saint-Laurent.

C'est en 1812 que le site de Coteau-du-Lac devient une véritable fortification. Important poste militaire, le site de Coteau-du-Lac est un emplacement stratégique lors de la guerre de 1812 contre les Américains. Une imposante fortification, des bâtiments défensifs et un blockhaus rendent le territoire moins vulnérable.

Le canal connut, par la suite, une intense période d'utilisation commerciale, jusqu'en 1845, année d'ouverture du canal de Beauharnois, beaucoup plus grand.

PARCOURS

Le réseau de sentiers de randonnée pédestre est tout petit, environ 1 km, mais offre de nombreux points d'intérêt à saveur historique ainsi que de superbes points de vue sur le fleuve Saint-Laurent.

La visite débute au centre d'accueil, où se trouve une maquette du site. Le visiteur peut demander le petit guide du parcours du site, où huit stations numérotées sont présentées.

Le parcours permet de découvrir le toit-terrasse, le bois, le canal «rigolet», le canal principal, le superbe blockhaus (tour octo-gonale), le bastion en forme de trèfle, les vestiges de l'entrepôt nord ainsi que les vestiges de la caserne. Le long des sentiers, des reproductions en forme de silhouettes humaines, des panneaux explicatifs et des objets moulés, montés sur des stèles de béton, agrémentent la balade.

Le parc des Ancres de Pointe-des-Cascades

⏱ jusqu'à 6 km, 1h à 2h
⁙ randonnée au fil de l'eau, randonnée à caractère historique

INFORMATION

Parc des Ancres de Pointe-des-Cascades
tlj (le musée est ouvert durant l'été seulement).
🐾
Société de recherches historiques de Pointe-des-Cascades
76 ch. du Canal
Pointe-des-Cascades
☎ 450-455-5310 (été) ou 450-455-3414
www.pointe-des-cascades.com

ACCÈS

🚍 **Voitures:**

autoroute 20, sortie Dorion. Empruntez la route 338 jusqu'à Pointe-des-Cascades (à 6 km de Dorion).

SERVICES ET INSTALLATIONS:

stationnement, aires de pique-nique, musée, cartes du parc, brochures historiques, panneaux d'interprétation.

AUTRES ACTIVITÉS:

vélo (une piste cyclable passe dans le parc).

APERÇU

Pointe-des-Cascades, un petit village de 950 habitants, est situé à l'extrémité sud-est du comté de Vaudreuil-Soulanges et à seulement 6 km de Dorion. Au confluent du fleuve Saint-Laurent et de la rivière des Outaouais, Pointe-des-Cascades était autrefois liée à la navigation fluviale entre le lac Saint-Louis et le lac Saint-François.

Entre ces deux lacs, le fleuve Saint-Laurent y est très étroit et comporte trois brusques dénivellations, sur une distance de 20 km, que sont les rapides de Pointe-des-Cascades, Les Cèdres et Coteau-du-Lac. La dénivellation entre les deux lacs est de 25,6 m.

Afin de pouvoir naviguer convenablement avec des bateaux de plus en plus gros, les Français ont creusé des «rigolets» (1740-1750), puis les Anglais ont ouvert différents canaux aux rapides La Faucille, Le Trou, du Rocher-Fendu, Les Cèdres et Coteau-du-Lac, à partir de 1779. Le canal des Cascades fut réalisé en 1805 afin de remplacer les canaux de La Faucille et Le Trou.

En 1845, l'ouverture du canal de Beauharnois, plus au sud, mit un terme à l'activité intense de ces canaux. Mais, à partir de 1899, la région connut un second souffle, grâce au canal de Soulanges, long de 22 km et passant dans le village de Pointe-des-Cascades. Cette période dura jusqu'en 1959, année d'ouverture de la Voie maritime du Saint-Laurent intégrant le nouveau canal de Beauharnois.

Campé au cœur même du village de Pointe-des-Cascades, le **musée du parc des Ancres** présente une collection unique d'ancres et de pièces de navires découvertes dans les rapides entre les lacs Saint-Louis et Saint-François.

Parcours

À Pointe-des-Cascades, on peut marcher le long de la piste cyclable du canal de Soulanges. Il est ainsi possible de faire 6 km à pied sur les sentiers.

Le parc des Ancres, situé en bordure d'une écluse du canal de Soulanges, présente une cinquantaine de plaques interprétant la navigation sur le Haut-Saint-Laurent. On y trouve des ancres à jas, certaines datant du XVIIIᵉ siècle, des ancres à bascule, ainsi que des ancres originales, fabriquées pour des applications particulières.

On peut également y admirer diverses pièces de bateaux (bouées, hélices, gouvernails, chaînes), une stèle, ainsi qu'un obélisque, taillé dans un morceau de chêne, découvert au fond des rapides. De petites passerelles permettent de franchir le canal et d'observer les portes de l'écluse.

Le musée relate l'histoire mouvementée de la navigation sur le fleuve Saint-Laurent, entre les lacs Saint-Louis et Saint-François, en plus d'informer le visiteur sur l'hydrographie complexe de cette région du Québec.

Le Parc historique de la Pointe-du-Moulin

⏱ 2,5 km, 1h

''' randonnée au fil de l'eau, randonnée à caractère historique

Information

Parc historique Pointe-du-Moulin
3$ (fin de semaine 5$)
mi-mai à fin août tlj 9h30 à 20h, sept-oct sam-dim 9h30 à 17h
2500 boul. Don-Quichotte,
Notre-Dame-de-l'Île-Perrot
☎ 514-453-5936
www.pointedumoulin.com

Accès

🚌 Transports en commun:

train de banlieue Montréal/Dorion-Rigaud (☎514-287-8726), station Île-Perrot. Autobus de la CIT La Presqu'île (☎450-424-2485, www.citlapresquile. qc.ca).

🚗 Voitures:

autoroute 20 jusqu'à l'île Perrot. Empruntez le boulevard Don-Quichotte jusqu'à l'extrémité de l'île. Le parc se trouve à 10 km de l'autoroute 20.

Services et installations:

stationnement, accueil, casse-croûte, toilettes, visites guidées, interprétation de la nature, expositions interactives, aires de pique-nique, aire de jeux, location de kayaks (☎514-290-2244).

Autres activités:

visite de bâtiments historiques, kayak.

Aperçu

Le Parc historique de la Pointe-du-Moulin niche à l'extrémité est de l'île Perrot, où le fleuve Saint-Laurent rejoint le lac Saint-Louis.

L'île Perrot tire son nom du premier propriétaire de l'île, François-Marie Perrot (1644-1691). Celui-ci fut gouverneur de Montréal dès l'âge de 25 ans. C'est en 1672 qu'il se vit concéder l'île qui porte maintenant son nom. Grâce à cette île, il devint vite prospère, car il avait la chance de commercer avec les Amérindiens, avant que ceux-ci ne parviennent à Montréal, rendant ainsi furieux les marchands de Montréal.

À la suite de nombreuses plaintes portées contre lui, François-Marie Perrot fut remplacé comme gouverneur en 1683. Il vendit finalement l'île à Charles LeMoyne, en 1687, et mourut quelques années plus tard, à l'âge de 47 ans.

PARCOURS

Le réseau compte 2,5 km de sentiers de randonnée pédestre, dont un sentier d'interprétation de la nature, avec panneaux. La Pointe-du-Moulin, qui avance dans les eaux du lac Saint-Louis, offre de superbes points de vue sur le fleuve Saint-Laurent et, par temps clair, sur le centre-ville de Montréal. Par les chaudes journées d'été, le vent qui y souffle est toujours le bienvenu. On s'y sent à la campagne, au bord de l'eau, dans un paysage champêtre qui fait oublier la ville, pourtant si proche.

Le Parc historique de la Pointe-du-Moulin est très animé. La visite du moulin à vent, construit en 1708 par Joseph Trottier, sieur Desruisseaux, permet d'observer le meunier activant les ailes du moulin; la meunière, pour sa part, prépare le pain à la maison du meunier. Des guides expliquent le fonctionnement du moulin, qui, d'ailleurs, fonctionne toujours, ainsi que l'histoire des lieux. En été, des comédiens, des artisans et des marionnettes géantes font revivre la vie quotidienne traditionnelle à l'époque du XVIIIe siècle (fins de semaine).

Le mont Rigaud

jusqu'à 24,3 km, 2h à une journée
randonnée en forêt

INFORMATION

L'Escapade
Les Sentiers du Mont-Rigaud
tlj du lever au coucher du soleil

5 rue Pagé
Rigaud
☎450-451-0869, poste 238 ou 450-451-4608
www.ville.rigaud.qc.ca/escapade

ACCÈS

Transports en commun:

train de banlieue Montréal/Dorion-Rigaud (☎514-287-8726).

Voitures:

autoroute 40, sortie 12. Tournez à gauche vers le centre-ville et la rue Pagé. Vous pouvez aussi garer votre voiture au 240 du chemin de la Mairie ou à la Sucrerie de la Montagne (300 rang Saint-Georges, ☎450-451-0831).

SERVICES ET INSTALLATIONS:

stationnement, accueil, toilettes, aires de pique-nique, cartes des sentiers.

AUTRES ACTIVITÉS:

équitation, ski de fond.

APERÇU

La municipalité de Rigaud, qui compte quelque 6 000 habitants, est célèbre en raison de son sanctuaire Notre-Dame-de-Lourdes, qui accueille, depuis plus de 135 ans, des milliers de pèlerins. Ce coin de pays du Suroît, situé sur la rive sud de l'Outaouais, à seulement quelques kilomètres de l'Ontario, abrite également une magnifique montagne dénommée simplement le «mont Rigaud» (220 m).

Le mont Rigaud est fréquenté depuis le début du XIXe siècle. En 1840, la montagne était sillonnée de plusieurs sentiers, notamment dans le secteur appelé le «Sommet de la croix», où une croix fut installée dans ce temps-là. En 1850, les étudiants du collège Bourget parcourent la montagne lors d'activités scientifiques et éducatives. Au fil des années suivantes, bon nombre de botanistes, biologistes, géologues et ornithologues fréquentent ce site exceptionnel.

En 1989 est créée l'Association pour la protection de l'environnement de Rigaud (APER), qui vise à faire l'acquisition du secteur du Sommet de la croix, dans le but d'en assurer la protection permanente, pour ensuite le mettre en valeur afin d'en permettre l'accès à tous.

Ce mont est différent des autres montagnes de la région métropolitaine car il n'appartient pas à la même formation géologique. Il s'apparente davantage au massif des Laurentides. Surplombant la plaine de quelque 150 m, la montagne comporte des falaises, un plateau central et des bas versants.

Le mont Rigaud témoigne d'un phénomène géomorphologique des plus intéressants. Il s'agit d'un dépôt glaciaire de till délavé, que l'on retrouve au bas du Sommet de la croix, près du sanctuaire. Cette accumulation de pierres plus ou moins arrondies, ressemblant à un champ de patates, est étudiée par des scientifiques depuis bon nombre d'années et a donné naissance à la légende du «Champ du diable».

La montagne se dresse dans la zone considérée comme la plus chaude au Québec. On y trouve donc une flore et une faune des plus variées. On y dénombre plus de 700 plantes vasculaires. Une trentaine d'espèces de mammifères, dont le cerf de Virginie, le renard roux et le coyotte, fréquentent les lieux. Site ornithologique réputé être un des plus riches au Québec, le mont Rigaud abrite près de 250 espèces d'oiseaux, dont 150 qui y nichent.

PARCOURS

Le réseau compte sept sentiers de randonnée pédestre pour un total de 24,3 km linéaires. Depuis 1996, la municipalité de Rigaud développe un réseau des sentiers de randonnée, intitulé **L'Escapade**. Les sentiers sont larges, bien aménagés et la signalisation demeure adéquate.

Une boucle assez difficile (17 km, départ dans le stationnement principal) consiste à emprunter les sentiers **La Foulée du cerf**, **L'Aventure douce**, **Le Haut-lieu** et **La Montée neuve**. Une autre boucle, d'environ 10 km, permet de parcourir la montagne en partant de la Sucrerie de la Montagne. Le long des sentiers, 25 panneaux d'interprétation permettent d'en apprendre davantage sur la faune et la flore de la région.

La vallée du Richelieu

Le mont Saint-Grégoire

⏱ 3 km, 1h30
⋯ randonnée en forêt

INFORMATION

CIME Haut-Richelieu
adultes 3$, 5 à 17 ans 2$
été tlj 9h à 18h, hiver tlj 9h à 16h
✳
16 ch. Sous-Bois
Mont-Saint-Grégoire
☎ 450-346-0406
www.cimehautrichelieu.qc.ca

ACCÈS

🚗 **Voitures:**

autoroute 10, sortie 37. Empruntez la route 227 Sud et tournez à droite dans le rang Fort Georges, qui devient le chemin Sous-Bois.

SERVICES ET INSTALLATIONS:

stationnement, accueil, toilettes, aires de pique-nique, cartes.

AUTRES ACTIVITÉS:

activités d'interprétation, camp de jour (6-12 ans), raquette.

APERÇU

Mont-Saint-Grégoire se révèle être un coquet petit village entouré de fermes, d'érablières et de vergers qui en font sa renommée.

Le mont Saint-Grégoire, quant à lui, est une fort jolie petite colline de 250 m d'altitude qui surplombe la plaine montérégienne, à l'est de Saint-Jean-sur-Richelieu, dans le Haut-Richelieu. Le charme irrésistible de cette colline vient du fait qu'elle surgit au milieu d'une vaste région agricole, donnant ainsi l'impression d'être encore plus élevée qu'elle ne l'est, et qu'elle offre des points de vue tout à fait spectaculaires.

Comme le mont Saint-Grégoire repose sur des terrains privés, il a fallu attendre l'arrivée, en 1981, du Mouvement écologique du Haut-Richelieu, pour que cette colline puisse être fréquentée par les randonneurs et autres amants de la nature. Ainsi est né le **Centre d'interprétation du milieu écologique** (CIME), dans le but d'éduquer et de sensibiliser la population à la conservation du mont Saint-Grégoire.

PARCOURS

Le réseau compte cinq petits sentiers de randonnée pédestre totalisant 3 km linéaires. Malgré le faible kilométrage, le paysage est tout de même passablement diversifié. On y trouve une très jolie érablière, une petite clairière, des amoncellements de roches, de bonnes pentes et un sommet dénudé.

Des rampes et des escaliers ont été installés dans les sections de sentiers un peu plus difficiles. Le sentier menant au sommet du mont Saint-Grégoire est court, mais demande un certain effort physique. D'ailleurs, c'est ici même que l'alpiniste Yves Laforest (1956-2003) venait s'entraîner avant son départ pour l'ascension de l'Everest (mai 1991). Il devint ainsi le premier Québécois à fouler le sommet de la plus haute montagne du globe (8 846 m).

Une petite grotte est située au début du sentier **Le Panorama**. Fort appréciée par les enfants, cette grotte est une halte obligatoire pour les groupes scolaires.

Le sommet du mont Saint-Grégoire est constitué de dalles rocheuses. Une vue exceptionnelle, de plus de 180°, permet d'observer toute la beauté de la Montérégie, avec ses petits villages et ses vastes fermes. Des panneaux permettent d'identifier une vingtaine de sommets. Au loin, on distingue les monts Saint-Bruno, Saint-Hilaire et Rougemont. Le mont Royal, le Stade olympique et les différents gratte-ciel de Montréal sont vite repérés à l'horizon.

Le Lieu historique national du Canal-de-Chambly

🕐 jusqu'à 19 km, 1h à 6h
••• randonnée au fil de l'eau, randonnée à caractère historique

INFORMATION

Lieu historique national du Canal-de-Chambly
tlj du lever du soleil à 23h
🚗 ❄

1840 av. Bourgogne
Chambly
☎450-658-6525 ou 888-773-8888
www.pc.gc.ca/canalchambly

ACCÈS

🚍 **Transports en commun:**

de Montréal ou de Longueuil, prenez l'autobus de Chambly (CITCRC, ☎514-877-6003).

🚗 **Voitures:**

pont Champlain et autoroute 10 jusqu'à la sortie 22 (Chambly). Route 35 vers Chambly (qui devient le boulevard Fréchette). À la rue de Bourgogne, prenez à droite et continuez jusqu'au canal.

SERVICES ET INSTALLATIONS:

stationnement (**$**), pavillons d'accueil, expositions, centre d'archives, aires de pique-nique, cartes.

AUTRES ACTIVITÉS:

vélo, pêche, ski de fond, raquette, patin.

APERÇU

La ville de Chambly occupe un emplacement privilégié en bordure de la rivière Richelieu, qui s'élargit à cet endroit pour former le bassin de Chambly. Celui-ci se trouve à l'extrémité des rapides qui entravaient autrefois la navigation sur la rivière, faisant du lieu un élément clé du système défensif de la Nouvelle-France.

Le canal de Chambly fut inauguré en 1843, ce qui permit de contourner les rapides du Richelieu, facilitant ainsi le commerce entre le Canada et les États-Unis. Les marchandises étaient transportées sur des voiliers, des bateaux à vapeur ou des barges. La construction du canal prit près de sept ans et fut échelonnée en deux étapes (1831-1834 et 1841-1843). Il fut creusé par des centaines d'ouvriers (entre 500 et 1 000) qui y travaillaient jusqu'à 12 heures par jour.

PARCOURS

Un sentier linéaire de 19 km s'y trouve. Cet ancien chemin de halage longe le canal de Chambly et relie la ville de Chambly à Saint-Jean-sur-Richelieu. Le sentier est polyvalent et suffisamment large pour accueillir ensemble marcheurs et cyclistes.

Le sentier longe le canal, qui, lui-même, suit la rivière Richelieu, avec ses multiples séries de rapides. Le long du parcours, le randonneur peut examiner les éclusiers actionner, à l'aide de mécanismes manuels, les portes et les ponts des neuf écluses qui correspondent à une dénivellation graduelle de 22 m entre Chambly et Saint-Jean-sur-Richelieu.

Plusieurs bâtiments historiques, dont des logettes (maisons du maître éclusier et du pontier), ainsi que des aires de pique-nique ponctuent les abords du canal. Le canal de Chambly est exclusivement réservé à la navigation de plaisance depuis 1973.

Le Lieu historique national du Fort-Chambly

⏱ 3,5 km, 2h à 3h
⋯ randonnée à caractère historique

INFORMATION

Lieu historique national du Fort-Chambly
adulte 5,70$, famille 14$ pour la visite du fort
avr à nov
🚗 ❄

2 rue De Richelieu
Chambly
☎450-658-1585 ou 888-773-8888
www.pc.gc.ca/fortchambly

ACCÈS

🚌 **Transports en commun:**

de Montréal ou de Longueuil, prenez l'autobus de Chambly (CITCRC, ☎514-877-6003).

🚗 **Voitures:**

pont Champlain et autoroute 10, sortie 22 (Chambly). Suivez les indications «Site historique Fort-Chambly».

SERVICES ET INSTALLATIONS:

stationnement, toilettes, aires de pique-nique, boutique de souvenirs, dépliants.

AUTRES ACTIVITÉS:

vélo (piste cyclable), patin à roues alignées.

APERÇU

Le randonneur se rendant dans la région de Chambly ne manquera pas la visite du Lieu historique national du Canada du Fort-Chambly, considéré comme le plus important ouvrage militaire du Régime français qui soit parvenu jusqu'à nous.

Dès 1665, le régiment de Carignan-Salières, sous le commandement du capitaine Jacques de Chambly (1640-1687), y construit un premier fort de pieux pour repousser les Iroquois. En 1672, le capitaine de Chambly reçoit la seigneurie qui portera son nom.

Construit entre 1709 et 1711, le fort actuel remplaçait le premier fort de pieux et devait protéger la Nouvelle-France contre une éventuelle invasion anglaise. Mais les Britanniques s'emparèrent du fort en 1760, pour l'occuper jusqu'à la fin du XIXe siècle, où ils le laissèrent à l'abandon.

Grâce aux efforts de Joseph-Octave Dion, le fort ne fut jamais démoli. Parcs Canada le restaura en 1983 et, depuis, il se dresse fièrement dans toute sa splendeur au bord du bassin de Chambly.

PARCOURS

La visite du fort Chambly vous fera découvrir son histoire et son architecture, le quotidien des soldats français et des habitants de la région au XVIIIe siècle, et des objets découverts lors des fouilles archéologiques.

À l'extérieur du fort, la vue sur le bassin de Chambly est vraiment superbe. La rivière Richelieu eut une importance stratégique au cours de l'histoire. Dans le joli parc entourant le fort, des panneaux d'interprétation relatent l'histoire des lieux, du fort et des premiers occupants de la région.

Une très agréable randonnée pédestre de 3,5 km (aller-retour à partir du fort) consiste à longer la rivière Richelieu en empruntant la **rue De Richelieu**. Cette paisible rue abrite un bon nombre d'anciens bâtiments militaires transformés en résidences privées.

La première maison est celle dite du **Corps de garde**. Tout juste à côté, la superbe **maison Ducharme** *(10 rue De Richelieu)* servit d'abord de caserne, puis d'hôpital, de brasserie, de boulangerie, de fonderie, de fabrique de selles et de gîte touristique. Elle devint une résidence privée, celle de Narcisse Ducharme, au cours des années 1930. De chaque côté de la rue De Richelieu, vous pourrez observer de belles maisons, dont certaines construites en pierres des champs ou en bois. À la hauteur de la **rue Lafontaine** (1 km), commence un parc gazonné (aire de pique-nique) en bordure de la rivière. Au bout du parc, on aperçoit le **barrage Chambly**, peu imposant mais agréable à contempler.

L'endroit abrite le **sanctuaire de pêche de la rivière Richelieu**, lequel, entre autres choses, protège la frayère du doré jaune qui vient y déposer ses œufs dans les eaux vives entre la mi-avril et la mi-mai.

La randonnée se termine au petit **parc de Bourgogne** (1,75 km), où se dresse une petite croix blanche. Le parc se trouve à deux pas du pont de la route 112 qui enjambe la rivière Richelieu et conduit à Granby.

La Cidrerie Michel Jodoin

⏱ 3 km, 1h30
''' randonnée en forêt

INFORMATION

Cidrerie Michel Jodoin
*gratuit pour la visite de la cidrerie, 2$
par adulte pour l'accès au sentier*
tlj 9h à 17h

1130 rang Petite-Caroline
Rougemont
☎450-469-2676 ou 888-469-2676
www.cidrerie-michel-jodoin.qc.ca

ACCÈS

🚗 Voitures:

autoroute 10, sortie 29. Route 133 Nord, puis route 112 Est jusqu'à Rougemont. Le rang Petite-Caroline se prend par la rue principale.

SERVICES ET INSTALLATIONS:

stationnement, toilettes, aires de pique-nique, vente de cidre.

AUTRES ACTIVITÉS:

visite de la cidrerie, dégustation, forfaits et menus-dégustation composés de produits régionaux (sur demande).

APERÇU

Établie dans la plus grande région de pomiculture du Québec, la vallée du Richelieu, au pied de la montagne de Rougemont et tout à côté du village du même nom, la Cidrerie Michel Jodoin relève d'une tradition familiale remontant à 1901.

Depuis 1980, Michel Jodoin exploite un immense verger de 12 ha (4 500 pommiers) en s'efforçant de produire un cidre de qualité mettant en valeur les secrets d'antan à l'aide d'une technologie moderne. En plus des cidres de facture ancestrale, Michel Jodoin produit des cidres mousseux selon la méthode champenoise, ainsi que d'autres produits. Le mousseux rosé est fort apprécié des visiteurs.

Mais, en plus de voir les chais, de s'informer sur la transformation de la pomme en cidre et de déguster les différentes cuvées, le visiteur a la chance de se dégourdir les jambes. Car, sur les terrains mêmes de la cidrerie, se trouve un joli sentier qui parcourt les vergers et la montagne de Rougemont.

PARCOURS

Le sentier, une petite boucle de 3 km, débute dans les vergers de la Cidrerie Michel Jodoin et grimpe sur le mont Rougemont. Un belvédère offre un joli point de vue sur la vallée.

Le Centre de la nature de Mont-Saint-Hilaire

⏱ jusqu'à 16,9 km, 2h à 5h
''' randonnée en forêt

INFORMATION

Centre de la nature de Mont-Saint-Hilaire
adultes 5$, de 6 à 17 ans 2$, aînés 4$
tlj de 8h au coucher du soleil
❄

422 ch. des Moulins
Mont-St-Hilaire
☎450-467-1755
www.centrenature.qc.ca

ACCÈS

Le mont Saint-Hilaire est situé à 35 km de Montréal.

🚌 Transports en commun:

métro Longueuil, prenez l'autobus 200 (CITVR, ☎450-464-6174) jusqu'à Mont-Saint-Hilaire. Train de banlieue Montréal/Mont-Saint-Hilaire (☎514-287-8726).

🚙 **Voitures:**

de Montréal, autoroute 20 Est, sortie 113. Suivez les indications «Centre de la nature». Route 116, puis rue Fortier, chemin de la Montagne et chemin des Moulins.

SERVICES ET INSTALLATIONS:

stationnement, accueil, casse-croûte, toilettes, cartes des sentiers, dépliants historiques.

AUTRES ACTIVITÉS:

interprétation de la nature, ski de fond, patin à glace, glissade, raquette.

APERÇU

Le mont Saint-Hilaire fait partie des collines montérégiennes. Avec ses 400 m d'altitude, il est une des plus imposantes collines qui s'élèvent dans la plaine du Saint-Laurent. Parmi toutes les collines montérégiennes, le mont Saint-Hilaire est celle qui a subi le moins de transformations. Elle est demeurée, au fil des décennies, une belle forêt mature.

Le mont Saint-Hilaire comprend le domaine Gault, du nom du propriétaire du site pendant près d'un demi-siècle. Le brigadier Andrew Hamilton Gault (1882-1958) avait acheté ce domaine de 890 ha en 1913 pour la somme de 35 000$, à la suite du morcellement de la seigneurie de Rouville. Après la Seconde Guerre mondiale, en 1946, il bâtit un petit chalet près du lac Hertel, où il passa tous ses étés.

En 1957, alors âgé de 75 ans, il décide d'y faire construire une somptueuse résidence en pierre pour ses vieux jours. Malheureusement, le brigadier Gault n'habita ce manoir que quelques semaines car il est décédé le 28 novembre 1958. Il légua une partie de la montagne à l'université McGill.

Le site du domaine Gault couvre 11 km² et est divisé en deux secteurs. Le premier secteur est le Centre de conservation de la nature (6 km²), organisme sans but lucratif affilié à l'université McGill, qui offre des services d'information, d'animation et de plein air. C'est dans ce secteur que l'on retrouve les 25 km de sentiers de randonnée pédestre, très bien aménagés. Le second secteur en est un de recherche et de préservation (5 km²), constituant une zone naturelle intacte où seuls les chercheurs autorisés sont admis.

Le mont Saint-Hilaire a été classé «refuge d'oiseaux migrateurs» par le gouvernement fédéral en 1960. En 1978, l'UNESCO en fit une «réserve de la biosphère», premier emplacement de ce genre au Canada. Le mont Saint-Hilaire est un des endroits au monde où l'on trouve le plus de minéraux distincts (près de 200, dont 15 qui sont uniques à cette montagne) entrant dans la composition des roches.

On ne se sent pas seul sur le mont Saint-Hilaire! Avec quelque 600 espèces de plantes, dont 40 rares, 180 espèces d'oiseaux, dont près de 80 qui nichent sur la montagne, 45 espèces de mammifères (mais pas d'ours), 13 espèces d'amphibiens et reptiles et 13 espèces de poissons, il y a toujours à apprendre!

PARCOURS

Le réseau de sentiers de randonnée pédestre compte six sentiers principaux pour un total de 16,9 km linéaires. On y trouve également quelques petits sentiers secondaires servant de raccourcis. Chacun porte le nom du sommet auquel il mène.

Le sentier **Pain de sucre** (5,2 km aller-retour) est un des plus fréquentés du centre. La montée ne fait que 2,6 km, mais elle est passablement abrupte vers la fin. Les quelques sueurs occasionnées sont vite récompensées par la superbe vue (360°) que l'on obtient du sommet du «Pain de sucre» (416 m). On aperçoit la rivière Richelieu; on distingue le mont Saint-Bruno, le mont Royal et, si l'horizon est dégagé, on voit les Laurentides.

Le sentier **Rocky** (8,8 km) permet d'effectuer une belle boucle. Le sentier passe près du lac Hertel, petit lac peu profond servant de réservoir auxiliaire d'eau potable, monte lentement le col nord, puis devient un peu plus raide vers le sommet Rocky (396 m). De là, le sentier descend quelque peu, puis remonte vers le sommet Sunrise (407 m). Ensuite le sentier zigzague dans la descente vers le lac Hertel et le pavillon des visiteurs.

Le sentier **Dieppe** (7,4 km aller-retour) est un peu plus long que celui du Pain de sucre, mais la pente y est plus douce, plus continue. Le sommet Dieppe (381 m) offre également une superbe vue sur toute la région avoisinante.

Le sentier **Burned Hill** (2,6 km aller-retour) permet d'atteindre le sommet situé juste à l'ouest du pavillon d'accueil. Tout au long de ce petit sentier d'interprétation, on retrouve 15 panneaux portant sur la faune, la flore et les particularités de ce sentier. Au sommet de Burned Hill (305 m), si l'on monte sur le gros rocher, un beau point de vue est accessible.

Le Jardin Daniel A. Séguin

🕐 2 km, 1h
''' randonnée en forêt

INFORMATION

Jardin Daniel A. Séguin
10$ adultes, 3$ 6-12 ans
mi-juin à mi-sept tlj 10h à 17h
3215 rue Sicotte
St-Hyacinthe
☎450-778-0372 ou 450-778-6504, poste 6215
www.itasth.qc.ca/jardindas

ACCÈS

🚍 Transports en commun:

de la Station Centrale à Montréal (☎514-842-2281) ou de Longueuil, un autobus Bourgeois mène à Saint-Hyacinthe.

🚗 Voitures:

autoroute 20, sortie 130. La rue Sicotte se trouve à l'ouest du centre-ville, près de la rivière Yamaska.

SERVICES ET INSTALLATIONS:

stationnement, accueil, toilettes, aire de pique-nique, visites guidées, dépliants.

APERÇU

Le Jardin Daniel A. Séguin, qui est à la fois touristique et pédagogique, compte de nombreux jardins thématiques.

Dans ce très joli et agréable parc floral de 4,5 ha, les 16 différents jardins sont aménagés de façon à vous révéler les secrets d'un jardinage accessible à tous. On en revient la tête remplie d'idées d'aménagements pour la prochaine décennie!

PARCOURS

Le réseau compte environ 2 km de sentiers pédestres. Des plans d'eau, des kiosques et des aires de repos invitent à la détente et à la contemplation.

Saint-Hyacinthe

🕐 9 km, 3h
''' randonnée urbaine, randonnée à caractère historique

INFORMATION

Bureau de Tourisme et des Congrès de Saint-Hyacinthe
tlj
🚗 ❄
2090 rue Cherrier (angle boul. Laframboise)
St-Hyacinthe
☎450-774-7276 ou 800-849-7276
www.tourismesainthyacinthe.qc.ca

ACCÈS

🚌 **Transports en commun:**

de la Station Centrale à Montréal (☎514-842-2281) ou de Longueuil, un autobus Bourgeois mène à Saint-Hyacinthe.

🚗 **Voitures:**

autoroute 20, sortie 130, boulevard Laframboise Sud.

SERVICES ET INSTALLATIONS:

stationnement, restauration, dépliant-carte.

AUTRES ACTIVITÉS:

vélo, patin à roues alignées.

APERÇU

Lovée au bord de la rivière Yamaska, la ville de Saint-Hyacinthe (52 000 hab.) s'étend sur une superficie de 36 km². La rivière a de tout temps joué un rôle important pour la ville, depuis qu'en 1748 le roi Louis XV octroya la seigneurie Maska à Pierre-François Rigaud de Vaudreuil. Quelques années plus tard, ce dernier vendra la seigneurie à Jacques-Hyacinthe Simon Delorme, et les premiers colons vinrent s'y installer.

Située à une soixantaine de kilomètres de Montréal, la région de Saint-Hyacinthe est réputée pour la richesse de ses terres fournissant d'abondantes récoltes chaque année.

PARCOURS

Le **parcours historique de-Saint-Hyacinthe** forme une boucle de 9 km. Avant d'entreprendre cette randonnée, assurez-vous d'avoir en votre possession le dépliant-carte *La Randonnée maskoutaine* (offert au Bureau de Tourisme et des Congrès), très bien conçu.

Débutant à côté du Bureau de tourisme, dans le parc thématique l'Espace maskoutain, le parcours présente une multitude de sites liés à l'histoire de Saint-Hyacinthe.

Sillonnant les rues, parfois étroites du vieux Saint-Hyacinthe, le circuit ne s'éloigne jamais trop du centre-ville.

Vous y remarquerez plusieurs bâtiments historiques (église, institutions religieuses, bureau de poste, etc.) ainsi que l'agréable Place du marché, aménagée au cœur de la ville et grouillante d'activités à toute heure de la journée.

Si vous disposez de plus de temps ou que vous désirez vous délier les jambes davantage, n'hésitez pas à parcourir la très belle **promenade Gérard-Côté** (2 km), qui commence au bout du stationnement de la Plaza Maskoutaine.

Constituée d'un large trottoir de bois, la promenade longe la rivière Yamaska. Des bancs permettent de se détendre tout en admirant la région. Elle passe sous les ponts Morison et Bouchard, pour se terminer à l'angle des rues Girouard et Pratte, où se trouve un petit stationnement.

Le parc Les Salines

🕐 jusqu'à 8 km, 1h 3h
••• randonnée en forêt

INFORMATION

Parc Les Salines
tlj 7h à 23h
❄
5330 rue Martineau
St-Hyacinthe
☎450-778-8335 ou 796-2530

ACCÈS

🚌 **Transports en commun:**

de la Station Centrale à Montréal (☎514-842-2281) ou de Longueuil, un autobus Bourgeois mène à Saint-Hyacinthe.

🚗 **Voitures:**

autoroute 20, sortie 130. Boulevard Laframboise Nord (route 137), tournez à droite dans la rue Martineau.

Services et installations:

stationnement, accueil, toilettes, aire de jeux, aires de pique-nique, dépliants-cartes.

Autres activités:

vélo, ski de fond, patin à glace, raquette, glissade, escalade de glace.

Aperçu

Le nom du parc réfère aux sources naturelles d'eau salée qui coulaient ici à la fin du XXᵉ siècle. On y embouteillait même l'eau minérale Philudor, très prisée à cette époque.

Appartenant désormais à la ville de Saint-Hyacinthe, le parc Les Salines se pointe tout juste au nord de l'autoroute 20. Très bien aménagé, il propose une grande panoplie d'activités en toute saison.

Parcours

Le réseau compte quatre sentiers pour un total de 8 km. Chaque sentier forme une boucle qui revient au chalet d'accueil. En empruntant le **sentier n° 4** (boucle de 5,2 km), vous faites le tour complet du parc, en passant par la plupart des autres sentiers. Le parc est en grande partie boisé (surtout de jeunes feuillus), mais compte aussi des champs ainsi qu'un petit cours d'eau.

Les sentiers sont éclairés en soirée, très bien aménagés et entretenus. La signalisation demeure adéquate, bien qu'elle porte parfois à confusion en raison des différents sens uniques. On y trouve des bancs ainsi que des mangeoires et des nichoirs où il est fréquent d'apercevoir des oiseaux.

Le Boisé des Douze

⏱ 2,5 km, 1h
••• randonnée en forêt, randonnée au fil de l'eau

Information

Boisé des Douze
tlj du lever au coucher du soleil
❄
rue Brouillette
Saint-Hyacinthe
☎450-771-6807 ou 450-778-8333
www.ville.st-hyacinthe.qc.ca/boise

Accès

🚌 Transports en commun:

de la Station Centrale à Montréal (☎514-842-2281) ou de Longueuil, un autobus Bourgeois mène à Saint-Hyacinthe.

🚗 Voitures:

autoroute 20 sortie 130. Route 137 Sud (avenue Saint-Louis), tournez à gauche dans la rue Brouillette.

Services et installations:

stationnements, dépliant-carte.

Autres activités:

raquette, visites guidées.

Aperçu

Sympathique petit boisé où il fait bon se balader tout en observant la nature évoluer au fil des saisons, le Boisé des Douze abrite un écosystème fragile dans la ville de Saint-Hyacinthe.

Parcours

Le réseau compte sept courts sentiers pour un total de 2,5 km, dont un sentier principal qui longe le ruisseau. Six aires d'observation ont été aménagées en bordure du cours d'eau. Divers panneaux d'interprétation réfèrent à la flore et à la faune du boisé.

Saint-Denis-sur-Richelieu

⏱ 2 km, 1h
⋯ randonnée urbaine, randonnée à caractère historique

INFORMATION

Maison nationale des Patriotes
6$ par adulte pour la visite du musée
début mai à fin nov (le musée est fermé le lundi).

610 ch. des Patriotes
St-Denis-sur-Richelieu
☎ 450-787-3623
www.mndp.qc.ca

La bataille du 23 novembre 1837

Le fait historique le plus mémorable de Saint-Denis est sans contredit la célèbre bataille du 23 novembre 1837 opposant les Patriotes de la région aux troupes britanniques.

Le tout a commencé lorsque, vers 6h, un habitant de Saint-Ours vient annoncer que l'armée britannique avance à grands pas vers Saint-Denis. En peu de temps, environ 300 habitants, sous la gouverne de Wolfred Nelson, préparent la résistance. Alors que certains ont des fusils, d'autres ne possèdent que des fourches ou des pieux pour se défendre contre elle.

Vers 9h, les troupes britanniques arrivent à Saint-Denis. Avec à leur tête le colonel Gore, elles comptent quelque 500 soldats, des fusils et des... canons. La bataille s'engage immédiatement et les canons anglais sonnent la charge. On raconte qu'un seul boulet de canon, tiré à la fenêtre d'une maison, aurait tué cinq Patriotes instantanément.

Durant plusieurs heures, une partie du village de Saint-Denis se transforme en un véritable champ de bataille *(à l'angle du chemin des Patriotes et de la rue Cartier)*. Mais, vers 14h, une centaine de Patriotes des environs parviennent à renforcer les rangs. Cela porte fruit car, une heure plus tard, à 15h15, le colonel Gore et ses troupes battent en retraite.

Cette victoire demeure l'une des seules des Patriotes sur les troupes britanniques durant les événements de 1837-1838. Elle fut cependant de courte durée car, le 2 décembre, le colonel Gore et ses hommes vinrent venger leur défaite en pillant et incendiant plusieurs maisons et bâtiments du village.

En 1982, le gouvernement du Québec a proclamé **fête des Patriotes** le dimanche le plus près du 23 novembre de chaque année dans le but d'honorer la mémoire des Patriotes qui ont lutté pour la reconnaissance nationale du peuple québécois, pour sa liberté politique et pour l'obtention d'un système de gouvernement démocratique. Depuis l'année 2003, on célèbre la **Journée nationale des Patriotes** le lundi précédant le 25 mai, et qui est désormais jour férié.

ACCÈS

Voitures:

autoroute 20, sortie 113. Empruntez la route 133 Nord jusqu'à Saint-Denis-sur-Richelieu. Stationnement à l'angle du chemin des Patriotes (route 133) et de la rue Sainte-Catherine, tout juste à côté de l'église.

SERVICES ET INSTALLATIONS:

stationnement, musée, boutique de souvenirs, toilettes, restauration, dépliant-carte (gratuit).

APERÇU

Si l'histoire du mouvement des Patriotes vous intéresse, rendez-vous à Saint-Denis-sur-Richelieu. Le village presque en entier semble être un musée à ciel ouvert, et les découvertes y sont aussi nombreuses que fascinantes. En plus, toute la région s'avère magnifique, avec ses fermes qui viennent presque embrasser la rivière Richelieu.

L'histoire de Saint-Denis remonte à plus de trois siècles. Déjà, en 1609, Samuel de Champlain passe à côté du futur village lorsqu'il navigue sur la rivière des Iroquois (le Richelieu). Les premiers colons viennent s'établir dans la région à partir de 1694. En 1740, la paroisse de Saint-Denis est fondée. Considéré comme un bourg en 1758, Saint-Denis devient une municipalité en 1855.

Véritable fondateur de Saint-Denis, Pierre Claude Pécaudy de Contrecœur (1705-1775) a combattu les Britanniques jusqu'en Ohio et participé à la bataille des plaines d'Abraham.

Afin de souligner, en 1990, le 250e anniversaire de la fondation de la paroisse, la municipalité a inauguré un magnifique circuit pédestre permettant de découvrir l'important passé historique de Saint-Denis.

PARCOURS

Le parcours historique de Saint-Denis-sur-Richelieu forme une boucle de 2 km. Avant d'entreprendre cette randonnée, assurez-vous d'avoir en votre possession le dépliant-carte *Circuit pédestre, histoire et patrimoine Saint-Denis-sur-Richelieu* (offert à la Maison nationale des Patriotes), très bien conçu.

Commençant à côté de l'église Saint-Denis, érigée en 1792, le circuit vous fera découvrir de superbes demeures anciennes, telles les maisons Cherrier, Mâsse, Huard et Richard, ainsi que l'histoire de la région et les faits marquants de la bataille du 23 novembre 1837, remportée par les Patriotes.

L'imposante **maison Mâsse** *(610 ch. des Patriotes)*, construite en 1809 et classée monument historique en 1977, abrite depuis 1988 la **Maison nationale des Patriotes**, qu'il faut absolument visiter avant ou après la randonnée. Fort intéressante et interactive, la visite vous révélera toute l'histoire du mouvement patriote. La maison présente une exposition permanente, des vitrines d'artefacts ainsi qu'une boutique-librairie.

Chouette à voir!

⏱ 1,6 km, 1h
⋯ randonnée en forêt

INFORMATION

Chouette à voir!
adultes 10$, 5 à 12 ans 6$, famille 26$
juin à fin sept mer-dim

875 rang Salvail S.
St-Jude
☎450-773-8521, poste 8545
☎514-345-8521, poste 8545
www.uqrop.qc.ca

ACCÈS

Voitures:

autoroute 20, sortie 130 Nord. Empruntez la route 137 puis la route 235 Nord jusqu'à Saint-Jude. Chouette à voir! se trouve à 2 km au sud du village.

SERVICES ET INSTALLATIONS:

stationnement, accueil, boutique de souvenirs, aire de pique-nique.

APERÇU

Connaissez-vous le paisible village de Saint-Jude (1 200 hab.), campé au bord de la rivière Salvail, à une vingtaine de kilomètres au nord de Saint-Hyacinthe? C'est pourtant le lieu qu'a choisi l'Union québécoise de réhabilitation des oiseaux de proie (UQROP) pour aménager des volières.

L'UQROP permet au public de visiter l'emplacement, qui ne manque pas d'intérêt. Sur les 27 espèces d'oiseaux de proie que compte le Québec, 20 peuvent y être observer. De l'habitat aux comportements, en passant par leur réhabilitation, tous les sujets traitant des oiseaux de proie sont abordés par des spécialistes en la matière.

De plus, durant la saison estivale, deux représentations d'oiseaux de proie *(11h et 14h)* permettent aux visiteurs d'admirer les qualités indéniables des ces «rois du ciel».

PARCOURS

Le réseau compte plusieurs courts sentiers pour un total de 1,6 km. La plupart des sentiers sillonnent un joli boisé. Des panneaux d'interprétation présentent les différents habitats des oiseaux de proie.

Le **Sentier riverain**, comme son nom l'indique, en est un d'interprétation du milieu riverain qui longe la rivière Salvail. Le **Sentier des chouettes** permet d'observer cinq volières comptant différentes espèces de chouettes.

Le Lieu historique national du Canal-de-Saint-Ours

⏱ 1,5 km, 1h
''' randonnée à caractère historique, randonnée au fil de l'eau

INFORMATION

Lieu historique national du Canal-de-Saint-Ours
adultes 3$, familles 7,30$
mai à oct
2930 ch. des Patriotes
St-Ours
☎ 450-785-2212 ou 888-773-8888
www.pc.gc.ca/canalstours

ACCÈS

Voitures:

autoroute 20, sortie 113. Empruntez la route 133 Nord jusqu'à Saint-Ours. Le canal est situé au sud du village.

SERVICES ET INSTALLATIONS:

stationnement, accueil, toilettes, aires de pique-nique.

AUTRES ACTIVITÉS:

pêche.

APERÇU

Campé au milieu de la rivière Richelieu, à environ 20 km au sud de Sorel, le barrage du canal de Saint-Ours sert à régulariser le niveau d'eau de la rivière sur plus de 50 km, soit entre Saint-Ours et Chambly.

Il permettait ainsi, dès son inauguration en 1849, au commerce maritime, principalement par barges, d'effectuer le trajet Montréal-New York en passant par le fleuve Saint-Laurent, la rivière Richelieu, le lac Champlain et le fleuve Hudson.

De nos jours réservé à la navigation de plaisance, le canal de Saint-Ours se révèle être un site de toute beauté où l'histoire tient une grande place. On y vient aussi durant la belle saison afin de profiter de cet espace de verdure magnifique qu'est l'île Darvard.

Parcours

Le réseau compte plusieurs courts sentiers pour un total d'environ 1,5 km. De l'autre côté de l'écluse, l'**île Darvard** est une halte fraîcheur que l'on a peine à quitter.

De petits sentiers en poussière de roche font le tour de l'île ou grimpent sur des buttes. En grande partie boisée, l'île Darvard regroupe pas moins de 14 essences dont le tilleul d'Amérique, le bouleau blanc, l'érable de Norvège, le chêne rouge, le peuplier faux-tremble, le pin rouge, l'érable à sucre, le saule noir, le frêne blanc et le thuya occidental.

Quant à elle, la rivière Richelieu est fréquentée par 62 espèces de poissons, comme le doré et le brochet, mais aussi des espèces plus rares telles que le suceur ballot, l'alose savoureuse et le suceur cuivré.

Dans l'île, des panneaux d'interprétation relatent l'histoire et le fonctionnement de l'écluse de Saint-Ours. Des animateurs sont habituellement sur place afin de répondre aux différentes questions des visiteurs. L'ancienne maison du surintendant accueille régulièrement des expositions.

Aux portes des Cantons-de-l'Est

Le circuit patrimonial et culturel de Granby

⏱ 5 km, 2h
''' randonnée urbaine, randonnée à caractère historique

Information

Tourisme Granby-Bromont
111 rue Denison E. (Place de la Gare)
Granby
☎450-372-7056 ou 800-567-7273
www.granby-bromont.com

Accès

🚌 Transports en commun:

de la Station Centrale à Montréal (☎514-842-2281) ou de Longueuil, un autobus Transdev Limocar mène à Granby.

🚗 Voitures:

autoroute 10, sortie 74 vers Granby. Boulevard Pierre-Laporte, puis route 112 Ouest (rue Denison).

Aperçu

Magnifique ville de près de 50 000 habitants, Granby, «la princesse des Cantons-de-l'Est», respire l'air frais de la campagne environnante. Traversée par la rivière Yamaska Nord, Granby se veut également le point de rencontre des pistes cyclables de la Montérégiade et de l'Estriade. Outre son célèbre Festival international de la chanson, Granby est aussi connue pour son zoo, ouvert en 1953.

PARCOURS

Le **circuit patrimonial et culturel** de la ville de Granby forme une boucle de 5 km. Avant d'entreprendre cette randonnée, assurez-vous d'avoir en votre possession le dépliant-carte *L'Opuscule du promeneur*, offert au bureau de Tourisme Granby-Bromont.

Outre ses résidences témoignant de l'architecture victorienne, Granby renferme de grandes avenues et de nombreux parcs ornés de fontaines et de sculptures. Le circuit comporte 46 stations numérotées. Fondée en 1859, la municipalité de Granby compte plusieurs bâtiments patrimoniaux, églises et demeures remarquables, sans oublier des personnages historiques tels Horace Boivin, maire de Granby de 1939 à 1964, et John Horner, le premier colon à s'être établi dans le hameau de Granby en 1810,

Le Centre d'interprétation de la nature du Lac Boivin

⏱ jusqu'à 9,9 km, 1h à 4h
••• randonnée en forêt, randonnée au fil de l'eau

INFORMATION

Centre d'interprétation de la nature du Lac Boivin
tlj du lever au coucher du soleil. Le pavillon d'accueil est ouvert tlj de 8h30 à 17h.
❄
700 rue Drummond
Granby
☎ 450-375-3861
www.cinlb.org

ACCÈS

🚍 Transports en commun:

de la Station Centrale à Montréal (☎ 514-842-2281) ou de Longueuil, un autobus Transdev Limocar mène à Granby.

🚗 Voitures:

autoroute 10, sortie 74 vers Granby. Boulevard Pierre-Laporte, puis route 112 Ouest (rue Denison) jusqu'à la rue de la Gare. Prenez à droite et rendez-vous jusqu'à la rue Drummond. À droite encore, et continuez jusqu'au centre.

SERVICES ET INSTALLATIONS:

stationnement, pavillon d'accueil, renseignements, salle d'exposition, cartes des sentiers, brochures et dépliants, toilettes, eau, boutique de cadeaux (livres, artisanat, mangeoires, etc.), graines (alpiste, chardon, millet, tournesol, etc.)

AUTRES ACTIVITÉS:

vélo, exposition, activités spéciales (Pâques, Noël, etc.), conférences, concerts, festivals, classes nature, visites guidées, cours d'ornithologie.

APERÇU

Certains petits parcs ou centres situés tout près d'une ville ne reçoivent malheureusement pas toute l'attention espérée. Tel le cordonnier mal chaussé, le randonneur tient souvent pour acquis que le centre situé tout à côté n'a rien à nous apprendre. Par chance, il y a de ces lieux de nature, tel le Centre d'interprétation de la nature du Lac Boivin (CINLB), où le bonheur, la découverte et l'émerveillement sont constamment renouvelés.

Au Centre d'interprétation de la nature du Lac Boivin, tout est mis en œuvre pour que le visiteur, ornithophile confirmé ou simple curieux, vive une expérience enrichissante avec les oiseaux de l'endroit.

Le CINLB couvre un terrain de 300 ha situé en banlieue de la municipalité de Granby, au bord du lac Boivin. Le centre a vu le jour en 1980 et, depuis ce temps, n'a cessé d'offrir de nouveaux sentiers de randonnée pédestre, de nouveaux postes d'observation ainsi qu'une grande variété de services.

L'attrait majeur du centre est un imposant marais (125 ha) qui attire, grâce à ses plantes aquatiques, ses crustacés et son plancton, un grand nombre d'oiseaux aquatiques. Le marais sert de halte migratoire à plus d'une vingtaine d'espèces de canards et d'oies. L'endroit est d'ailleurs reconnu et très apprécié des ornithophiles.

L'automne (septembre et octobre) constitue l'un des meilleurs moments de l'année pour l'observation des oiseaux. Le visiteur est donc assuré d'y surprendre des canards. Les bernaches du Canada, que l'on nomme également «oies sauvages» ou «outardes», les becs-scies couronnés, les sarcelles à ailes vertes et les siffleurs d'Amérique font partie des oiseaux les plus fréquemment observés à cette période de l'année. En tout, 250 espèces d'oiseaux ont été recensées, dont 120 qui nichent sur le territoire du centre!

Quant aux animaux observés, en plus du lièvre et du porc-épic, notons, entre autres, le rat musqué, le vison et le cerf de Virginie.

Parcours

Après avoir visité le pavillon d'accueil, admiré l'exposition en cours et discuté avec l'équipe de naturalistes fort sympathiques, le randonneur s'engage dans le réseau de sentiers de randonnée pédestre (9,9 km), impatient de découvrir le marais et tous ses secrets.

Le sentier **La Prucheraie** (1,3 km) mène au marais, où un nichoir d'une dizaine de mètres de hauteur offre une vue exceptionnelle sur le lac Boivin. En automne, des centaines de canards plongent ou barbotent, le postérieur à l'air et la tête sous l'eau, à la recherche de nourriture. Au loin, on distingue facilement les collines de Shefford et de Bromont.

Plus loin, le sentier mène à une cache sur pilotis, dénommée «le Butor», d'où l'on peut observer les oiseaux de très près. Ensuite, on pénètre dans une fascinante forêt de pruches centenaires, sombre et envoûtante. Si, par bonheur, vous avez apporté des graines (en vente également au pavillon d'accueil), les mésanges se feront un plaisir de venir manger dans votre main, sur votre épaule, et même sur votre tête!

Le sentier **Le Marécage** (0,9 km), avec sa jolie passerelle de 400 m, nous fait passer parmi les hautes plantes aquatiques et toute la vie grouillante qui s'y rattache. Les sentiers **Les Ormes** (1,8 km) et **La Randonnée** (5,9 km) conduisent, quant à eux, à travers champs, de l'autre côté du lac Boivin.

Notez également que la piste multifonctionnelle (vélo et marche) **La Granbyenne** (12 km) passe par le centre. Elle rejoint aussi la piste **L'Estriade** (21 km).

Le Centre de la nature de Farnham

⏱ 2,4 km, 1h
››› randonnée en forêt

Information

Centre de la nature de Farnham
tlj du lever au coucher du soleil
🚫
477 de l'Hôtel-de-Ville
Farnham
☎ 450-293-3178
www.ville.farnham.qc.ca

Accès

🚗 Voitures:

autoroute 10, sortie 55. Empruntez la route 235 Sud jusqu'à Farnham, puis tournez à gauche dans la rue Yamaska Est et continuez jusqu'au bout.

Services et installations:

stationnement, toilettes, remise, aires de pique-nique, cartes des sentiers, accessible aux personnes à mobilité réduite.

Autres activités:

pêche, ski de fond.

Aperçu

La petite municipalité de Farnham, qui compte environ 6 000 habitants, est située tout juste à l'entrée de la région touristique des Cantons-de-l'Est. D'ailleurs, beaucoup de visiteurs sont persuadés, à tort, que Farnham fait partie des terres agricoles de la Montérégie. Il faut dire que la superbe piste cyclable de 21 km qui relie Farnham et Granby, traversant six municipalités à vocation agricole dont quelques-unes sont situées en Montérégie, a été dénommée la «Montérégiade»!

La région de Farnham a été défrichée, en partie, par des colons américains qui fuirent les États-Unis lors de la guerre de l'Indépendance américaine. Ces colons qui restèrent fidèles à leur allégeance britannique reçurent le nom de «loyalistes».

Le Centre de la nature de Farnham se trouve sur une bande de terre longeant la rivière Yamaska, ce qui lui donne l'allure d'une presqu'île, tant l'eau est ici omniprésente. Le centre est un endroit fort populaire auprès des ornithophiles, car il est réputé être un

dortoir pour les oiseaux. Les soirs d'été, c'est par milliers que les oiseaux (carouges, étourneaux, vachers, quiscales) viennent s'y rassembler afin de passer la nuit, offrant ainsi un spectacle fascinant.

Parcours

Le réseau compte trois sentiers de randonnée pédestre pour un total de 2,4 km. Le long des sentiers, des panneaux d'interprétation traitent des différents thèmes et attraits spécifiques au site (faune, flore, etc.).

Le sentier **La Yamaska** (1,4 km) fait le tour du centre en longeant la rivière. Il passe par une aire de pêche aménagée, puis mène à une plateforme surélevée, l'Observatoire, d'où la vue sur la rivière Yamaska est très jolie. On y observe également le marécage, le sous-bois et l'érablière. Cette plateforme constitue un lieu privilégié pour l'observation de bon nombre d'espèces d'oiseaux de rivages et de milieux humides. Un peu plus loin, le sentier conduit à un abri couvert, «la Cache», d'où il est possible d'observer des canards, des tortues, des carpes, etc.

Le sentier **Le Dortoir** (0,5 km) traverse un jeune peuplement d'érables rouges et de bouleaux gris. C'est dans ce secteur qu'en été des milliers d'oiseaux viennent passer la nuit, d'où le nom du sentier. À la fin de juillet, le centre offre des visites nocturnes. Le troisième sentier, **L'Érablière** (0,5 km), parcourt une érablière et une cédrière.

LA MARCHE

La marche est un exercice qui sollicite les capacités aérobies de l'organisme: elle met à profit les appareils respiratoire et circulatoire qui facilitent l'oxygénation des poumons et le bon fonctionnement du système cardiovasculaire.

Il est donc naturel que la respiration subisse des fluctuations au début d'une randonnée, car la consommation d'oxygène augmente alors rapidement. Après un certain temps, un plateau est atteint, et la consommation d'oxygène se stabilise.

Exercice complet, la marche procure plusieurs bienfaits physiques et psychologiques chez le randonneur. Toute personne qui la pratique régulièrement (randonnées les fins de semaine et marche en semaine) voit des changements positifs s'opérer en elle.

D'abord, au niveau cardiovasculaire, la masse et le volume du cœur augmentent. Le volume sanguin s'élève également ainsi que le débit cardiaque. Par contre, la fréquence cardiaque au repos diminue. La quantité d'oxygène extraite du sang augmente parce que le cœur distribue mieux le sang vers les muscles actifs.

L'entraînement aérobie réduit les pressions systoliques et diastoliques (pression sanguine) au repos et au cours d'un exercice submaximal, particulièrement chez les hypertendus. Toutes ces modifications font qu'après quelque temps on refait la même randonnée en constatant, à la fin, que l'on se sent bien mieux qu'aux occasions précédentes.

Selon la grande majorité des experts en santé (médecins, éducateurs physiques, physiothérapeutes, kinésithérapeutes, etc.), la marche demeure l'exercice physique le plus complet et le moins violent. Plusieurs groupes de muscles (jambes, abdomen, thorax) sont sollicités, de même que la plupart des articulations. Il est reconnu que plus le cœur, les muscles, les os et les articulations sont sollicités, plus ils fonctionnent adéquatement, le poids des années ne se faisant sentir que très lentement.

La randonnée pédestre procure également des bienfaits psychologiques. La vie simple et le contact avec la nature ramènent à l'essentiel. La contemplation, l'observation et l'air pur conduisent à la détente psychologique. On revient d'une randonnée rempli d'énergie et serein, mais vidé de toutes ces tensions nerveuses qu'amène la vie de tous les jours. Comme l'écrivait si bien Dominique Poncet: En marchant, on sème sur la route ses soucis, ses stress et ses angoisses, comme si l'esprit se vidait par les pieds de toutes ses mauvaises humeurs et se remplissait de pensées nouvelles et d'idées vivifiantes par les yeux et par la bouche.

La pratique de la marche ne demande aucune concentration particulière, contrairement à des sports plus exigeants techniquement, ce qui laisse tout le loisir au randonneur pour méditer ou réfléchir. Il est très fréquent que de nouvelles idées, positives en général, naissent alors de cet état de bien-être. Pas étonnant que, pour certains randonneurs, marcher chaque jour devienne, non pas une obligation, mais un besoin profond de se retrouver avec soi-même.

Marcher au fil des saisons

La marche est une activité que l'on peut pratiquer toute l'année. Chaque randonneur a sa saison préférée, ce qui ne l'empêche pas d'apprécier les autres saisons. Comme chaque saison possède ses qualités et ses inconvénients, le randonneur a tout avantage à tirer profit de chacune d'elles, en variant ses randonnées et ses lieux de marche.

Le **printemps**, avec ses chauds rayons de soleil, donne immédiatement envie d'aller se promener. Redécouvrir la ville, ses quartiers et ses parcs tout en observant le vert tendre des nouvelles feuilles dans les arbres demeure toujours une agréable sensation. Voir, entendre et sentir la nature renaître encore une fois est un spectacle dont on ne se lasse jamais. C'est le moment d'aller observer les rivières gonflées à bloc et les cascades d'eau qui s'élancent avec fracas, provoquant des tourbillons spectaculaires. Par contre, les sentiers sont parfois boueux ou détrempés, rendant la marche plus difficile.

L'**été** apporte chaleur, humidité et inconfort. Mais le randonneur averti sait que, dès qu'il sort des grandes villes et qu'il gagne de l'altitude, la température devient presque toujours beaucoup plus confortable. Il prendra soin de marcher plus lentement et d'apporter plus d'eau afin de bien s'hydrater. Une petite trempette dans un ruisseau glacé procure également beaucoup de moments agréables.

L'**automne**, avec ses coloris flamboyants, est pour beaucoup de randonneurs la saison idéale pour aller se balader. Le temps est frais, l'air est vivifiant, les sentiers sont recouverts de feuilles rouges, jaunes et orangées, comme si la nature nous dévoilait son plus beau tapis afin que l'on puisse marcher jusqu'aux nuages. L'automne, c'est également la saison où le randonneur a la chance de croiser bon nombre d'animaux sauvages. Observer le tamia faire ses réserves pour l'hiver ou admirer le cerf de Virginie bondir tel un kangourou, agitant sa petite queue toute blanche, est un des privilèges réservés au randonneur contemplatif.

L'**hiver** peut sembler une saison incompatible avec la marche dans les sentiers. La neige, le froid et le vent sont bien sûr des éléments avec lesquels il faut composer, mais cela n'enlève rien au plaisir de marcher dans un sentier tout blanc, où l'on respire à fond cet air pur et vivifiant. Depuis quelques années déjà, plusieurs centres de plein air, parcs et autres lieux de marche entretiennent des sentiers afin que l'on puisse y marcher en hiver. Bien vêtu et adoptant un pas vigoureux, le randonneur peut ainsi demeurer plusieurs heures au grand air. Pour ceux qui voudraient sortir des sentiers battus, marcher avec des raquettes offre une liberté insoupçonnée, et des heures d'aventure mémorables (Yves Séguin, *Raquette et ski de fond au Québec*, Guides de voyage Ulysse).

J'ai du bon tabac dans ma... ♪♫

Fumer en marchant constitue réellement un non-sens en ce qui concerne le fonctionnement cardiorespiratoire. Pourtant, il est encore fréquent de voir des marcheurs «cigarette au bec». S'ils peuvent fumer tout en marchant, c'est qu'ils adoptent un rythme très lent. Les fumeurs devraient donc prendre la bonne habitude de marcher plus rapidement (5-6 km/h), pour constater qu'il est pratiquement impossible de griller une cigarette à ce rythme. Une telle marche de santé quotidienne peut même contribuer à vaincre le tabagisme.

De plus, bon nombre de feux de forêt, même en milieu urbain, sont causés par une simple petite cigarette mal éteinte. Le randonneur fumeur devrait, à tout le moins, prendre l'habitude d'apporter un petit contenant dans lequel il déposera sa cendre et ses mégots. À moins qu'il prenne tout simplement la bonne habitude de ne jamais apporter de cigarettes lors d'une randonnée...

Avant de partir, toujours s'échauffer

Une fois que les bottes sont bien lacées et que l'on sait quel sentier on veut emprunter, on est souvent pressé de partir afin d'activer la circulation sanguine. Mais, avant de s'élancer ainsi, les muscles froids et raides, il faut **absolument** prendre une dizaine de minutes afin de mettre en marche son organisme et d'éviter bon nombre de blessures et de courbatures. C'est ce qu'on appelle l'échauffement.

Il est préférable de s'échauffer à l'extérieur juste avant le départ. Quelques exercices d'étirement et de souplesse, de même qu'un rythme de marche plutôt lent en début de randonnée, augmenteront la flexibilité et la température du corps.

À la fin de la randonnée, quelques exercices d'étirement et de souplesse permettront de réduire les douleurs et les raideurs musculaires éventuelles.

Étirements

Les étirements devraient commencer par la tête et se terminer par les pieds. Ils doivent être effectués doucement et ne pas provoquer de douleur. Dans le calme, les muscles seront relâchés et détendus pendant les étirements. Lors des étirements, la position sera maintenue pendant 15 secondes, puis relâchée doucement. Rotation de la tête, étirement du cou, rotation des épaules, étirement des épaules puis des bras, rotation du bassin, étirement du bas du dos, des hanches, des cuisses, des mollets, rotation des chevilles et étirement des tendons d'Achille prépareront adéquatement le corps.

Alimentation

Lorsqu'il est question d'alimentation, un rappel des notions essentielles permet de réaliser combien il est important de manger de façon équilibrée. La qualité de l'alimentation quotidienne est essentielle à une bonne condition physique. En randonnée pédestre, l'alimentation est le premier facteur qu'il faut prendre en considération. Partir en randonnée sans nourriture représente une erreur qui peut gâcher une journée.

La marche favorise une bonne digestion et aide à soulager la constipation. Le fait de marcher crée des vibrations dans le corps qui agissent notamment au niveau des intestins, du foie et du pancréas, favorisant par le fait même leur bon fonctionnement.

L'eau

En randonnée pédestre, on se déshydrate assez rapidement sans s'en rendre compte. Boire régulièrement sans attendre d'avoir soif est une bonne habitude à adopter. Il est important de boire avant, pendant et après l'effort afin d'aider son organisme à récupérer plus rapidement. Chaque randonneur devrait avoir sa propre bouteille d'un litre. L'eau, qui compose de 60% à 70% de notre masse corporelle, sert à régulariser la température interne du corps, à transporter les minéraux et les vitamines, ainsi qu'à éliminer les déchets.

Les besoins du corps en eau sont de l'ordre de 2,5 litres par jour. Comme l'eau contenue dans les aliments représente environ 1 litre par jour, il est nécessaire d'absorber environ 1,5 litre de liquide (eau, jus, etc.) par jour. Lors d'un effort physique, la quantité d'eau perdue (sueur) s'élève à environ un litre par heure.

Les besoins quantitatifs

Les besoins énergétiques varient selon l'âge, le sexe et le genre d'activité pratiqué. Une personne dans la vingtaine consomme environ 2 200 calories par jour durant ses activités quotidiennes. En montagne, lors d'une longue randonnée exigeante, sa consommation peut atteindre 5 000 calories. Il est donc important de compenser cette perte d'énergie en mangeant plus. Mais attention, pas n'importe quoi.

Pour les adultes, une alimentation saine regroupe les quatre grandes catégories d'aliments suivantes (entre parenthèses est indiqué le nombre suggéré de portions quotidiennes):

- lait et substituts (de 2 à 3 portions);
- produits céréaliers (de 6 à 8 portions);
- viandes et substituts (de 2 à 3 portions);
- fruits et légumes (de 7 à 10 portions).

Courte randonnée

Pour une randonnée d'une journée, vous devez surtout vous préoccuper de l'apport glucidique. Vous avez besoin d'énergie maintenant, et les glucides complexes vous la fourniront. Le petit déjeuner devra être complet et équilibré. Au lieu de s'arrêter pour tout manger à midi, il est préférable de prendre plusieurs petites pauses et de manger quelque peu à chaque fois. De là vient l'expression «apporter des vivres de courses». Le «GORP» est un mélange de noix et de fruits séchés très énergisant que l'on peut grignoter à tout moment de la journée. Boire régulièrement aidera à produire un effort plus efficace.

Suggestions:

- sandwichs au beurre d'arachide;
- viandes séchées ou fumées (jambon, salami, etc.);
- pâtés à la viande ou «végépâté»;
- morceaux de légumes crus (poivron, carotte, chou-fleur, etc.);
- fruits frais (notez que les bananes sont peu résistantes dans un sac à dos);
- fromage à pâte ferme;
- pains ou barres aux fruits, bananes, noix, etc.;
- mélange de noix et fruits secs (GORP);
- eau ou jus non sucré.

L'herbe à puce

L'herbe à puce se retrouve dans presque tous les habitats naturels du Québec (bois, champs, rochers, etc.). Cette plante vénéneuse peut atteindre 15 cm à 90 cm et est difficile à reconnaître, car elle adopte des formes différentes: plus ou moins grimpante, feuilles luisantes ou non, feuilles de couleurs différentes selon la saison (rouge, vert, multicolore). Toutes les parties de la plante contiennent une huile (toxicodendrol) qui, au contact de la peau ou des vêtements, transmet l'allergie.

Herbe à puce

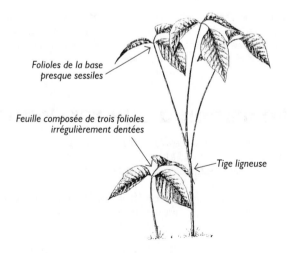

Folioles de la base
presque sessiles

Feuille composée de trois folioles
irrégulièrement dentées

Tige ligneuse

Après un contact avec la plante, il est recommandé de laver vigoureusement les parties touchées avec du savon. Il ne faut pas gratter les boutons, mais plutôt garder la peau humide en utilisant une solution de bicarbonate de sodium.

Il est également important de bien laver tous ses vêtements, car de l'huile peut être entrée en contact avec le bas des pantalons ou l'arrière de l'anorak. L'irritation n'apparaît pas immédiatement, mais dans les 24 à 48 heures après le contact. Les symptômes sont de violentes démangeaisons, une peau rougie, des boutons, puis la formation de cloques. En cas de complications, il est préférable de consulter un médecin.

Trois petits trucs pour reconnaître l'herbe à puce:

- Les feuilles (folioles) sont groupées par trois.
- La feuille du centre a une tige (pétiole) plus longue que celles des côtés.
- La nervure n'est pas située tout à fait au centre de la feuille.

Le savoir-vivre du randonneur

Le randonneur doit se rendre compte qu'il parcourt des lieux et des sites naturels que plusieurs milliers d'autres personnes sillonnent également. Si la forêt est en bon état lors de son passage, c'est qu'il y a eu des gens soucieux de l'environnement qui y sont passés avant lui. Il faut donc faire en sorte que ceux qui suivront puissent également profiter de toute cette beauté, en apprenant à respecter et à protéger la nature.

Pour cela, il faut toujours marcher dans les sentiers afin de ne pas abîmer la végétation fragile et caractéristique des lieux, même lorsqu'il y a de la neige au sol. Il ne faut pas marcher sur les pistes réservées aux vélos de montagne, aux raquetteurs ou aux skieurs de fond (à moins que ces sentiers soient désignés polyvalents). Il est important de respecter les accès restreints ou l'interdiction de se promener sur des terrains privés.

Donner des coups de couteau ou de hache sur un arbre, ou même graver son très précieux nom et celui de l'être cher, peut provoquer des entailles qui sont de véritables blessures pour l'arbre. Ces entailles favorisent l'entrée d'insectes ou de champignons qui affaiblissent ainsi le tronc et pouvant même causer la mort de l'arbre.

La préparation d'une randonnée

Une randonnée d'une journée avec retour à la maison ne pose pas beaucoup de difficultés. Il faut cependant penser à l'aspect sécuritaire (trousse de premiers soins, vêtements chauds, lampe de poche, etc.), au cas où surviendrait un incident fâcheux.

Le mot clé en randonnée pédestre étant «planification», plus le randonneur passera de temps à planifier sa randonnée, même si elle n'est que d'un jour, plus la sortie se révélera un succès.

S'informer sur les différentes espèces de plantes, d'arbres ou d'oiseaux que l'on est susceptible de croiser suscite l'intérêt et, une fois sur place, le randonneur sera plus attentif à ce qui l'entoure.

Il faut s'informer également, et se préparer en conséquence, des visites culturelles ou historiques ainsi que des autres activités possibles (baignade, canot, équitation, etc.) sur les lieux ou à proximité.

Les cartes

Plusieurs des cartes présentées dans ce guide se rapportent aux randonnées, sans pour autant être des cartes topographiques, dans la mesure où elles ne servent qu'à situer le randonneur. Les cartes des différents parcs permettent de repérer rapidement les accès aux sentiers, les montagnes, les lacs, les campings, les postes d'accueil et les services offerts. Notez que la grande majorité des parcs offrent gratuitement ou vendent les cartes des sentiers plus détaillées des randonnées proposées.

Les enfants et la randonnée pédestre

Il n'y a pas d'âge pour aimer la randonnée pédestre. Même un bébé de moins de trois ans peut s'y intéresser..., à condition d'être porté par un adulte! Il existe maintenant de très bons porte-bébés en vente dans les boutiques de plein air.

Après l'âge de trois ou quatre ans, l'enfant peut très bien marcher la distance... qu'il a envie de marcher! Pour lui, la notion de distance ne compte guère, seuls les découvertes et les défis le motivent. Lorsqu'il n'éprouve plus de plaisir, il refuse carrément de continuer: il craque d'un seul coup. Il vaut mieux alors ne pas être trop loin de la voiture ou avoir des épaules et un dos très résistants!

Plus vieux, l'enfant ou l'adolescent aime choisir et décider. C'est le temps de le mettre à contribution, de lui faire choisir le sentier que l'on va parcourir cette fin de semaine. Mieux encore, inscrivez-vous avec lui à un cours d'orientation avec cartes et boussole. Il est étonnant de constater que la plupart des jeunes apprennent plus rapidement le maniement de la boussole que les adultes!

L'adolescent, c'est bien connu, ne se sépare jamais de son groupe. Parfait, alors amenez vos adolescents (s'ils ne sont pas trop nombreux) faire une longue randonnée avec coucher sous la tente ou en refuge. Ils découvriront alors comment la randonnée pédestre peut être «*chill*»!

Quelques conseils pour de belles randonnées avec les enfants:

- partir avec des amis ayant également des enfants;
- laisser les enfants amener un ou des camarades;
- choisir des sentiers courts et faciles dont l'intérêt est varié;
- marcher l'avant-midi et aller à la plage (terrain de jeu, parc aquatique, etc.) l'après-midi;
- bien chausser l'enfant (peut-être a-t-il besoin de semelles orthopédiques?);

- bien protéger l'enfant du soleil (chapeau, crème), de la pluie, du vent et des moustiques;

- faire boire régulièrement de l'eau ou du jus aux enfants;

- prévoir des jeux (cache-cache, chansons, boussole, etc.);

- prévoir de l'espace dans son sac à dos pour rapporter des cailloux, des bouts de bois, des cocottes (pommes de pin), etc.;

- suivre le rythme de marche de l'enfant;

- faire des arrêts brefs;

- prévoir des collations énergisantes et appétissantes;

- laisser l'enfant prendre quelques photos;

- laisser l'enfant grimper sur les rochers (à moins qu'il y ait danger);

- démontrer de l'intérêt pour les découvertes de l'enfant (grenouilles, crapauds, couleuvres, tamias, etc.);

- ne pas oublier d'apporter ses peluches et ses jouets préférés.

Les porte-bébés

Les amateurs de randonnée pédestre, de marche ou de course à pied croient, à tort, qu'ils devront réduire la fréquence de leurs sorties en plein air lors de l'arrivée d'un enfant dans leur vie. Or, on trouve dans les boutiques spécialisées, de confortables et très pratiques porte-bébés de toutes sortes qui conviennent à diverses activités.

Poussette passe-partout

L'un des porte-bébés les plus populaires est certainement la poussette à trois grosses roues. Avec sa géométrie triangulaire, cette poussette passe-partout est facile à diriger et comporte même un frein. Beaucoup plus solide et efficace que la poussette conventionnelle, elle permet d'aborder presque tous les types de terrains, en plus d'être facile à manœuvrer en ville (autobus, épicerie, etc.). De plus, elle peut supporter un poids allant jusqu'à 22 kg. La demande étant assez forte et son prix relativement élevé (autour de 450$), ce type de poussette est facile à revendre après quelques mois ou années d'utilisation. À Montréal, on peut se les procurer dans les différentes boutiques de plein air.

Porte-bébé de type sac à dos

Pour la randonnée où le terrain est plus accidenté, il faut choisir un porte-bébé de type sac à dos. Coûtant entre 125$ et 300$, le porte-bébé dorsal doit comporter de solides bretelles larges et confortables, ainsi que des espaces de rangement. Il doit être stable afin de ne pas provoquer de déséquilibre chez le randonneur. Certains porte-bébés sont conçus pour pouvoir être déposés au sol de façon verticale ou horizontale. Un petit toit, qui protège le bébé du soleil et de la pluie peut aussi être ajouté. Plusieurs boutiques de plein air vendent et louent (autour de 10$ par jour) différents porte-bébés de type sac à dos.

L'ÉQUIPEMENT

Comme dans tout autre domaine sportif, le randonneur sera tenté de suivre les courants de la mode lorsque viendra le temps de faire la tournée des boutiques pour l'achat de son équipement.

Depuis plusieurs années déjà, l'industrie du plein air s'est beaucoup modernisée. Les vêtements sont plus chics, les bottes plus légères et les accessoires plus raffinés. Cet engouement a rendu la randonnée visuellement plus attrayante, mais elle l'a surtout rendue plus agréable.

Naturellement, la mode et la technologie coûtent cher, et le plein air n'y échappe pas. Pour plusieurs, cet obstacle financier n'aura pas d'importance. Pour d'autres, un tel investissement ne saurait se justifier. La plupart des randonneurs ont commencé avec de l'équipement très rudimentaire, ce qui ne les a pas empêchés d'apprécier leurs randonnées. En se contentant d'un équipement confortable avec lequel on sera en sécurité, on peut très bien parcourir les mêmes sentiers que le randonneur équipé à la fine pointe de la technologie.

Le matériel

Nous vous proposons ici plusieurs descriptions utiles qui pourront servir lors de l'achat de votre matériel de plein air.

Le sac à dos

Pour les randonnées d'une journée, un petit sac à dos de 30 litres à 40 litres fera l'affaire. Il devra pouvoir transporter la gourde, un peu de nourriture, des vêtements supplémentaires, un appareil photo, la trousse de premiers soins, les cartes et la boussole. Il devra être solide et comporter une ceinture. Une attache à la poitrine (tyrolienne) procure un confort supplémentaire. À surveiller: la solidité des bretelles.

Il est conseillé de ne pas accrocher d'articles à l'extérieur du sac: ceci déséquilibre le randonneur, et les articles risquent de s'accrocher aux branches. Au plus, on y placera la bouteille d'eau et son porte-bouteille.

La gourde

La gourde de 1 litre à large goulot est idéale. Elle se remplit facilement sans que l'on ait à se mouiller les mains, et son orifice gèle moins rapidement par temps froid. Les bouteilles de marque Nalgene ont largement gagné la faveur des randonneurs. Elles sont légères, très solides (polycarbonate Lexan), ne coulent pas et ne dégagent aucun goût.

Attention: certaines bouteilles pourraient contenir du **bisphénol A** (BPA), une substance chimique utilisée, entre autres, dans la fabrication des plastiques polycarbonates. Or, cette substance chimique «pourrait» augmenter les risques de cancer. À suivre auprès de Santé Canada (*www.sc-hc.gc.ca*) et de la Société canadienne du cancer (*www.cancer.ca*).

Il faut éviter les gourdes en peau, qui donnent un goût désagréable à l'eau et qui finissent par inonder le sac à dos. Un petit conseil: pour éviter que l'eau ne gèle lorsqu'il fait froid, mettez la gourde dans un bas de laine puis dans le sac à dos de manière à ce qu'elle se trouve contre votre dos. La chaleur du corps suffira à maintenir l'eau à l'état liquide. Il se vend également des porte-bouteilles isolants.

Le canif

Le canif, dont la lame se replie, sert en de multiples petites occasions. Que ce soit lors du déjeuner, pour réparer un objet ou pour couper du tissu, un lacet ou une branche, il est toujours de service et très utile. Deux modèles ont la faveur des randonneurs: l'Opinel (de 10$ à 20$) et le canif Victorinox de l'Armée suisse (de 20$ à 100$).

Les jumelles

Les jumelles sont très appréciées pendant les randonnées. Au sommet d'une montagne dégarni, le randonneur observera et identifiera les autres montagnes, mais également les lacs, les rivières, les vallées et les villages environnants. Au bord d'un lac ou d'une rivière, il pourra regarder avec intérêt le castor qui travaille sans relâche ou l'orignal venu s'y désaltérer. Sans oublier les centaines d'espèces d'oiseaux qu'il est possible d'observer.

L'achat de jumelles n'est cependant pas toujours aisé. Comment choisir parmi tous ces modèles et tous ces prix (de 40$ à plus de 600$)? Il faut d'abord comprendre le fonctionnement des jumelles. Leurs caractéristiques sont présentées à l'aide de deux nombres sur chaque instrument, par exemple «7 x 35». Le premier nombre (7) indique la puissance ou le grossissement. Ainsi, dans le cas présent, l'objet observé sera sept fois plus près. Le second nombre (35) permet de mesurer le diamètre de la lentille. Plus ce nombre est élevé, plus la visibilité sera bonne, avec une image plus claire et plus nette. Les jumelles les plus populaires auprès des randonneurs sont les «7 x 35» et les «8 x 40».

Aussi, plusieurs facteurs permettent de faire un choix judicieux. Ainsi, les randonneurs préféreront des jumelles compactes, plus petites et plus légères que les jumelles courantes. Le champ de vision, c'est-à-dire la largeur en mètres de ce que l'on peut voir à 1 000 m de distance, a également une incidence. Pour la randonnée pédestre, un grand champ de vision est préférable car on observera plus de détails à la fois. Les lentilles qui ont été traitées (multicouche) procureront une vision plus claire et réduiront la fatigue des yeux. Certaines jumelles sont étanches, antibuée, et comportent parfois même un zoom.

Les chaussures

Les chaussures sont les pièces maîtresses en randonnée. C'est ce que le randonneur débutant doit se procurer avant toute chose. Il est révolu le temps où les bottes de randonnée étaient lourdes et tellement rigides qu'il fallait souffrir pendant des semaines avant de s'y sentir à l'aise. On trouve désormais dans les boutiques spécialisées un grand choix de chaussures de marche et de randonnée pédestre, pour tous les goûts et tous les budgets.

Selon le genre de randonnée, nous proposons trois types de chaussures.

Chaussures de marche: elles sont utiles lors de randonnées légères d'une journée, à la ville ou dans des sentiers aménagés sans pente abrupte. Une nouvelle gamme de chaussures tout-terrain a vu le jour il y a quelques années. Légères, absorbantes et robustes, ces chaussures représentent un bon achat pour le randonneur qui prévoit ne pas s'aventurer sur de hauts sommets ou en longue randonnée. Comptez autour de 100$.

Bottes de randonnée légère: elles permettent de gravir des sommets plus imposants et accessibles en une journée. La cheville sera mieux soutenue qu'avec la chaussure de marche. Ces bottes peuvent supporter des randonnées de plusieurs jours, mais les chevilles risquent de souffrir, surtout avec un sac à dos de plusieurs kilos sur sentier accidenté. Fabriquées de cuir ou d'un mélange nylon-cuir, elles constituent un bon choix pour le randonneur ayant un budget limité. Comptez entre 125$ et 200$.

Bottes de randonnée: ce sont les chaussures que l'on utilisera la plupart du temps. Plus hautes et plus résistantes que les précédentes, elles conviennent parfaitement aux randonnées d'une journée ainsi qu'aux randonnées en montagne où les sentiers sont plutôt accidentés et abrupts. Le maintien de la cheville y est excellent. Généralement fabriquées de cuir, elles offrent confort, support, stabilité, traction, absorption des chocs et durabilité. Cependant, elles nécessitent régulièrement un nettoyage et une protection (cire d'abeille sans silicone). Comptez entre 150$ et 300$.

Quelques petits conseils pour l'achat de chaussures

- Choisir des chaussures en fonction du type de randonnée que l'on projette de pratiquer (randonnée urbaine, courte ou longue randonnée, etc.).
- Ne pas attendre la veille d'une sortie pour magasiner.
- Aller dans une boutique spécialisée.
- Ne pas être pressé lors de l'achat et ne pas arriver 10 min avant la fermeture de la boutique.
- Apporter les chaussettes que l'on portera en randonnée (chaussettes de polypropylène, de laine, etc.).
- Essayer les deux bottes (on a souvent un pied plus petit que l'autre).
- S'assurer qu'il n'y a pas de point de tension (notamment sur le dessus du pied).
- Avant de lacer, pousser le pied vers l'avant de la botte; l'espace créé derrière la cheville doit permettre d'y glisser facilement un doigt (ne pas oublier que les pieds enfleront en randonnée).
- Marcher avec les chaussures et les garder au moins 10 min, ce qui donnera une meilleure idée de leur rendement.
- S'assurer que le talon demeure bien en place.
- Bien s'informer de la politique d'échange de la boutique. Les bonnes boutiques offrent d'échanger ou de rembourser le client, à condition que les bottes n'aient pas été traitées, imperméabilisées ou portées à l'extérieur. Ainsi, vous pourrez porter les bottes pendant de longues heures à la maison et voir si elles vous conviennent.
- Les vieilles chaussures de randonnée peuvent très bien prendre leur retraite dans le coffre de la voiture. C'est fou ce qu'elles peuvent encore nous être utiles (panne de voiture, tempête de neige, séjour à la ferme, peinture, etc.)!
- L'entretien des chaussures est primordial. Après une randonnée, il faut toujours les nettoyer (boue, neige) et les faire sécher correctement. Il ne faut pas les poser trop près d'une source de chaleur, car cela pourrait les abîmer. Au besoin, si elles sont vraiment mouillées, on peut les remplir de papier journal. Il faut les traiter avec un produit leur convenant afin de les protéger et de les rendre plus imperméables.

L'habillement

Autant il faut se couvrir pendant la nuit, autant il faut couvrir son corps durant la journée pour qu'il garde sa température idéale (37,2°C). La tenue vestimentaire est donc très importante, puisque les vêtements isolent l'organisme de l'air ambiant: ils protègent autant de la chaleur que du froid.

L'eau étant un bon conducteur thermique, il est important de posséder des vêtements qui «respirent» et qui gardent au chaud tout en laissant évacuer la transpiration. Quant aux parkas (en goretex ou autres procédés d'imperméabilisation), ils laissent sortir la transpiration tout en protégeant de la pluie.

Les vêtements polaires sont très utiles à ce point de vue. Ils gardent au chaud et ont l'avantage de sécher très rapidement, ce que ne peut faire la laine. Le système multicouche (aussi appelé «pelure d'oignon») est sans doute la meilleure façon de se vêtir en randonnée. Il permet d'enlever des vêtements au fur et à mesure que l'on se réchauffe et d'en ajouter à volonté lorsqu'il fait froid ou lors des arrêts.

Il ne faut jamais attendre de transpirer, mais simplement d'avoir chaud, pour enlever des vêtements. Le pire vêtement à emporter est le manteau de ski, car il est trop chaud lorsqu'on le porte, et l'on gèle lorsqu'on l'enlève.

Le système «multicouche»

Le système «multicouche» est composé, dans la grande majorité des cas, de trois types de vêtements. Par temps très froid, ou sur les sommets dénudés et exposés au vent, il n'est pas rare que le randonneur porte jusqu'à cinq ou six vêtements superposés. Ces différents vêtements relèvent également des trois types de vêtements qui offrent un confort optimal lors d'exercices physiques en plein air.

Première «couche»

La première «couche» de vêtements est celle des sous-vêtements (haut et bas). Elle sert principalement à garder le corps au sec en expulsant l'humidité de la peau vers l'extérieur. Il est reconnu que lorsqu'une surface de la peau reste humide la perte de chaleur peut être jusqu'à 32 fois plus grande, d'où l'importance de demeurer au sec. Depuis plusieurs années, les sous-vêtements les plus efficaces sont ceux fabriqués de fibres polyester (100%) traitées. Minces et moulants, ils sont également très doux au toucher.

Notez qu'il existe jusqu'à quatre ou cinq différentes épaisseurs de sous-vêtements. Selon la saison, l'endroit visité, l'activité pratiquée et le confort recherché (personne frileuse ou non), on choisira celle qui convient le mieux.

Deuxième «couche»

La deuxième «couche» de vêtements a pour rôle de conserver la chaleur du corps tout en laissant passer l'humidité rejetée par la première «couche». Les vêtements polaires règnent depuis plusieurs années dans cette catégorie. Tout comme le sous-vêtement, les polaires sont fabriqués de fibres polyester (100%) traitées. Bien qu'on utilise souvent les mêmes fibres, l'appellation pourra varier selon le fabricant.

Il existe également différentes épaisseurs de polaires (trois en général), la plus mince correspondant souvent au sous-vêtement le plus épais. Les polaires, en plus de sécher très rapidement, offrent un confort sans pareil. Ils sont chauds lorsqu'il fait froid, tout en étant agréables lorsqu'il fait chaud, contrairement à la laine, insupportable par temps chaud.

Il faut se méfier des polaires bon marché qui imitent les véritables polaires, mais qui ne sont que des feutres brossés qui s'usent rapidement et conservent moins la chaleur du corps. À défaut de posséder un polaire, le randonneur optera pour un chandail de laine (et non de coton). La laine, même mouillée, offre l'avantage de conserver la chaleur.

Troisième «couche»

La troisième «couche» sert à protéger le corps des éléments extérieurs, soit du vent, de la pluie et de la neige. Le parka (plus long) ou le blouson (plus court) joue ce rôle, de même que le surpantalon. Le parka peut simplement couper le vent (coupe-vent), empêcher la pluie de pénétrer (imperméable), ou offrir ces deux protections à la fois (microporeux).

Le coupe-vent est idéal lorsque l'on pratique une activité physique intense (marche rapide, course à pied, vélo, ski de fond, etc.) par beau temps. Il est peu coûteux, mais ne résiste pas aux intempéries.

L'imperméable est extrêmement efficace par mauvais temps. Peu cher, il résiste aux pires intempéries, mais se transforme en véritable sauna lorsqu'on pratique une activité physique intense ou même modérée.

L'idéal en randonnée pédestre, ainsi que pour la plupart des activités de plein air, est le parka (avec ou sans surpantalon), qui offre l'imperméabilité optimale tout en laissant évacuer la transpiration du corps vers l'extérieur. Le parka en goretex demeure le préféré des amateurs d'activités de plein air. Le goretex est une membrane ajoutée lors de la fabrication du vêtement, qui le rend imperméable tout en étant poreux. Ce procédé a connu de nettes améliorations qui l'ont rendu très efficace et résistant. D'autres produits, généralement appliqués comme un enduit, offrent également une bonne protection contre les intempéries tout en laissant évacuer la sueur.

Un tel parka ou blouson est assez coûteux, mais offre une superbe protection en toute saison, tant à la ville qu'en haute montagne. À surveiller: l'épaisseur (nombre de «couches»), la doublure, la coupe (selon sa taille), les poignets (ajustables) et surtout la ventilation (fermetures à glissière sous les bras).

Réparation

Le début du printemps est la période tout indiquée pour effectuer une vérification complète de son équipement de plein air. Une fermeture à glissière brisée, un anorak déchiré, des manches trop longues ou trop courtes, un pantalon à ajuster, des bretelles de sac à dos usées ou inconfortables, un sac de couchage amoché, une tente en mauvais état: la liste peut être longue si cela fait plusieurs années que l'on endure les petits travers de son équipement.

Si votre équipement ou matériel de plein air se brise, avant de penser à le remplacer, il est possible de le faire réparer:

Montréal

De fil en montagne
515 rue Marie-Anne E., Montréal, métro Mont-Royal
☎ 514-522-1668
www.defilenmontagne.com

Cordonnerie Carinthia
1228 rue St-Marc, Montréal, métro Guy-Concordia
☎ 514-935-8475

Boutiques de plein air

Montréal

Altitude
4140 rue St-Denis, métro Mont-Royal
☎ 514-847-1515 ou 800-729-0322
www.altitude-sports.com

Atmosphere
www.atmospherepleinair.ca
1610 rue St-Denis, métro Berri-UQAM
☎ 514-844-2228
Carrefour Angrignon, LaSalle
☎ 514-365-1286
Centre Fairview, Pointe-Claire
☎ 514-694-8181
Centre Rockland
☎ 514-787-1717
Galeries d'Anjou
☎ 514-354-2997

Boutique Courir
4452 rue St-Denis, métro Mont-Royal
☎ 514-499-9600
www.boutiquecourir.com

La Cordée
2159 rue Ste-Catherine E., métro Papineau
☎ 514-524-1106 ou 800-567-1106
www.lacordee.com

Le Yéti
5190 boul. St-Laurent, métro Laurier
☎ 514-271-0773
www.leyeti.com

Mountain Equipment Co-op
8989 boul. de l'Acadie
Marché Central
☎ 514-788-5878 ou 800-663-2667
www.mec.ca

Laval

André Jac Sport
5520 boul. des Laurentides
☎ 450-622-2410 ou 800-997-2410
www.andrejac.com

Atmosphere
www.atmospherepleinair.ca
autoroutes 19 et 440
☎ 450-661-2558
Méga Centre Notre-Dame
2340 autoroute 13
☎ 450-689-7727

La Cordée
2777 boul. St-Martin O.
☎ 514-524-1106 ou 800-567-1106
www.lacordee.com

SAIL
2850 av. Jacques-Bureau
☎450-688-6768
www.sailbaron.com

Rive-Nord

Atmosphere
www.atmospherepleinair.ca
Place Rosemère, Rosemère
☎450-435-3820
Galeries Rive-Nord, Repentigny
☎450-581-3220
200 boul. Arthur-Sauvé, St-Eustache
☎450-472-5485
Carrefour du Nord, St-Jérôme
☎450-432-9400
Galeries Terrebonne
☎450-471-3688

Kaki
560 rue Notre-Dame, Joliette
☎450-753-5332 ou 800-268-7332

Le Montagnard
80 boul. Labelle, Ste-Thérèse
☎450-433-1294 ou 800-528-2483
www.aquapleinair.com

Le Refuge
440 rue St-Georges, St-Jérôme
☎450-438-5005

Rive-Sud

Atmosphere
www.atmospherepleinair.ca
Mail Champlain, Brossard
☎450-671-8585
Quartier DIX30, Brossard
☎450-926-1222
Promenades St-Bruno, St-Bruno
☎450-653-0599

Boutique Courir
1085 ch. Chambly, Longueuil
☎450-674-4436
www.boutiquecourir.com

La Cordée
1595 boul. des Promenades, St-Hubert
☎514-524-1106 ou 800-567-1106
www.lacordee.com

Le Bivouac
210 rue Principale, Granby
☎450-777-7949
www.bivouac.qc.ca

SAIL
1085 ch. de l'Industrie, Belœil
☎450-467-5223
www.sailbaron.com

INDEX

Commandez au
www.guidesulysse.com

La livraison est gratuite si vous utilisez le code de promotion suivant: **GDEMAM**
(limite d'une utilisation du code de promotion par client)

Les guides Ulysse sont aussi disponibles dans toutes les bonnes librairies.

ESPACES VERTS

Camping au Québec
24,95$ 19,99€

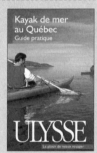

**Kayak de mer
au Québec**
24,95$ 22,99€

**Balades à vélo dans le
sud du Québec**
24,95$ 22,99€

**Les parcs nationaux
de la Gaspésie et du
Bas-Saint-Laurent**
19,95$ 19,99€

Le Québec cyclable
19,95$ 19,99€

**Randonnée pédestre
au Québec**
24,95$ 19,99€

**Randonnée pédestre
Nord-Est des
États-Unis**
24,95$ 22,99€

**Cyclotourisme au
Québec**
24,95$ 22,99€

JEUNE ULYSSE

Journal de mes vacances
14,95$ 11,99€

Journal de mes vacances 2
14,95$ 11,99€

**Au Québec - Mon premier
guide de voyage**
19,95$ 19,99€

ART DE VIVRE

Les meilleurs spas au Québec
24,95$ 19,99€

Plein air et art de vivre - 125 séjours épicuriens au Québec
29,95$ 23,99€

Les plus belles escapades à Montréal et ses environs
24,95$ 19,99€

Gîtes et Auberges du Passant, Tables et Relais du Terroir 09
24,95$ 19,99€

PETITS BONHEURS

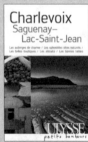

101 idées d'activités estivales au Québec
9,95$ 13,99€

Balades et circuits enchanteurs au Québec
14,95$ 12,99€

Délices et séjours de charme au Québec
14,95$ 14,99€

Escapades et douces flâneries au Québec
9,95$ 13,99€

Charlevoix, Saguenay, Lac-Saint-Jean
14,95$ 14,99€

Montréal au fil de l'eau
14,95$ 12,99€

MONTRÉAL À DÉCOUVRIR

Montréal
24,95 $ 19,99 €

Fabuleux Montréal
29,95 $ 24,99 €

Montréal en métro
24,95 $ 19,99 €

**Le tour du monde
à Montréal**
24,95 $ 22,99 €

**Plaisirs du
Vieux-Montréal**
19,95 $ 19,99 €

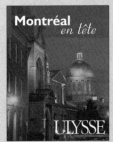

Montréal en tête
12,95 $ 9,99 €

VOYAGER AU QUÉBEC

Le Québec
34,95 $ 24,99 €

Ville de Québec
24,95 $ 19,99 €

Fabuleux Québec
29,95 $ 22,99 €

Le Québec à moto
24,95 $ 22,99 €

Écrivez-nous

Tous les moyens possibles ont été pris pour que les renseignements contenus dans ce guide soient exacts au moment de mettre sous presse. Toutefois, des erreurs peuvent toujours se glisser, des omissions sont toujours possibles, des adresses peuvent disparaître, etc.; la responsabilité de l'éditeur ou des auteurs ne pourrait s'engager en cas de perte ou de dommage qui serait causé par une erreur ou une omission.

Nous apprécions au plus haut point vos commentaires, précisions et suggestions, qui permettent l'amélioration constante de nos publications. Il nous fera plaisir d'offrir un de nos guides aux auteurs des meilleures contributions. Écrivez-nous à l'une des adresses suivantes, et indiquez le titre qu'il vous plairait de recevoir.

www.guidesulysse.com
texte@ulysse.ca

Nos bureaux

Canada: Guides de voyage Ulysse, 4176, rue Saint-Denis, Montréal (Québec) H2W 2M5, ☎514-843-9447, fax: 514-843-9448, info@ulysse.ca, www.guidesulysse.com
Europe: Guides de voyage Ulysse sarl, 127, rue Amelot, 75011 Paris, France, ☎01 43 38 89 50, voyage@ulysse.ca, www.guidesulysse.com

Nos distributeurs

Canada: Guides de voyage Ulysse, 4176, rue Saint-Denis, Montréal (Québec) H2W 2M5, ☎514-843-9882, poste 2232, fax: 514-843-9448, info@ulysse.ca, www.guidesulysse.com
Belgique: Interforum Benelux, Fond Jean-Pâques, 6, 1348 Louvain-la-Neuve, ☎010 42 03 30, fax: 010 42 03 52
France: Interforum, 3, allée de la Seine, 94854 Ivry-sur-Seine Cedex, ☎01 49 59 10 10, fax: 01 49 59 10 72
Suisse: Interforum Suisse, ☎(26) 460 80 60, fax: (26) 460 80 68

Pour tout autre pays, contactez les Guides de voyage Ulysse (Montréal).